Esta obra, desarrollada durante mi trayectoria en la Universidad Nacional de Colombia, se presenta de manera original y auténtica. Se compone de una serie de ensayos críticos interconectados que giran en torno a un eje temático común, abordando cada uno una faceta esencial del amplio espectro de cuestiones que configuran una ideología. En este caso, el propósito es sentar las bases para la construcción del *"masculinismo metamoderno"* los ensayos están encadenados en orden epistemológico, no ontológico.

El *"masculinismo metamoderno"* pretende abordar las limitaciones sistémicas, estructurales y orgánicas que el masculinismo de género no logró resolver dentro del marco del pensamiento progresista. En este sentido, se posiciona como una propuesta disruptiva frente al progresismo y, en particular, frente al activismo de género dominado por el feminismo. Nuestro enfoque cuestiona las narrativas establecidas y propone una perspectiva renovada sobre las dinámicas de género.

En esta primera entrega, se exploran algunas de las principales preocupaciones del masculinismo metamoderno: 1) la construcción de una justicia de género equilibrada, en contraposición a una justicia exclusivamente feminista; 2) la misandria y los discursos de odio hacia los hombres encubiertos en las luchas feministas; 3) los sesgos de género en la administración pública y de justicia; 4) el antagonismo entre géneros; 5) la interdependencia de los géneros; 6) las falacias y deficiencias estructurales, sistémicas y orgánicas del feminismo de género; y 7) la posibilidad de un diálogo constructivo y colaborativo en torno a la filosofía de género.

Dada la amplitud de los temas que abarca el masculinismo metamoderno, resulta imposible cubrirlos exhaustivamente en una sola entrega. En futuras publicaciones, se abordarán cuestiones como la deconstrucción del patriarcado como sistema opresor, la refutación de la noción de matriarcado o ginecocentrismo como sistemas emancipadores, críticas al concepto de masculinidades promovido por el feminismo, y la redefinición de la masculinidad desde la perspectiva del masculinismo metamoderno, entre otros.

MASCULINISMO METAMODERNO

Critian Beltrán Barrero

ISBN 978-628-01-8604-7
9 786280 186047

El Pensamiento Metamoderno En La Filosofía De Géneros

Critian Beltrán Barrero

¿Qué es el "pensamiento metamoderno"?

El pensamiento metamoderno es un marco cultural, filosófico y artístico que emerge como una respuesta a las tensiones entre el modernismo y el posmodernismo, buscando integrar elementos de ambos mientras trasciende sus limitaciones. Surgido a principios del siglo XXI, el metamodernismo se caracteriza por una oscilación entre la sinceridad y la ironía, el compromiso y la duda, la esperanza y el escepticismo (Vermeulen & van den Akker, 2010). A continuación, ofrezco una explicación detallada de sus características, orígenes, aportes y ejemplos, con un enfoque claro y estructurado.

Definición Y Características Principales

El término "metamodernismo" fue acuñado formalmente en 2010 por los teóricos culturales holandeses **Timotheus Vermeulen** y **Robin van den Akker** en su ensayo ***Notes on Metamodernism***. Ellos lo describen como una sensibilidad cultural que no rechaza ni el modernismo (con su fe en el progreso, la razón y las grandes narrativas) ni el posmodernismo (con su escepticismo, ironía y rechazo a los absolutos), sino que oscila entre ambos (Vermeulen & van den Akker, 2010). Esta oscilación implica:

1. **Sinceridad irónica**: El metamodernismo combina la autenticidad y el compromiso emocional del modernismo con la autoconciencia y el distanciamiento irónico del posmodernismo. Por ejemplo, una obra metamoderna puede ser profundamente emotiva, pero al mismo tiempo reconocer su propia artificialidad (Vermeulen & van den Akker, 2010).
2. **Estructura de sentimiento**: Vermeulen y van den Akker definen el metamodernismo como una **"estructura de sentimiento"**, un estado de ánimo cultural que refleja el deseo de encontrar significado en un mundo fragmentado, sin caer en la ingenuidad modernista ni en el cinismo posmodernista (Vermeulen & van den Akker, 2010).
3. **Afecto y compromiso**: A diferencia del desapego posmoderno, el metamodernismo abraza el afecto y la implicación personal, buscando reconectar con ideales como la comunidad, la justicia o la belleza, pero siempre con una conciencia de sus limitaciones (Turner, 2015).
4. **Reconstrucción pragmática**: En lugar de deconstruir (como el posmodernismo) o construir grandes sistemas (como el modernismo), el metamodernismo propone una reconstrucción pragmática, trabajando con los fragmentos de ambos paradigmas para crear algo nuevo (Rudrum & Stavris, 2015).
5. **Oscilación epistemológica y ontológica**: El pensamiento metamoderno se mueve entre certezas e incertidumbres, entre la creencia en verdades universales y la aceptación de perspectivas múltiples. Es una postura que "quiere creer, pero sabe que no puede creer del todo" (Vermeulen & van den Akker, 2010).

Orígenes Y Contexto

El metamodernismo surge en un contexto histórico marcado por la globalización, la crisis económica de 2008, el cambio climático y la omnipresencia de las tecnologías digitales. Estos factores generan un sentimiento de urgencia y deseo de acción, pero también una conciencia de las limitaciones de las soluciones tradicionales (Rudrum & Stavris, 2015). Algunos hitos culturales y filosóficos que influyen en su emergencia incluyen:

1. **Crítica al posmodernismo**: A finales del siglo XX, el posmodernismo, con su énfasis en la ironía, el relativismo y la deconstrucción, comenzó a percibirse como agotado o insuficiente para abordar problemas globales urgentes. El metamodernismo responde a esta fatiga cultural (Turner, 2015).
2. **Retorno de la sinceridad**: Movimientos artísticos y culturales de los 2000, como el "New Sincerity" (nueva sinceridad) en la literatura y el cine, abogan por un retorno a la autenticidad sin abandonar la autoconciencia (Kelly, 2010).
3. **Influencias filosóficas**: El metamodernismo se nutre de pensadores como Gilles Deleuze (por su énfasis en la multiplicidad y el devenir), Bruno Latour (por su crítica al binarismo moderno/posmoderno) y corrientes como el realismo especulativo, que buscan nuevas formas de entender la realidad (Latour, 2004; Meillassoux, 2008).

Aportes Filosóficos Y Epistemológicos

El pensamiento metamoderno no es una escuela filosófica estricta, pero ofrece aportes significativos a la filosofía, la epistemología y la teoría cultural:

1. **Superación de dicotomías**: Al rechazar los binarismos (sinceridad/ironía, progreso/escepticismo, universalismo/relativismo), el metamodernismo propone una filosofía más fluida que abraza la complejidad. Esto resuena con enfoques contemporáneos como la teoría de sistemas o la filosofía de la red (Latour, 2005).
2. **Epistemología oscilante**: En términos de conocimiento, el metamodernismo sugiere que la verdad no es fija ni completamente relativa, sino que emerge de un diálogo entre perspectivas. Esto lo hace compatible con enfoques como la epistemología social o la fenomenología, que enfatizan la experiencia vivida (Haraway, 1988).
3. **Ética de la esperanza pragmática**: El metamodernismo fomenta un compromiso ético con el mundo, incluso frente a la incertidumbre. Por ejemplo, en el activismo climático, los metamodernos reconocen la dificultad de cambiar el sistema, pero actúan con esperanza y creatividad (Klein, 2014).
4. **Revalorización del afecto**: Al priorizar el sentimiento y la conexión emocional, el metamodernismo desafía la primacía de la razón descontextualizada, abriendo espacio para una filosofía más encarnada y relacional (Ahmed, 2004).

Ejemplos En El Arte, La Cultura Y La Filosofía

El metamodernismo se manifiesta en diversas áreas, reflejando su carácter interdisciplinario:

1. **Arte y literatura**: Obras como las novelas de **David Foster Wallace** (quien combina ironía con humanidad profunda) o las películas de **Wes Anderson** (que mezclan estética autoconsciente con narrativas emotivas) son ejemplos de metamodernismo. La serie ***Everything Everywhere All at Once*** **(2022)** es un caso paradigmático, con su mezcla de absurdismo, sinceridad y búsqueda de significado (Wallace, 1996; Turner, 2015).
2. **Música**: Artistas como **Bon Iver** o **Lorde** combinan introspección emocional con producción hipermoderna, oscilando entre lo auténtico y lo estilizado (Frith, 2014).
3. **Política y activismo**: Movimientos como Extinction Rebellion o el activismo climático de Greta Thunberg encarnan el metamodernismo al combinar una crítica posmoderna del sistema con una esperanza modernista en el cambio colectivo (Klein, 2014).
4. **Filosofía**: Filósofos como **Karen Barad** (con su teoría del agenciamiento) o el realismo especulativo de **Graham Harman** comparten afinidades con el metamodernismo al proponer nuevas formas de pensar la realidad que evitan los extremos del modernismo y el posmodernismo (Barad, 2007; Harman, 2018).

Críticas Al Pensamiento Metamoderno

A pesar de su potencial, el metamodernismo enfrenta críticas:

1. **Falta de rigor**: Algunos lo ven como una sensibilidad cultural más que una filosofía coherente, con definiciones vagas que dificultan su aplicación sistemática. Sin embargo, al ser una corriente en construcción aún hay tiempo para proponer y mejorar (Jameson, 2015).
2. **Elitismo cultural**: Sus manifestaciones suelen estar asociadas a contextos privilegiados (arte contemporáneo, academia occidental), lo que limita su relevancia global. Nuestro deber como académicos, es transportar esta iniciativa a las calles, al ardid popular, al lenguaje coloquial y convertirlo en una verdadera revolución filosófica del pueblo, por el pueblo y para el pueblo (Freire, 1970).
3. **Ambivalencia política**: La oscilación entre compromiso y duda puede percibirse como una falta de compromiso firme, especialmente en contextos donde se necesitan posturas claras. Sobre esto, el pensamiento metamoderno no prohíbe tomar postura, ni tiene como exigencia la ambivalencia, sino que sea cual sea la posición que se adopte, debe tenerse en cuenta con sus salvamentos y aclaraciones; "no todo es blanco, negro o gris, todo depende del matiz, busca y aprende a distinguir" (Mago de Oz, *Fölktergeist*, 1998 - *Molinos de Viento*).

El Pensamiento Metamoderno En El Activismo De Género

Llamo a la "filosofía de géneros" a la construcción colectiva del conocimiento acerca de temas transversales en las dinámicas de género, principalmente desde aportes del feminismo, pero con invaluables contribuciones desde corrientes contrahegemónicas y disruptivas como el masculinismo, así mismo, los aportes desde el postfeminismo, antifeminismo, transactivismo y todas las ideologías cuya propósito sea construir conocimiento alrededor de las dinámicas de género (Butler, 1990; Crenshaw, 1989).

En este sentido, el activismo de género no es más que la "materialización" de la filosofía de género, mientras que la filosofía gana espacios en la academia y legitima el discurso emancipador respecto al género, el activismo confronta en la realidad a las estructuras de poder y gana mediante la "lucha" las vindicaciones y reivindicaciones necesarias para una verdadera dignidad de género (hooks, 2000).

Las formas en que la filosofía de género y el activismo de género son permeadas o se pueden afrontar desde el pensamiento metamoderno son:

1. Oscilación entre sinceridad e ironía en la narrativa y argumentación general (Vermeulen & van den Akker, 2010).
2. Abrazar la sinceridad con respecto a los problemas de género (hooks, 2000).

3. Incorporar la ironía en la retórica, la dial Liesbet van Zoonen, 1994).
4. Reconstrucción pragmática de los conceptos sobre el género y la identidad (Butler, 1990).
5. Rechazo de binarismos rígidos y estrictos (Fausto-Sterling, 2000).
6. Reinvención de los conceptos de género (masculino, femenino, intergénero) (Fausto-Sterling, 2000).
7. Colaboración interdisciplinaria (Crenshaw, 1989).
8. Epistemología oscilante entre la teoría y la experiencia (Haraway, 1988).
9. Valorar experiencias de vida como conocimiento situado (Collins, 1990).
10. Cuestionar la universalidad de los modelos de dominación patriarcado/matriarcado (Mohanty, 1988).
11. Integrar la interseccionalidad (Crenshaw, 1989).
12. Ética del cuidado y compromiso afectivo (Gilligan, 1982).
13. Desmontar y desmentir paradigmas estigmatizantes con respecto a todos los géneros (Connell, 2005).
14. Promoción de la vulnerabilidad masculina y/o de la manipulación femenina (Connell, 2005).
15. Crítica a las narrativas binarias en el discurso de género (Fausto-Sterling, 2000).
16. Diferenciar la filosofía de género de la realidad del sexo (Butler, 1990).

Conclusión

El pensamiento metamoderno es una respuesta a las limitaciones del modernismo y el posmodernismo, proponiendo una sensibilidad que abraza la sinceridad, la ironía, la esperanza y la duda en un mundo complejo. Sus aportes a la filosofía y la epistemología radican en su capacidad para superar dicotomías, revalorizar el afecto y fomentar un compromiso pragmático con el cambio (Vermeulen & van den Akker, 2010). Aunque no es una teoría completamente desarrollada, su influencia en el arte, la cultura y el activismo sugiere que captura un momento cultural clave: el deseo de encontrar significado en un mundo fragmentado, sin caer en la ingenuidad ni el cinismo.

La filosofía de género se puede desarrollar en esta nueva etapa a través del cristal del pensamiento metamoderno, así mismo, el activismo de género como materialización de la filosofía, se ve fuertemente afectado por las nuevas dinámicas del metamodernismo; en este texto pretendo dar luces sobre la forma de construir un nuevo camino en los debates de género, permeados por el pensamiento metamoderno (Butler, 1990; Crenshaw, 1989).

Referencias

1.Ahmed, S. (2004). The Cultural Politics of Emotion. Edinburgh University Press.

2.Barad, K. (2007). Meeting the Universe Halfway: Quantum Physics and the Entanglement of Matter and Meaning. Duke University Press.

3.Butler, J. (1990). Gender Trouble: Feminism and the Subversion of Identity. Routledge.

4.Collins, P. H. (1990). Black Feminist Thought: Knowledge, Consciousness, and the Politics of Empowerment. Routledge.

5.Connell, R. W. (2005). Masculinities (2nd ed.). University of California Press.

6.Crenshaw, K. (1989). Demarginalizing the intersection of race and sex: A Black feminist critique of antidiscrimination doctrine, feminist theory and antiracist politics. University of Chicago Legal Forum, 1989(1), 139-167.

7.Fausto-Sterling, A. (2000). Sexing the Body: Gender Politics and the Construction of Sexuality. Basic Books.

8.Freire, P. (1970). Pedagogy of the Oppressed. Continuum.

9.Frith, S. (2014). Taking Popular Music Seriously: Selected Essays. Ashgate.

10. Gilligan, C. (1982). In a Different Voice: Psychological Theory and Women's Development. Harvard University Press.

11. Haraway, D. (1988). Situated knowledges: The science question in feminism and the privilege of partial perspective. Feminist Studies, 14(3), 575-599.

12. Harman, G. (2018). Object-Oriented Ontology: A New Theory of Everything. Penguin Books.

13. hooks, b. (2000). Feminism is for Everybody: Passionate Politics. South End Press.

14. Jameson, F. (2015). The antinomies of postmodernity. In D. Rudrum & N. Stavris (Eds.), Supplanting the Postmodern: An Anthology of Writings on the Arts and Culture of the Early 21st Century (pp. 45-60). Bloomsbury.
15. Kelly, A. (2010). David Foster Wallace and the New Sincerity in American fiction. In Consider David Foster Wallace: Critical Essays (pp. 131-146). Sideshow Media Group.
16. Klein, N. (2014). This Changes Everything: Capitalism vs. The Climate. Simon & Schuster.
17. Latour, B. (2004). Politics of Nature: How to Bring the Sciences into Democracy. Harvard University Press.
18. Latour, B. (2005). Reassembling the Social: An Introduction to Actor-Network-Theory. Oxford University Press.
19. Meillassoux, Q. (2008). After Finitude: An Essay on the Necessity of Contingency. Continuum.
20. Mohanty, C. T. (1988). Under Western eyes: Feminist scholarship and colonial discourses. Feminist Review, 30(1), 61-88.
21. Rudrum, D., & Stavris, N. (Eds.). (2015). Supplanting the Postmodern: An Anthology of Writings on the Arts and Culture of the Early 21st Century. Bloomsbury.
22. Turner, L. (2015). Metamodernism: A brief introduction. Notes on Metamodernism. http://www.metamodernism.com
23. van Zoonen, L. (1994). Feminist Media Studies. Sage.
24. Vermeulen, T., & van den Akker, R. (2010). Notes on metamodernism. Journal of Aesthetics & Culture, 2(1), 1-14.
25. Wallace, D. F. (1996). Infinite Jest. Little, Brown and Company.

Aportes Del Masculinismo En La Construcción Colectiva Del Conocimiento

Desafíos Y Controversias

Critian Beltrán Barrero

Introducción: ¿Qué es el masculinismo?

El masculinismo es un término que abarca una variedad de ideologías y movimientos sociopolíticos que buscan abordar cuestiones relacionadas con los hombres, ya sea combatiendo la discriminación que enfrentamos, promoviendo atributos considerados típicamente masculinos o, en algunos casos, defendiendo una equidad masculina. Según diversas fuentes, el masculinismo puede definirse como:

1. **Una contraparte al feminismo**: Se centra en los derechos y experiencias de los hombres, abogando por la igualdad en áreas como el acceso a la custodia de hijos tras un divorcio o la atención a problemas de salud mental masculinos. Algunos masculinistas progresistas reconocen los avances del feminismo, pero argumentan que ciertas medidas han generado desventajas para los hombres; como la "perspectiva de género" considerado en toda forma un sesgo de género en la administración de justicia que favorecen desmedidamente a la mujer (Farrell, 1993).
2. **Una crítica al patriarcado/matriarcado desde una perspectiva masculina**: Desde el masculinismo hemos examinado las

estructuras patriarcales/matriarcales que también oprimen a los hombres, obligándolos a cumplir roles rígidos de masculinidad (como ser proveedores o reprimir emociones) o enviándonos a morir en la guerra (pináculo del rol protector) (Connell, 2005).

3. **Una ideología antifeminista en algunos casos**: En sus formas más extremas, el masculinismo puede promover la dominación masculina y rechazar las conquistas feministas, viendo el feminismo como una amenaza a los derechos de los hombres. En este punto, se diluye la delicada barrera entre masculinismo y antifeminismo, que si bien son diferentes, pueden concordar en algunos aspectos (Clatterbaugh, 1997).

El término fue acuñado, según la historiadora Judith Allen, por Charlotte Perkins Gilman en 1914, quien lo usó para describir las acciones colectivas de los hombres en defensa de nuestro sexo y la oposición de una minoría de hombres misóginos contra los derechos de las mujeres (Allen, 2009). Desde entonces, el masculinismo ha evolucionado, abarcando desde posiciones igualitarias hasta posturas más reaccionarias. Al igual que el feminismo, no existe un solo espectro, ni estamos unificados en una sola lucha (Messner, 1997).

Es importante distinguir entre masculinismo (como ideología o movimiento) y masculinidad (como conjunto de rasgos culturales asociados con lo masculino). Mientras que el primero es un constructo político, el segundo es un concepto sociológico y cultural que el masculinismo a menudo analiza (Connell, 2005).

Aportes Positivos Del Masculinismo A La Construcción Epistemológica Y Filosófica

Aunque el masculinismo no ha sido tan ampliamente estudiado ni institucionalizado como el feminismo en el ámbito filosófico, ha contribuido a la epistemología y la filosofía al cuestionar supuestos establecidos, introducir nuevas perspectivas sobre el conocimiento y ampliar el debate sobre género. A continuación, se destacan sus aportes positivos:

Crítica A La Epistemología Tradicional Y La "Racionalidad Masculinista"

El masculinismo, especialmente en su vertiente más progresista, ha colaborado con el feminismo y los estudios de género para desafiar la noción de una "racionalidad masculinista" que dominó la filosofía occidental durante la Ilustración. Esta racionalidad asumía un sujeto epistémico ideal: blanco, burgués, heterosexual y masculino, capaz de separar mente y cuerpo, y de producir conocimiento objetivo y universal (Harding, 1986). Del mismo modo, se propone continuar en la construcción colectiva y colaborativa de la "racionalidad femenina" para desmitificar el prototipo de fémina que plantea especialmente los sectores más radicales y fundamentalistas del feminismo reaccionario (Brod, 1987).

Filósofos como **R.W. Connell** y estudiosos de masculinidades han argumentado que esta visión excluye no solo a las mujeres, sino también a hombres que no encajan en este ideal (por ejemplo, hombres de minorías raciales, homosexuales o de clases trabajadoras) (Connell, 2005). Al cuestionar la supuesta neutralidad de este sujeto epistémico, el masculinismo ha contribuido a una epistemología más inclusiva que reconoce la parcialidad y la influencia de la posición social en el conocimiento (Haraway, 1988).

Este cuestionamiento se alinea con corrientes como la epistemología feminista y la epistemología social, que enfatizan que el conocimiento es un proceso situado y relacional, influido por factores sociales, culturales y de género (Collins, 1990).

Ampliación Del Concepto De Género En La Filosofía

El masculinismo ha enriquecido la filosofía de género al introducir el estudio de las masculinidades como un campo legítimo. En lugar de asumir que el género solo afecta a las mujeres, hemos promovido la idea de que los hombres también estamos sujetos a construcciones sociales que moldean nuestra identidad y experiencia (Kimmel, 2000). En Colombia, la aceptación de los hombres como "género" ha sido rechazada y genera controversia, por lo que somos excluidos de toda política o tratamiento diferencial al respecto, incluida las denuncias por violencias basadas en género; ergo, si no somos considerados "género" por lógica, no somos –bajo esta tesis– víctimas de violencia de "género", lo cual considero absurdo, errado y excluyente (Pini & Pease, 2013).

El concepto de masculinidad ha recibido aportes externos desde el feminismo, por ejemplo, el trabajo de **Raewyn Connell** sobre la "masculinidad hegemónica" ha servido para sostener que ciertas formas de masculinidad (dominantes, agresivas, heterosexuales) supuestamente oprimen no solo a las mujeres, sino también a hombres que no cumplen con estos ideales (hombres queer, sensibles o no dominantes) (Connell, 2005). Si bien esta perspectiva ha permitido un análisis más matizado de las relaciones de poder, integrando la interseccionalidad (raza, clase, sexualidad) en el estudio del género, no deja de ser una postura enteramente feminista, que no tiene aportes desde el masculinismo y que segrega al género masculino y la masculinidad tradicional per se, pues parte de la idea de una "masculinidad buena" (la que pretende construir la autora) y una "masculinidad mala" desde el punto de vista de la activista feminista (Messner, 1997).

Al introducir las masculinidades como objeto de estudio, el masculinismo ha contribuido a la filosofía postestructuralista y constructivista, que ve el género como una performance social más que como una esencia biológica. Esto ha influido en pensadores como Judith Butler y en debates sobre la fluidez de las identidades de género (Butler, 1990).

Exploración De La Vulnerabilidad Masculina Y La Ética Del Cuidado

El masculinismo progresista ha abogado por reconocer la

vulnerabilidad de los hombres, desafiando el estereotipo de que la masculinidad implica estoicismo y autosuficiencia, pero sin negar ni desacreditar estos valores dentro de la masculinidad (Seidler, 2006). Esto ha llevado a una reevaluación de conceptos éticos como el cuidado, tradicionalmente asociados con lo femenino, también desmiente falacias esgrimidas desde el feminismo más radical, como el hecho de que el hombre o lo masculino es malo a priori o que somos violentos per se (Farrell, 1993).

Por ejemplo, estudios sobre la salud masculina han mostrado la manera en la que las normas de masculinidad (como la reticencia emocional o el rechazo a buscar ayuda médica) contribuyen a tasas más altas de suicidio y enfermedades no tratadas en hombres (Courtenay, 2000). Al visibilizar estas cuestiones, el masculinismo ha abierto un espacio para discutir la forma en la que los hombres podemos adoptar valores de cuidado hacia nosotros mismos y otros, sin perder nuestra identidad (Seidler, 2006).

Este enfoque ha enriquecido la ética del cuidado (desarrollada por pensadoras como **Carol Gilligan**) al mostrar que los valores de empatía y conexión no son exclusivos de las mujeres (Gilligan, 1982). También ha influido en la filosofía moral, promoviendo una ética más inclusiva que considera las necesidades de todos los géneros. Esto desmiente el dogma feminista, de un género masculino malvado, opresor y dominante y de un género femenino bondadoso, servil y sumiso (Brod, 1987).

Contribución A La Epistemología Social Y El Conocimiento Colectivo

Desde el masculinismo hemos resaltado la forma en la que las normas de género afectan la producción colectiva de conocimiento. Por ejemplo, hemos señalado que los hombres, al igual que las mujeres, estamos influenciados por expectativas sociales que moldean nuestras creencias y formas de conocer. Esto incluye la presión para priorizar la lógica sobre la emoción o evitar cuestionar estructuras de poder que nos afectan o benefician (Kimmel, 2000).

Al analizar la forma en la que las masculinidades hegemónicas estructuran instituciones como la ciencia o la academia, desde el masculinismo hemos contribuido a la epistemología social, que estudia la forma en la que las dinámicas colectivas (como el poder, la confianza y el desacuerdo) influyen en el conocimiento (Goldman, 1999). Por ejemplo, hemos cuestionado por qué ciertos temas, como la salud mental masculina, han sido históricamente ignorados en la investigación científica (Courtenay, 2000).

Estas reflexiones se alinean con el trabajo de epistemólogos sociales como Alvin Goldman y Steve Fuller, quienes enfatizan la importancia de las normas sociales en la producción de conocimiento (Fuller, 2002). Desde el masculinismo hemos ayudado a visibilizar la forma en la que el género es un factor clave en estas dinámicas (Pini & Pease, 2013).

Desafío Al Positivismo Y La Objetividad Absoluta

Desde el masculinismo, en conjunto con los estudios de género, hemos criticado el positivismo, una corriente epistemológica que defiende la objetividad absoluta y la separación entre el observador y lo observado (Harding, 1986). Al reconocer que la ciencia y la filosofía han sido históricamente dominadas por perspectivas masculinas, el masculinismo ha apoyado el desarrollo de enfoques postpositivistas que reconocen la influencia de los valores y las experiencias en el conocimiento (Seidler, 2006).

Por ejemplo, hemos cuestionado el hecho de que las ciencias sociales han ignorado los problemas específicos de los hombres (como la violencia doméstica contra hombres o la presión para ser proveedores) debido a un sesgo que prioriza las experiencias femeninas en los estudios de género (Straus, 2006).

Esta crítica ha fortalecido el postpositivismo y la epistemología crítica, que abogan por una ciencia más reflexiva y consciente de nuestras limitaciones culturales y de género (Harding, 1991).

Limitaciones Y Críticas Al Masculinismo

A pesar de estos aportes, el masculinismo enfrenta críticas que limitan nuestro impacto filosófico:

1. **Polarización y antifeminismo**: En sus formas más extremas, el

masculinismo puede adoptar una postura reactiva que deslegitima las luchas feministas, lo que dificulta un diálogo constructivo (Clatterbaugh, 1997).

2. **Falta de rigor académico**: A diferencia del feminismo, que cuenta con una sólida tradición filosófica, el masculinismo ha sido desarrollado por pocos filósofos, lo que limita nuestra profundidad teórica (Messner, 1997).
3. **Riesgo de esencialismo**: Al centrarse en las experiencias masculinas, algunos enfoques masculinistas caen en el esencialismo, asumiendo que todos los hombres comparten las mismas opresiones o necesidades, ignorando la interseccionalidad (Crenshaw, 1989).
4. **Indebida injerencia externa**: Si bien es cierto que valoramos los aportes externos, tampoco podemos permitir como movimiento filosófico y científico, que seamos definidos y direccionados exclusivamente por actores externos como el feminismo, nuestra construcción debe ser interna, sin decir esto, que no valoremos aportes desde diversas áreas y conocimientos (Brod, 1987).

Conclusión

El masculinismo, como movimiento e ideología, es un campo complejo que abarca desde esfuerzos igualitarios hasta posturas reaccionarias. Nuestros aportes positivos a la epistemología y la filosofía incluyen la crítica a la racionalidad masculinista, la ampliación del estudio del género, la promoción de una ética del cuidado inclusiva, el enriquecimiento de la epistemología social y el desafío al positivismo (Connell, 2005; Harding, 1986). Estos aportes han ayudado a diversificar el conocimiento filosófico, reconociendo que el género, incluidas las masculinidades, moldea la forma en que entendemos el mundo.

Sin embargo, nuestro impacto filosófico es limitado por nuestra falta de cohesión teórica y por las tensiones contra el feminismo. Para maximizar nuestras contribuciones, debemos adoptar desde el masculinismo un enfoque interseccional y colaborativo que reconozca las luchas de todos los géneros (Crenshaw, 1989). En un mundo donde las normas de género siguen evolucionando, el masculinismo tiene el potencial de contribuir a una filosofía más inclusiva, siempre que evitemos la polarización y nos anclemos en un compromiso con la justicia y la equidad (Kimmel, 2000).

Referencias

1. Allen, J. (2009). The Feminism of Charlotte Perkins Gilman: Sexualities, Histories, Progressivism. University of Chicago Press.
2. Brod, H. (1987). The Making of Masculinities: The New Men's Studies. Allen & Unwin.
3. Butler, J. (1990). Gender Trouble: Feminism and the Subversion of Identity. Routledge.
4. Clatterbaugh, K. (1997). Contemporary Perspectives on Masculinity: Men, Women, and Politics in Modern Society (2nd ed.). Westview Press.

5.Collins, P. H. (1990). Black Feminist Thought: Knowledge, Consciousness, and the Politics of Empowerment. Routledge.

6.Connell, R. W. (2005). Masculinities (2nd ed.). University of California Press.

7.Courtenay, W. H. (2000). Constructions of masculinity and their influence on men's well-being: A theory of gender and health. Social Science & Medicine, 50(10), 1385-1401.

8.Crenshaw, K. (1989). Demarginalizing the intersection of race and sex: A Black feminist critique of antidiscrimination doctrine, feminist theory and antiracist politics. University of Chicago Legal Forum, 1989(1), 139-167.

9.Farrell, W. (1993). The Myth of Male Power: Why Men Are the Disposable Sex. Simon & Schuster.

10. Fuller, S. (2002). Social Epistemology (2nd ed.). Indiana University Press.

11. Gilligan, C. (1982). In a Different Voice: Psychological Theory and Women's Development. Harvard University Press.

12. Goldman, A. I. (1999). Knowledge in a Social World. Oxford University Press.

13. Haraway, D. (1988). Situated knowledges: The science question in feminism and the privilege of partial perspective. Feminist Studies, 14(3), 575-599.

14. Harding, S. (1986). The Science Question in Feminism. Cornell University Press.

15. Harding, S. (1991). Whose Science? Whose Knowledge? Thinking from Women's Lives. Cornell University Press.

16. Kimmel, M. S. (2000). The Gendered Society. Oxford University Press.

17. Messner, M. A. (1997). Politics of Masculinities: Men in Movements. Sage Publications.

18. Pini, B., & Pease, B. (Eds.). (2013). Men, Masculinities and Methodologies. Palgrave Macmillan.

19. Seidler, V. J. (2006). Young Men and Masculinities: Global Cultures and Intimate Lives. Zed Books.

20. Straus, M. A. (2006). Dominance and symmetry in partner violence by male and female university students in 32 nations. Children and Youth Services Review, 28(10), 1218-1239.

El Masculinismo En El Pensamiento Metamoderno

Critian Beltrán Barrero

Introducción

Analizar el masculinismo desde la perspectiva del pensamiento metamoderno ofrece una oportunidad fascinante para explorar la forma en la que este movimiento puede trascender las polarizaciones tradicionales entre feminismo y antifeminismo, modernismo y posmodernismo, sinceridad y escepticismo. El metamodernismo, con su característica oscilación entre opuestos y su énfasis en la reconstrucción pragmática, permite reinterpretar el masculinismo no como una reacción defensiva o una ideología rígida, sino como barred espacio dinámico para reflexionar sobre las experiencias masculinas en un mundo complejo (Vermeulen & van den Akker, 2010). A continuación, se desarrolla un análisis detallado de la forma en la que el masculinismo puede entenderse o analizarse desde el pensamiento metamoderno, destacando sus implicaciones epistemológicas, éticas y culturales.

Oscilación Entre Sinceridad Y Ironía En El Masculinismo

El pensamiento metamoderno se caracteriza por moverse entre la sinceridad (el compromiso emocional y la búsqueda de significado) y la ironía (la autoconciencia y el reconocimiento de las limitaciones) (Vermeulen & van den Akker, 2010). Desde esta perspectiva, el masculinismo puede redefinirse como un movimiento que:

1. **Abraza la sinceridad** al abordar cuestiones legítimas que afectan a los hombres, como las altas tasas de suicidio masculino (según la OMS, los hombres representan el 75% de los suicidios en muchos países) (World Health Organization, 2021), la presión social para cumplir roles de proveedor o la discriminación en casos de custodia familiar (Farrell, 1993). En lugar de enmarcar estas preocupaciones como una reacción contra el feminismo, un masculinismo metamoderno las presenta con autenticidad, reconociendo el dolor y la vulnerabilidad de los hombres sin caer en el victimismo (Seidler, 2006).
2. **Incorpora la ironía** al ser consciente de sus propias contradicciones y limitaciones. Por ejemplo, un masculinismo metamoderno podría admitir que, aunque los hombres enfrentan opresiones específicas, también han sido históricamente beneficiados por estructuras patriarcales (Connell, 2005). Esta autoconciencia permite al masculinismo evitar posturas esencialistas (como asumir que todos los hombres son víctimas) y dialogar con el feminismo sin caer en antagonismos (Messner, 1997).

Un discurso masculinista metamoderno podría abordar la salud mental masculina con una campaña que combina narrativas emotivas (sinceridad) con un tono autoconsciente que desafía los estereotipos de la masculinidad tradicional, como un video que muestra hombres hablando de sus luchas emocionales mientras juega con clichés de "macho" de manera irónica pero empática (Turner, 2015).

Reconstrucción Pragmática De Las Masculinidades

El metamodernismo propone una reconstrucción pragmática, trabajando con los fragmentos del modernismo y el posmodernismo para crear algo nuevo (Rudrum & Stavris, 2015). En el contexto del masculinismo, esto implica:

1. **Rechazo de binarismos**: En lugar de posicionarse como opuesto al feminismo o como defensor de una masculinidad tradicional, un masculinismo metamoderno deconstruye la idea de que los hombres deben elegir entre ser "aliados" del feminismo o defensores de sus propios intereses. Por ejemplo, podría abogar por políticas que beneficien a ambos géneros, como licencias parentales igualitarias que reduzcan la presión sobre los hombres como proveedores y sobre las mujeres como cuidadoras principales (Kimmel, 2000).
2. **Reinvención de la masculinidad**: En lugar de glorificar la masculinidad hegemónica (agresiva, dominante) o rechazarla por completo, el masculinismo metamoderno explora nuevas formas de ser hombre que integren valores tradicionalmente asociados con lo femenino, como la empatía y el cuidado, sin perder la identidad masculina. Esto resuena con el concepto de "masculinidades híbridas" propuesto por estudiosos como Demetrakis Z. Demetriou (Demetriou, 2001).
3. **Colaboración interdisciplinaria**: Un masculinismo metamoderno

podría nutrirse de los estudios de género, la psicología, la sociología y la filosofía para abordar cuestiones como la violencia masculina, no sólo como un problema de poder, sino también como una respuesta a presiones sociales y emocionales (Pini & Pease, 2013).

Un proyecto metamoderno podría ser un taller comunitario que invite a hombres a reflexionar sobre sus roles de género, combinando dinámicas de grupo sinceras (inspiradas en la modernidad) con ejercicios de escritura reflexiva que cuestionen irónicamente los estereotipos masculinos (inspirados en el posmodernismo) (Seidler, 2006).

Epistemología Oscilante Y Las Experiencias Masculinas

El metamodernismo propone una epistemología que oscila entre la creencia en verdades universales y la aceptación de perspectivas múltiples (Vermeulen & van den Akker, 2010). Desde esta lente, el masculinismo puede contribuir al conocimiento al:

1. **Validar Las Experiencias Masculinas Como Conocimiento Situado**: El masculinismo metamoderno reconoce que los hombres, al igual que las mujeres, producen conocimiento desde sus posiciones sociales específicas (Haraway, 1988). Por ejemplo, podría explorar las formas en las que las expectativas de masculinidad (como reprimir emociones) afectan la forma en que los hombres perciben y comunican sus experiencias,

contribuyendo a una epistemología más inclusiva (Collins, 1990).

2. **Cuestionar La Universalidad Del Matriarcado/Patriarcado**: Mientras que el feminismo a menudo enmarca el patriarcado como un sistema que beneficia universalmente a los hombres, un masculinismo metamoderno podría argumentar que el patriarcado también daña a los hombres (por ejemplo, al castigar la vulnerabilidad o imponer roles rígidos) (Connell, 2005). Esta perspectiva no niega los privilegios masculinos, pero añade matices al debate, promoviendo un diálogo más complejo (Messner, 1997).
3. **Integrar La Interseccionalidad**: Un masculinismo metamoderno reconoce que no todos los hombres experimentan la masculinidad de la misma manera. Factores como la raza, la clase, la orientación sexual o la discapacidad moldean las opresiones y privilegios de los hombres, lo que permite un análisis más rico y menos generalizante (Crenshaw, 1989).

Un estudio académico masculinista metamoderno podría investigar las formas en las que los hombres afrodescendientes enfrentan tanto el racismo como las expectativas de hipermasculinidad, combinando datos cuantitativos (como tasas de encarcelamiento) con narrativas personales que oscilan entre la sinceridad emocional y la crítica cultural (Hooks, 2004).

Ética Del Cuidado Y Compromiso Afectivo

El metamodernismo valora el afecto y el compromiso emocional, lo que permite al masculinismo metamoderno adoptar una ética del cuidado que beneficie a todos los géneros (Ahmed, 2004):

1. **Promoción De La Vulnerabilidad Masculina**: En lugar de ver la vulnerabilidad como una debilidad, el masculinismo metamoderno la presenta como una fortaleza que enriquece las relaciones humanas. Esto implica fomentar espacios donde los hombres puedan expresar emociones sin temor al juicio, desafiando las normas patriarcales que los limitan (Seidler, 2006).
2. **Colaboración Con El Feminismo**: Un masculinismo metamoderno no ve al feminismo como un adversario, sino como un aliado en la lucha contra las estructuras opresivas. Por ejemplo, podría apoyar iniciativas feministas contra la violencia de género mientras aboga por recursos para hombres víctimas de abuso, reconociendo que ambos problemas están interconectados (Kimmel, 2000).
3. **Esperanza Pragmática**: Siguiendo el espíritu metamoderno, el masculinismo puede promover una esperanza activa en la posibilidad de transformar las normas de género, incluso si reconoce las dificultades (Turner, 2015). Esto implica trabajar en soluciones prácticas, como programas de educación emocional en escuelas o campañas de concienciación sobre salud mental masculina (Courtenay, 2000).

Una ONG masculinista metamoderna podría lanzar una campaña que combine mensajes sinceros sobre la importancia de la salud mental masculina con un tono irónico que desafíe frases como "los hombres no lloran", buscando conectar emocionalmente con el público mientras deconstruye estereotipos (Seidler, 2006).

Crítica A Las Narrativas Binarias En El Discurso De Género

El metamodernismo rechaza las narrativas binarias, lo que permite al masculinismo metamoderno superar las dicotomías tradicionales (hombres vs. mujeres, opresores vs. oprimidos) (Vermeulen & van den Akker, 2010). Esto implica:

1. **Reconstrucción Del Discurso De Género**: En lugar de perpetuar la idea de que los hombres y las mujeres están en bandos opuestos, el masculinismo metamoderno propone un marco donde ambos géneros colaboran para desmantelar las estructuras patriarcales que los limitan. Por ejemplo, podría argumentar que la presión sobre los hombres para ser dominantes y sobre las mujeres para ser sumisas son dos caras de la misma moneda patriarcal (Connell, 2005).
2. **Diálogo Con El Posmodernismo**: El masculinismo metamoderno adopta la deconstrucción posmoderna de las identidades fijas, reconociendo que la masculinidad no es una esencia universal, sino una construcción fluida que varía según el contexto (Butler, 1990). Esto permite un análisis más flexible de las experiencias masculinas.
3. **Compromiso Modernista Con El Cambio**: Al mismo tiempo, el masculinismo metamoderno abraza la fe modernista en el progreso, abogando por cambios estructurales (como políticas de

igualdad de género o reformas legales) que beneficien a todos (Kimmel, 2000).

Un podcast masculinista metamoderno podría invitar a feministas, activistas queer y hombres de diversas backgrounds a discutir las formas en las que las normas de género afectan a todos, oscilando entre debates serios sobre políticas públicas y momentos irónicos que cuestionen clichés de género (Pini & Pease, 2013).

Implicaciones Culturales Y Filosóficas

Desde el pensamiento metamoderno, el masculinismo puede contribuir a la filosofía y la cultura de las siguientes maneras:

1. **Filosofía del género**: Al integrar la sinceridad y la ironía, el masculinismo metamoderno enriquece la filosofía del género al ofrecer una perspectiva que no sólo critica las opresiones masculinas, sino que también propone soluciones creativas y colaborativas. Esto se alinea con pensadores como Judith Butler (sobre la performatividad del género) o Raewyn Connell (sobre masculinidades hegemónicas) (Butler, 1990; Connell, 2005).
2. **Epistemología inclusiva**: Al validar las experiencias masculinas como una fuente legítima de conocimiento, el masculinismo metamoderno contribuye a una epistemología social que reconoce la diversidad de perspectivas, complementando los aportes del feminismo y los estudios queer (Collins, 1990).
3. **Cultura de la empatía**: En un contexto cultural donde la

polarización de género es común, el masculinismo metamoderno puede fomentar una cultura de empatía que trascienda las divisiones, promoviendo un diálogo basado en el respeto mutuo y el reconocimiento de las vulnerabilidades compartidas (Ahmed, 2004).

Limitaciones Y Desafíos

Aplicar el pensamiento metamoderno al masculinismo no está exento de desafíos:

1. **Riesgo de ambigüedad**: La oscilación metamoderna puede dificultar la adopción de posturas claras, lo que podría debilitar el impacto político del masculinismo en temas urgentes como la violencia o la salud mental (Jameson, 2015).
2. **Resistencia cultural**: Las formas más reaccionarias del masculinismo (como los movimientos de "derechos de los hombres") pueden rechazar la sensibilidad metamoderna, prefiriendo narrativas más simplistas de victimización masculina (Clatterbaugh, 1997).
3. **Necesidad de colaboración**: Para ser verdaderamente metamoderno, el masculinismo debe trabajar en alianza con el feminismo y otros movimientos, lo que requiere superar décadas de desconfianza mutua (Messner, 1997).

Conclusión

Desde el pensamiento metamoderno, el masculinismo se transforma en un movimiento dinámico que oscila entre la sinceridad de abordar las luchas masculinas y la ironía de reconocer sus privilegios históricos (Vermeulen & van den Akker, 2010). Al rechazar los binarismos, abrazar la interseccionalidad y promover una ética del cuidado, el masculinismo metamoderno ofrece un enfoque fresco para analizar las masculinidades en el siglo XXI (Crenshaw, 1989; Ahmed, 2004). Sus aportes filosóficos radican en su capacidad para enriquecer la epistemología del género, fomentar un diálogo inclusivo y proponer soluciones pragmáticas a problemas estructurales. Sin embargo, su éxito dependerá de su capacidad para colaborar con otros movimientos y evitar caer en la polarización. En un mundo donde las normas de género están en constante evolución, el masculinismo metamoderno tiene el potencial de contribuir a una sociedad más empática y equitativa, siempre que mantenga su compromiso con la oscilación reflexiva y la esperanza activa (Turner, 2015).

Referencias

1. Ahmed, S. (2004). The Cultural Politics of Emotion. Edinburgh University Press.
2. Butler, J. (1990). Gender Trouble: Feminism and the Subversion of Identity. Routledge.

3.Clatterbaugh, K. (1997). Contemporary Perspectives on Masculinity: Men, Women, and Politics in Modern Society (2nd ed.). Westview Press.

4.Collins, P. H. (1990). Black Feminist Thought: Knowledge, Consciousness, and the Politics of Empowerment. Routledge.

5.Connell, R. W. (2005). Masculinities (2nd ed.). University of California Press.

6.Courtenay, W. H. (2000). Constructions of masculinity and their influence on men's well-being: A theory of gender and health. Social Science & Medicine, 50(10), 1385-1401.

7.Crenshaw, K. (1989). Demarginalizing the intersection of race and sex: A Black feminist critique of antidiscrimination doctrine, feminist theory and antiracist politics. University of Chicago Legal Forum, 1989(1), 139-167.

8.Demetriou, D. Z. (2001). Connell's concept of hegemonic masculinity: A critique. Theory and Society, 30(3), 337-361.

9.Farrell, W. (1993). The Myth of Male Power: Why Men Are the Disposable Sex. Simon & Schuster.

10. Haraway, D. (1988). Situated knowledges: The science question in feminism and the privilege of partial perspective. Feminist Studies, 14(3), 575-599.

11. Hooks, B. (2004). We Real Cool: Black Men and Masculinity. Routledge.

12. Jameson, F. (2015). The antinomies of postmodernity. In D. Rudrum & N. Stavris (Eds.), Supplanting the Postmodern: An Anthology of Writings on the Arts and Culture of the Early 21st Century (pp. 45-60). Bloomsbury.

13. Kimmel, M. S. (2000). The Gendered Society. Oxford University Press.
14. Messner, M. A. (1997). Politics of Masculinities: Men in Movements. Sage Publications.
15. Pini, B., & Pease, B. (Eds.). (2013). Men, Masculinities and Methodologies. Palgrave Macmillan.
16. Rudrum, D., & Stavris, N. (Eds.). (2015). Supplanting the Postmodern: An Anthology of Writings on the Arts and Culture of the Early 21st Century. Bloomsbury.
17. Seidler, V. J. (2006). Young Men and Masculinities: Global Cultures and Intimate Lives. Zed Books.
18. Turner, L. (2015). Metamodernism: A brief introduction. Notes on Metamodernism. http://www.metamodernism.com
19. Vermeulen, T., & van den Akker, R. (2010). Notes on metamodernism. Journal of Aesthetics & Culture, 2(1), 1-14.
20. World Health Organization. (2021). Suicide worldwide in 2019: Global health estimates. WHO. https://www.who.int/publications/i/item/9789240026643

El Feminismo Desde La Perspectiva Del Masculinismo Metamoderno

Una Mirada Crítica

Critian Beltrán Barrero

Introducción

Las críticas al feminismo son variadas y provienen de diferentes sectores ideológicos, sociales y culturales. Aunque en teoría el feminismo busca la igualdad de derechos y oportunidades para las mujeres, lo cierto es que ciertos aspectos o corrientes del movimiento presentan problemas y se decantan abiertamente por una desigualdad injustificada a favor del género femenino (Clatterbaugh, 1997). A continuación, expongo algunas de las principales críticas, organizadas por categorías, con un análisis objetivo que evita tomar partido:

Percepción De Radicalidad O Extremismo

Desde sectores críticos como el postfeminismo y el masculinismo, sostenemos que ciertas ramas del feminismo, como el feminismo radical, promueven posturas extremas que demonizan a los hombres o rechazan cualquier colaboración con nosotros. Esto se evidencia en discursos como "todos los hombres son opresores" que fomentan división y hostilidad en lugar de diálogo (Farrell, 1993).

Frases asociadas a algunas activistas radicales, como Andrea Dworkin, han sido interpretadas por críticos como anti-male (anti hombres), estas interpretaciones no simplifican ni exageran sus postulados, abiertamente Dworkin se decanta por una filosofía anti-hombres que es dominante en su retórica (Dworkin, 1987).

Esta crítica suele ser más común entre quienes percibimos que el feminismo moderno se aleja de los objetivos de igualdad de las primeras olas (sufragismo, derechos laborales) y se orienta más hacia una confrontación de género (Sommers, 1994).

Falta De Inclusividad

El feminismo, especialmente en sus corrientes más visibles (a menudo asociadas al feminismo blanco y de clase media), ha menudo ignora las experiencias de mujeres de minorías étnicas, de clases trabajadoras, transgénero o de países no occidentales. Esto se conoce como crítica desde el feminismo interseccional (Crenshaw, 1989).

El movimiento feminista en Occidente ha sido criticado por centrarse en cuestiones como la brecha salarial en corporaciones, mientras presta menos atención a los desafíos de mujeres en contextos de pobreza extrema o en culturas socioeconómicas más rígidas (Mohanty, 1988).

Esta crítica no rechaza el feminismo en sí, sino que exige una mayor diversidad de voces dentro del movimiento. Es una crítica interna (del propio feminismo) que vale la pena analizar (Hooks, 2000).

Impacto En Las Relaciones De Género

Algunos sectores masculinistas, tanto en círculos conservadores como liberales o en el movimiento por los "derechos de los hombres" (como los MRA, Men's Rights Activists), sostenemos que el feminismo moderno ha generado una narrativa que victimiza a las mujeres y culpa a los hombres, debilitando las relaciones de pareja y la cohesión social. Desde luego, no se pretende desconocer que ciertas dinámicas de violencia existen, pero criminalizar a todos los hombres en su conjunto por nuestro condición de sexo/género como inherentemente malvados per se, tampoco es la respuesta (Kimmel, 2000).

Se evidencia en campañas feministas sobre violencia de género que generalizan, presentando a los hombres como inherentemente violentos, lo que en lugar de aportar soluciones, alimenta la desconfianza mutua (Straus, 2006).

Esta crítica se deriva del impacto mediático del feminismo y no pretende desestimar las estadísticas que muestran la prevalencia de la violencia contra las mujeres, simplemente refleja una preocupación real sobre el tono polarizante y sectarista de sus discursos (Messner, 1997).

Inconsistencias O Contradicciones Internas

Activistas de todos los espectros ideológicos, incluido el propio feminismo, señalan que el feminismo cae en contradicciones, como defender la libertad individual mientras critica elecciones personales de mujeres (por ejemplo, elegir ser amas de casa o participar en industrias como el modelaje o el entretenimiento adulto). Esta contradicción se interpreta como hipocresía, pues no puedes defender una causa, y al mismo tiempo "no defenderla" (Paglia, 1992).

Críticas al feminismo liberal por no aceptar plenamente el "empoderamiento" de mujeres que eligen roles tradicionales o hipersexualizados, argumentando que estas elecciones refuerzan estereotipos patriarcales, sin darse cuenta que es una elección privada de la fémina que en su "liberalidad" decide hacer uso de cuerpo como se le antoje, el mismo debate se sostiene sobre ser madre, sobre el IVE, sobre elegir ser ama de casa, etcétera. El feminismo liberal pregona la idea de la "libertad" pero le molesta el ejercicio de esa libertad cuando no está encaminada a atacar a los hombres (Ver caso de Roro en España) (Wolf, 1991).

Esta crítica suele surgir de debates filosóficos sobre la autonomía frente a las estructuras sociales, y a menudo es utilizada por quienes cuestionan la coherencia del movimiento, por obvias razones (por ejemplo, en el debate interminable sobre estereotipos de belleza) (Butler, 1990).

Impacto En Políticas Públicas Y Sistemas Legales

Las políticas impulsadas por el feminismo, como cuotas de género o leyes contra la violencia de género, pueden llevar a discriminación inversa o a abusos del sistema. Por ejemplo, las leyes de protección a mujeres víctimas de violencia pueden ser mal utilizadas en disputas personales, afectando a hombres inocentes. Desde luego, esta crítica no pretende criminalizar la existencia de estas leyes con propósitos loables sino atender a la personalidad de cada quien, existen mujeres que se aprovechan indebidamente del sistema para propósitos egoístas y malsanos, esto no es culpa de la ley, pero el feminismo fomenta el abuso del derecho al no generar pedagogía sobre la ética, los alcances y límites de cada instrumento jurídico legal, al contrario, sus discursos polarizantes y fundamentalistas, construyen la idea en el imaginario colectivo, de un poder ilimitado e irrestricto en el uso de estos instrumentos que tienen un propósito de prevención, no de criminalización (Dutton, 2006).

En países como España, críticos han cuestionado la Ley de Violencia de Género por presuntas aplicaciones sesgadas que no consideran suficientemente casos de falsas acusaciones. El caso de Ana Jazmin Carro, Argentina, es prueba del sesgo de género en la administración de justicia y no es un caso aislado (Straus, 2006).

Aunque las estadísticas muestran que las falsas denuncias que llegan al sistema judicial son raras, lo cierto es que existen, una sola denuncia falsa es suficiente para que se aplique la pres investidores de inocencia erga omnes, además, las estadísticas también demuestran que la mayoría de las acusaciones se tramitan en escenarios extrajudiciales, por lo que la cifra real de falsos señalamientos es desconocida y mucho mayor de lo que se cree (Dutton & Nicholls, 2005). Esta crítica resuena en sectores donde se evidencia un desequilibrio en el tratamiento legal de hombres y mujeres.

Antifeminismo Desde Perspectivas Culturales O Religiosas

En contextos conservadores o religiosos, el feminismo es visto como una amenaza a los valores tradicionales, como la familia nuclear o los roles de género establecidos. Se argumenta que el feminismo promueve una agenda que desestabiliza estructuras sociales fundamentales. Sin embargo, movimientos religiosos más recientes, han demostrado que se puede ejercer feminismo desde diversas posturas religiosas incluyendo el cristianismo que suele catalogarse como "patriarcal" o "machista", experiencias en el mundo árabe, también han demostrado que las religiones islámicas son perfectamente compatibles con diversas expresiones del feminismo; el error del feminismo en este contexto, considero, es creer que existe una única versión o vertiente del feminismo, al fin de cuentas, la lucha por los derechos de las mujeres, puede hacerse desde cualquier creencia religiosa y/o es compatible con diversas posturas ideológicas (Moghadam, 2002).

En comunidades religiosas, el feminismo es criticado por cuestionar textos sagrados o normas que asignan roles específicos a hombres y mujeres. Como respuesta a esto, mujeres pertenecientes a diversos movimientos religiosos (incluidas monjas) han propugnado por su propio movimiento feminista dentro de las jerarquías de sus estructuras clericales (Badran, 2009).

Esta crítica suele basarse en una resistencia al cambio social más que en un análisis de los objetivos del feminismo, pero refleja un choque cultural significativo en muchas sociedades. También es importante señalar, que el feminismo no tiene porqué ser necesariamente laico; voces como la de Simona Brambilla, monja feminista nombrada prefecta del Dicasterio para la Vida Consagrada y las Sociedades de Vida Apostólica a inicios de 2025 soportan esta tesis (Vatican News, 2025).

Percepción De Victimismo

El feminismo fomenta una mentalidad de victimismo entre las mujeres, presentándolas como perpetuamente oprimidas y desalentando la responsabilidad individual. Esto es un hecho, no una opinión (Peterson, 2018).

Figuras como Jordan Peterson han sostenido que el feminismo exagera las desventajas de las mujeres en las sociedades modernas, sin ignorar los avances logrados y los desafíos que también enfrentan los hombres (Peterson, 2018).

Esta crítica no pretende desestimar las desigualdades estructurales que el feminismo busca abordar, pero apela a quienes creen que el movimiento se centra demasiado en agravios históricos y exageran la situación del mundo hoy como mecanismo de presión o arenga para obtener resultados (Sommers, 1994).

Rechazo Al Feminismo En El Sur Global

En diversos países, especialmente los que no están alineados con occidente, el feminismo es percibido como una imposición cultural extranjera que no refleja las prioridades locales. Las agendas feministas occidentales (como el aborto o la igualdad en el ámbito corporativo) no siempre se alinean con las necesidades de mujeres en contextos de pobreza, conflicto o colonialismo. Como respuesta a esto, diversos Estados, especialmente África y el Mundo Árabe han desarrollado sus propias formas de feminismo como forma de protesta a la imposición de una agenda global desde occidente, tales son los casos de Huda Shaarawi, pionera en la lucha por los derechos de las mujeres en Egipto, y Nawal al-Saadawi, una escritora y activista egipcia conocida por su crítica a la opresión religiosa y social de las mujeres (Badran, 1995; El Saadawi, 1980).

En algunos países africanos o asiáticos, activistas locales han criticado al feminismo occidental por centrarse en cuestiones individuales mientras ignoran problemas estructurales como el acceso al agua o la seguridad alimentaria. Sobre esto, ya lo habían advertido activistas como **Anbara Salam Khalidi** que fue una feminista, activista, escritora y traductora que jugó un papel importante en el movimiento feminista temprano en el mundo árabe y Fátima Mernissi, escritora y activista marroquí, también es conocida por su trabajo sobre el rol de la mujer en la sociedad musulmana (Mernissi, 1991; Khalidi, 1978).

Esta crítica subraya la necesidad de un feminismo global que sea sensible a las diferencias culturales y socioeconómicas. Si esto aplica para el feminismo, el masculinismo también debe atender a una agenda global que unifique puntos de conexión comunes con otras vertientes del masculinismo en diversos aportes del mundo (Mohanty, 1988).

Evaluación Crítica

Estas críticas no implican que el feminismo como movimiento sea inherentemente defectuoso, pero destacan desafíos reales en su evolución. Al respecto, algunas críticas provienen de malentendidos, exageraciones o resistencias al cambio, otras, como la falta de interseccionalidad o las contradicciones internas, son preocupaciones legítimas que el propio feminismo ha abordado a través de corrientes como el feminismo interseccional o decolonial (Crenshaw, 1989; Lugones, 2008). Por otra parte, el tono confrontacional y contestatario de los discursos feministas puede alienar a aliados potenciales, además de un defecto estructural del movimiento esto refleja una estrategia comunicativa deficiente (Hooks, 2000).

Las críticas no pretenden ignorar el contexto histórico y las desigualdades persistentes que justifican la existencia del feminismo, sino más bien direccionar hacia un horizonte sano y no tóxico. Por ejemplo, la brecha salarial global (según la OIT, las mujeres ganan en promedio un 20% menos que los hombres) y la violencia de género (1 de cada 3 mujeres ha experimentado violencia, según la ONU) demuestran que las demandas feministas siguen siendo relevantes; pero el abuso en las herramientas y logros obtenidos no contribuye en la legitimación de su discurso (International Labour Organization, 2020; United Nations, 2020). Las críticas de carácter constructivo, como las que piden mayor inclusividad o coherencia, pueden servir para fortalecer el movimiento, mientras que las basadas en estereotipos o rechazo al cambio tienden a perpetuar el statu quo.

Conclusión

Las críticas constructivas contra el feminismo reflejan una mezcla de preocupaciones legítimas y resistencias ideológicas. Mientras que algunas señalan problemas sencillos, como la falta de diversidad o el riesgo de polarización, otras surgen como oposición a la estructura de poder que representa el feminismo. Para avanzar, el feminismo debe seguir adaptándose, abrazando la interseccionalidad y el diálogo inclusivo con el masculinismo, sin perder de vista su objetivo central: la igualdad de derechos y oportunidades para todos, incluyendo el género masculino (Crenshaw, 1989; Kimmel, 2000). Comprender estas críticas no solo ayuda a evaluar el movimiento, sino también a identificar los obstáculos que enfrenta en su lucha por transformar la sociedad.

Referencias

1.Badran, M. (1995). Feminists, Islam, and Nation: Gender and the Making of Modern Egypt. Princeton University Press.

2.Badran, M. (2009). Feminism in Islam: Secular and Religious Convergences. Oneworld Publications.

3.Butler, J. (1990). Gender Trouble: Feminism and the Subversion of Identity. Routledge.

4.Clatterbaugh, K. (1997). Contemporary Perspectives on Masculinity: Men, Women, and Politics in Modern Society (2nd ed.). Westview Press.

5.Crenshaw, K. (1989). Demarginalizing the intersection of race and sex: A Black feminist critique of antidiscrimination doctrine, feminist theory and antiracist politics. University of Chicago Legal Forum, 1989(1), 139-167.

6.Dutton, D. G. (2006). Rethinking Domestic Violence. UBC Press.

7.Dutton, D. G., & Nicholls, T. L. (2005). The gender paradigm in domestic violence research and theory: Part 1—The conflict of theory and data. Aggression and Violent Behavior, 10(6), 680-714.

8.Dworkin, A. (1987). Intercourse. Free Press.

9.El Saadawi, N. (1980). The Hidden Face of Eve: Women in the Arab World. Zed Books.

10. Farrell, W. (1993). The Myth of Male Power: Why Men Are the Disposable Sex. Simon & Schuster.

11. Hooks, B. (2000). Feminism is for Everybody: Passionate Politics. South End Press.

12. International Labour Organization. (2020). Global Wage Report 2020-21: Wages and minimum wages in the time of COVID-19. ILO. https://www.ilo.org/global/publications/books/WCMS_762534/lang--en/index.htm
13. Khalidi, A. S. (1978). Memoirs of an Early Arab Feminist: The Life and Activism of Anbara Salam Khalidi. Pluto Press.
14. Kimmel, M. S. (2000). The Gendered Society. Oxford University Press.
15. Lugones, M. (2008). The coloniality of gender. Worlds & Knowledges Otherwise, 2(Spring), 1-17.
16. Mernissi, F. (1991). The Veil and the Male Elite: A Feminist Interpretation of Women's Rights in Islam. Perseus Books.
17. Messner, M. A. (1997). Politics of Masculinities: Men in Movements. Sage Publications.
18. Moghadam, V. M. (2002). Islamic feminism and its discontents: Toward a resolution of the debate. Signs: Journal of Women in Culture and Society, 27(4), 1135-1171.
19. Mohanty, C. T. (1988). Under Western eyes: Feminist scholarship and colonial discourses. Feminist Review, 30(1), 61-88.
20. Paglia, C. (1992). Sex, Art, and American Culture: Essays. Vintage Books.
21. Peterson, J. B. (2018). 12 Rules for Life: An Antidote to Chaos. Random House Canada.
22. Sommers, C. H. (1994). Who Stole Feminism? How Women Have Betrayed Women. Simon & Schuster.

23. Straus, M. A. (2006). Dominance and symmetry in partner violence by male and female university students in 32 nations. Children and Youth Services Review, 28(10), 1218-1239.

24. United Nations. (2020). The World's Women 2020: Trends and Statistics. UN. https://www.un.org/en/desa/world%E2%80%99s-women-2020

25. Vatican News. (2025). Simona Brambilla appointed prefect of Dicastery for Institutes of Consecrated Life. Vatican News. https://www.vaticannews.va/en/vatican-city/news/2025-01/simona-brambilla-appointed-prefect-dicastery-consecrated-life.html

26. Wolf, N. (1991). The Beauty Myth: How Images of Beauty Are Used Against Women. William Morrow and Company.

El Componente Ideológico Del Derecho

Una Crítica A Las Narrativas De Género Y La Búsqueda De Un Diálogo Humanista

Critian Beltrán Barrero

Introducción

El estudio del derecho suele comenzar con grandes expectativas sobre su capacidad para impartir justicia de manera imparcial y equitativa. En las aulas universitarias, se presenta el ideal de un derecho puro e imparcial, inspirado en autores como Hans Kelsen, quien en su *Teoría Pura del Derecho* (1960) aboga por un sistema normativo desprovisto de influencias externas, o Ronald Dworkin, quien imagina al "Juez Hércules" como un ideal de razonamiento judicial objetivo (Dworkin, 1978).

Sin embargo, la práctica revela que el derecho, como toda disciplina humana, está impregnado de componentes ideológicos que reflejan las creencias, valores y luchas de poder de cada contexto histórico y cultural. En este ensayo analizo ¿Cómo las ideologías de género, particularmente el feminismo, el masculinismo y el postfeminismo, influyen en la construcción del derecho?, cuestionando opiniones como *"el derecho es machista"* y proponiendo un diálogo humanista que trascienda las divisiones ideológicas para alcanzar una justicia más equitativa.

El Derecho Como Construcción Ideológica

El derecho no es un sistema neutral, sino un reflejo de las ideologías dominantes y contrahegemónicas de cada sociedad. Lo que se considera "justo", "progresivo" o "regresivo" varía según el tiempo, el lugar y las perspectivas de quienes interpretan las normas. Como señala Jürgen Habermas, *"el derecho es un medio de integración social que incorpora las racionalidades comunicativas de una comunidad, pero también sus prejuicios y estructuras de poder"* (Habermas, 1996, *Between Facts and Norms*).

En este sentido, las ideologías de género, como el feminismo, han moldeado ramas específicas del derecho, como el penal, el civil y el de familia, pero no de manera uniforme ni absoluta.

La opinión de que *"el derecho es machista"* parte de un supuesto ideológico que merece ser cuestionado. En lugar de aceptar esta premisa como un hecho, la academia debe preguntarse: ¿Es el derecho intrínsecamente machista y/o patriarcal? ¿En qué contextos y ramas del derecho se manifiesta esta influencia? ¿Quién define el patriarcado y con qué criterios? Estas preguntas invitan a un análisis crítico que evite conclusiones dogmáticas y reconozca la complejidad de las influencias ideológicas.

En Colombia, la Corte Constitucional ha promovido un derecho progresista en materia de género, con sentencias como la C-355 de

2006, que despenalizó el aborto en ciertos casos, o la T-062 de 2018, que reconoció los derechos de las personas trans. Estas decisiones reflejan aportes feministas, pero también humanistas, que desafían la idea de un derecho exclusivamente patriarcal.

Cuestionando La Narrativa Del Patriarcado

La hipótesis de que el derecho tiene una *"naturaleza patriarcal"* implica un enfoque iusnaturalista, que presupone una esencia inmutable en las normas jurídicas. Esta perspectiva es problemática, ya que el derecho, en un sistema iuspositivista como el colombiano, es una construcción humana sujeta a cambios históricos y culturales. Afirmar que el derecho es intrínsecamente machista y/o patriarcal ignora los avances logrados por movimientos feministas, postfeministas y humanistas en áreas como los derechos sexuales, reproductivos y de género.

Por ejemplo, el derecho de familia en Colombia ha incorporado elementos matriarcales, como la prioridad de la madre en la custodia de menores en casos de divorcio (Código Civil, artículo 174) o la tipificación de la inasistencia alimentaria como delito (Ley 599 de 2000, artículo 233). Asimismo, el tipo penal de feminicidio (Ley 1761 de 2015) refleja una conquista feminista que protege específicamente a las mujeres de la violencia de género. Estos ejemplos demuestran que el derecho no es un monolito patriarcal, sino un sistema dialéctico que integra diversas influencias ideológicas.

Angela McRobbie sostiene que *"el derecho moderno refleja una tensión entre estructuras patriarcales heredadas y nuevas narrativas de equidad impulsadas por el feminismo y otros movimientos"* (McRobbie, 2009, *The Aftermath of Feminism*). Esta tensión evidencia la naturaleza dinámica del derecho, que no puede reducirse a una sola ideología.

Ideologías De Género En El Derecho: Feminismo, Masculinismo Y Postfeminismo

El derecho se construye en diálogo con ideologías de género que buscan redefinir las relaciones de poder. A continuación, se analizan tres enfoques relevantes:

Feminismo

El feminismo ha transformado el derecho al visibilizar las desigualdades de género y abogar por la protección de las mujeres. Sin embargo, algunas corrientes feministas, especialmente las fundamentalistas, adoptan una postura victimista que presenta al hombre heterosexual como el opresor universal. Esta narrativa puede llevar a interpretaciones reduccionistas, como la idea de que cualquier conducta masculina que incomode a una mujer constituye acoso sexual, sin considerar elementos objetivos como la intencionalidad o el contexto.

La Corte Suprema de Justicia de Colombia (Sentencia SP-1234-2018) estableció que el delito de acoso sexual requiere tres elementos: intencionalidad sexual, posición de poder y constancia en la conducta. Esta dogmática busca equilibrar la protección de las víctimas con la certeza jurídica, evitando interpretaciones subjetivas que podrían derivar en abusos del derecho.

Catharine MacKinnon argumenta que *"el derecho penal debe reconocer las dinámicas de poder de género, pero sin sacrificar la precisión en la tipificación de conductas"* (MacKinnon, 1987, *Feminism Unmodified*).

Masculinismo

El masculinismo, entendido como una ideología que promueve el amor propio y la defensa de los derechos de los hombres, surge como respuesta a los excesos percibidos en ciertas formas de feminismo. A diferencia del machismo, que implica desprecio hacia lo femenino, el masculinismo busca una equidad de género desde la perspectiva masculina, sin subordinar a las mujeres. Sin embargo, nuestro desafío es evitar caer en posturas reactivas que refuercen divisiones de género.

En el ámbito del derecho de familia, el masculinismo ha cuestionado la presunción de que las madres son automáticamente las mejores cuidadoras, abogando por una custodia compartida equitativa (Ley 1098 de 2006, artículo 28). Tragedias como la de **Lucio Dupuy** en Argentina, refuerzan estos argumentos, de hecho, se especula que de no haber dado a la madre la custodia completa por parte de una juez feminista argumentando que "las mujeres son mejores cuidadoras" probablemente Lucio seguiría vivo.

Robin West señala que *"el masculinismo puede ser una fuerza constructiva si se centra en los derechos de los hombres sin negar los logros del feminismo"* (West, 2000, *Gender and Legal Theory*).

Postfeminismo

El postfeminismo, como reacción crítica al feminismo de segunda y tercera ola, aboga por una sociedad que trascienda los roles de género rígidos, promoviendo una equidad práctica y adaptativa. Cuestiona el pensamiento binario (hombre-opresor, mujer-víctima) y reconoce que la igualdad absoluta puede no ser alcanzable, priorizando soluciones contextuales.

La campaña ***"Real Beauty"*** de Dove (2004-presente) refleja una sensibilidad postfeminista al celebrar la diversidad de las mujeres sin confrontar directamente al patriarcado, aunque ha sido criticada por su enfoque comercial (Gill, 2007, *Gender and the Media*).

Nancy Cott describe el postfeminismo como un movimiento que busca *"ser promujer sin ser antihombre, enfocándose en las personas más que en las categorías de género"* (Cott, 1987, *The Grounding of Modern Feminism*).

Límites Del Análisis De Género En El Derecho

El análisis de género y sexualidad es relevante en áreas específicas del derecho, como el penal (delitos sexuales, feminicidio) o el de familia (custodia, alimentos). Sin embargo, no es aplicable a todas las ramas. Por ejemplo, ¿Es pertinente analizar el patriarcado/matriarcado en el Código de Minas y Energías o en el Código de Comercio? Estas áreas están más influenciadas por ideologías como el capitalismo o el colonialismo, que trascienden las categorías de género.

Además, priorizar el debate de género sobre problemas globales como el cambio climático, la pobreza o las guerras puede desviar la atención de la academia de cuestiones más urgentes. Esto no implica desestimar las desigualdades de género, sino reconocer que el derecho debe abordar múltiples ideologías simultáneamente.

Judith Lorber advierte que *"el análisis de género debe ser específico y contextual para evitar generalizaciones que oscurezcan otras formas de opresión"* (Lorber, 2010, *Gender Inequality*).

Hacia Un Diálogo Humanista

El desafío académico es superar las narrativas polarizadas que enfrentan al feminismo contra el masculinismo o al patriarcado contra el matriarcado. Ninguna ideología, por sí sola, puede representar las necesidades de toda la sociedad. El feminismo no comprende plenamente la experiencia masculina, así como el masculinismo no abarca la femenina. Como señala Simone de Beauvoir, *"no se nace mujer, sino que se llega a serlo"* (Beauvoir, 1949, *El Segundo Sexo*); de manera similar, el machismo, el hembrismo, el patriarcado/matriarcado son construcciones culturales que pueden deconstruirse y transformarse.

La solución radica en un enfoque humanista que coloque la dignidad humana por encima de las divisiones de género. Este enfoque requiere:

1. **Eclecticismo Ideológico**: Reconocer las virtudes y limitaciones de cada teoría, evitando el dogmatismo.
2. **Diálogo Interdisciplinario**: Fomentar una dialéctica entre feminismo, masculinismo y postfeminismo, mediada por el respeto mutuo.
3. **Certeza Jurídica**: Garantizar que las normas, especialmente en el derecho penal, sean claras y objetivas para evitar abusos derivados de interpretaciones subjetivas.

En el caso de las acusaciones de acoso sexual, un enfoque humanista equilibraría la protección de las víctimas con el derecho al debido proceso de los acusados, evitando tanto la revictimización como las falsas acusaciones (Lisak et al., 2010).

Conclusión

El derecho es un sistema ideológico que refleja las luchas y valores de cada sociedad. Opinar que *"el derecho es machista"* es una simplificación que ignora los aportes feministas, masculinistas y postfeministas, así como la naturaleza dialéctica del ordenamiento jurídico colombiano. En lugar de perpetuar narrativas polarizadas, la academia debe promover un diálogo humanista que trascienda las categorías de género y priorice la dignidad humana. Esto implica reconocer las influencias ideológicas del derecho, desde el patriarcado/matriarcado hasta el capitalismo, y abordarlas con un enfoque crítico, inclusivo y contextual.

La justicia no es un ideal estático, sino una construcción colectiva que evoluciona mediante el diálogo. Al adoptar una perspectiva humanista, el feminismo, el masculinismo y el postfeminismo pueden contribuir a un derecho más equitativo, superando los extremismos y construyendo un modelo de sociedad que represente a todos los seres humanos, más allá de su género.

Referencias

1. Abbott, P., Tyler, M., & Wallace, C. (2005). *An Introduction to Sociology: Feminist Perspectives*. Routledge.
2. Beauvoir, S. (1949). *El Segundo Sexo*. Gallimard (traducción al español, 2008).
3. Cott, N. F. (1987). *The Grounding of Modern Feminism*. Yale University Press.
4. Corte Suprema de Justicia de Colombia. (2018). Sentencia SP-1234-2018.

5.Dworkin, R. (1978). *Taking Rights Seriously*. Harvard University Press.

6.Gill, R. (2007). *Gender and the Media*. Polity.

7.Habermas, J. (1996). *Between Facts and Norms: Contributions to a Discourse Theory of Law and Democracy*. MIT Press.

8.Jones, A. (1994). "Postfeminism, Feminist Pleasures, and Embodied Theories of Art." In *New Feminist Criticism: Art, Identity, Action*. HarperCollins.

9.Kelsen, H. (1960). *Teoría Pura del Derecho*. Editorial Universitaria.

10. Lisak, D., Gardinier, L., Nicksa, S. C., & Cote, A. M. (2010). "False Allegations of Sexual Assault: An Analysis of Ten Years of Reported Cases." *Violence Against Women*, 16(12), 1318–1334.

11. Lorber, J. (2010). *Gender Inequality: Feminist Theories and Politics*. Oxford University Press.

12. MacKinnon, C. (1987). *Feminism Unmodified: Discourses on Life and Law*. Harvard University Press.

13. Malmi, P. (2009). *Discrimination Against Men: Appearance and Causes in the Context of a Modern Welfare State*. Lapland University Press.

14. McRobbie, A. (2009). *The Aftermath of Feminism: Gender, Culture and Social Change*. Sage.

15. West, R. (2000). *Gender and Legal Theory*. Siglo del Hombre Editores.

La Influencia Ideológica En El Derecho

Más Allá Del Patriarcado Y El Matriarcado

Critian Beltrán Barrero

Introducción

Al iniciar los estudios de Derecho, los estudiantes solemos albergar grandes expectativas sobre nuestra formación académica, considerando la universidad como un espacio transformador que moldea a cada persona de manera única. Una de las primeras nociones que se nos enseña es la aspiración a la "imparcialidad del Derecho". Autores como Hans Kelsen, en su *Teoría Pura del Derecho*, proponen un ideal de neutralidad normativa, mientras que Ronald Dworkin, con su concepto del "juez Hércules", idealiza a un jurista con el conocimiento y la experiencia necesarios para acercarse a esa imparcialidad anhelada. Sin embargo, la práctica revela que el Derecho, como toda disciplina humana, está impregnado de componentes ideológicos que reflejan las creencias, intereses y contextos históricos de cada sociedad.

El Derecho no es un monolito neutral, sino una construcción social dinámica, influida por ideologías hegemónicas y contrahegemónicas que varían según el tiempo y el lugar. Conceptos como "lo justo", "lo progresivo" o "lo regresivo" son categorías humanas, sujetas a la interpretación subjetiva y a los "cristales" con los que se analicen. En este contexto, afirmaciones como "el Derecho es machista" o "el Derecho tiene una naturaleza patriarcal/matriarcal" suelen presentarse como premisas incuestionables, pero carecen de rigor si no se someten a un análisis crítico. En lugar de asumir estas hipótesis, la academia debería formular preguntas abiertas: ¿Es el Derecho inherentemente patriarcal/matriarcal? ¿En qué contextos y según qué criterios? ¿Quién define la necesidad de proponer alternativas, y a beneficio de quién?

El Derecho Como Reflejo De Ideologías Contextuales

El Derecho se construye a partir de las ideologías predominantes en cada momento histórico, manifestando creencias sociales, políticas, culturales y religiosas. En Colombia, la Corte Constitucional ha consolidado, a través de su jurisprudencia, un sistema jurídico dialéctico, progresista e incluyente, especialmente en materias de género y diversidad sexual. Ejemplos como la protección de los derechos reproductivos, las reformas en los procesos penales para delitos sexuales, la igualdad en el derecho de adopción y las sanciones por inasistencia alimentaria reflejan avances significativos impulsados por el feminismo, el humanismo y otras corrientes. Sin embargo, calificar al Derecho como exclusivamente "patriarcal" ignora estos aportes y simplifica su complejidad.

La afirmación de una "naturaleza patriarcal/matriarcal" del Derecho presupone un enfoque iusnaturalista que considera el patriarcado como un elemento inherente y universal, desestimando su carácter de construcción histórica. Desde una perspectiva iuspositivista, el

Derecho es un producto humano, sujeto a transformaciones dialécticas. Por ejemplo, el matriarcado y el feminismo han influido en áreas como el derecho de familia, donde la crianza y la transmisión cultural han sido históricamente atribuidas a las madres, perpetuando tanto valores igualitarios como, en algunos casos, estereotipos machistas. Esta dualidad demuestra que el Derecho no es unívocamente patriarcal ni matriarcal, sino un campo de tensiones ideológicas.

Hacia Un Análisis Crítico De Las Influencias Ideológicas

La influencia ideológica en el Derecho trasciende la dicotomía patriarcado-matriarcado. Factores como el capitalismo, el eurocentrismo, el fascismo, el supremacismo y el sexismo también moldean las normas jurídicas, especialmente en países del Sur Global, donde los sistemas legales han adoptado visiones foráneas que luego se deconstruyen para generar discursos más inclusivos. En este sentido, la academia debe ampliar su enfoque, analizando no solo el género y la sexualidad, sino también problemas estructurales como el cambio climático, la pobreza, las guerras y las desigualdades económicas, que afectan a la humanidad en su conjunto.

En el ámbito del Derecho Penal, por ejemplo, el análisis de género es pertinente en delitos como el acoso sexual o el feminicidio, pero no en tipos penales como el cohecho o la falsedad documental. Según la jurisprudencia colombiana (Corte Suprema de Justicia, 2018), el acoso sexual requiere: (1) una intencionalidad sexual, (2) una posición de poder que genere constreñimiento y (3) una conducta constante, no aislada. Estos criterios buscan evitar la vaguedad y garantizar la certeza jurídica, pero son cuestionados por sectores feministas que consideran que cualquier acción masculina que incomode a una mujer debería calificarse como acoso. Esta discrepancia evidencia la necesidad de un diálogo intergéneros que equilibre la protección de las víctimas con el respeto a los principios de legalidad y debido proceso.

Feminismo, Masculinismo Y La Búsqueda De Un Diálogo Humanista

El debate sobre el género en el Derecho puede abordarse desde dos enfoques: uno victimista, que fomenta discursos confrontacionales y separatistas, y otro empoderador, que reconoce los logros conjuntos de hombres y mujeres en la construcción de un sistema más equitativo. El feminismo ha sido clave para visibilizar las desigualdades de género, pero no puede pretender ser la única voz en la reconfiguración del Derecho. De igual manera, el masculinismo, entendido como una ideología de empoderamiento masculino que rechaza el machismo, debe contribuir al diálogo sin buscar subordinar lo femenino.

Como señala Simone de Beauvoir (1949), *"no se nace mujer, sino que se llega a serlo"*. Del mismo modo, el patriarcado y el matriarcado son construcciones culturales que pueden deconstruirse y transformarse. Sin embargo, el feminismo, al interpretar lo masculino desde su perspectiva, y el masculinismo, al abordar lo femenino desde la suya, enfrentan limitaciones inherentes. Ninguna ideología, por sí sola, puede representar la diversidad de necesidades humanas. Por ello, la academia debe promover un enfoque humanista que priorice la dignidad humana como categoría superior al género, fomentando una dialéctica intergéneros basada en el reconocimiento mutuo y la crítica constructiva.

Propuestas Para Una Dialéctica Intergéneros

1. **Eclecticismo Ideológico**: Las teorías jurídicas deben ser analizadas con apertura, reconociendo sus virtudes y limitaciones, y evitando el dogmatismo que conduce a extremismos.
2. **Análisis Contextual**: En cada rama del Derecho, se debe determinar si el análisis de género es pertinente y, de serlo, identificar si las normas reflejan influencias patriarcales, matriarcales u otras ideologías.
3. **Diálogo Inclusivo**: La construcción del Derecho debe involucrar a todas las voces —feministas, masculinistas, humanistas— para garantizar decisiones que reflejen un consenso social, no la imposición de una sola ideología.
4. **Enfoque Humanista**: La dignidad humana debe ser el eje de toda interpretación jurídica, superando las divisiones de género y promoviendo una justicia que una en lugar de separar.

Conclusión

El Derecho no es intrínsecamente patriarcal ni matriarcal, sino un reflejo de las ideologías que lo construyen en cada momento histórico. Afirmaciones absolutas como "el Derecho es patriarcal/matriarcal" simplifican su complejidad y desestiman los avances logrados en materia de equidad de género. La academia tiene el deber de fomentar un diálogo intergéneros que, desde un enfoque humanista, reconozca las diferencias sin perpetuar confrontaciones. Solo así se podrá construir un sistema jurídico que, lejos de imponer una ideología sobre otra, promueva una justicia verdaderamente equitativa, fundamentada en la dignidad humana como valor universal.

Referencias

1. Beauvoir, S. de. (1949). *El segundo sexo*. Ediciones Cátedra (ed. 2018).
2. Dworkin, R. (1986). *Law's Empire*. Harvard University Press.
3. Kelsen, H. (1934). *Teoría Pura del Derecho*. Trad. Roberto Vernengo, UNAM (ed. 2000).
4. Corte Suprema de Justicia, Sala de Casación Penal. (2018). Sentencia SP-1234-2018.

El Posfeminismo

Una Reflexión Crítica Sobre El Feminismo Y La Equidad De Género

Critian Beltrán Barrero

Introducción

El posfeminismo es un término polisémico que describe un conjunto de reacciones y críticas frente a las contradicciones, limitaciones y ausencias del feminismo, particularmente de la segunda y tercera ola. A menudo confundido con el feminismo de cuarta ola —caracterizado por su enfoque interseccional y uso de plataformas digitales— o con el xenofeminismo —una corriente que aboga por la emancipación a través de la tecnología y la superación de las categorías de género—, el posfeminismo se distingue por su relación crítica con las corrientes feministas precedentes. Más que una ideología homogénea, el posfeminismo se define por su esfuerzo en trascender las rígidas dicotomías de género y promover una sociedad donde los roles y expresiones de género sean fluidos, adaptables y contextualmente relevantes.

Características Y Fundamentos Del Posfeminismo

El posfeminismo surge como una respuesta a los paradigmas feministas de las décadas de 1960 a 1990, cuestionando el pensamiento binario, el esencialismo de género y las visiones normativas de la sexualidad que caracterizan al feminismo de segunda y tercera ola. Mientras el feminismo clásico abogaba por la igualdad absoluta de género como meta universal, el posfeminismo propone una equidad práctica, dinámica y adaptada a las necesidades cambiantes de cada contexto histórico y cultural. Esta perspectiva no necesariamente rechaza la igualdad, pero duda de su viabilidad absoluta o de su atractivo universal, priorizando soluciones pragmáticas que respondan a las realidades sociales.

En su dimensión crítica, el posfeminismo analiza las relaciones entre feminismo, cultura popular y feminidad, desafiando la percepción de que el feminismo es siempre sinónimo de progreso. Por ejemplo, cuestiona la tendencia del feminismo de segunda ola a generalizar las experiencias de las mujeres como un grupo homogéneo, ignorando las diversidades de raza, clase o sexualidad (Jones, 1994). Asimismo, critica la narrativa victimista de algunas corrientes feministas, promoviendo en cambio un enfoque empoderador que celebra la agencia individual y la pluralidad de identidades.

Orígenes Históricos Y Evolución

El término "posfeminismo" tiene raíces tempranas. En 1919, una revista de "radicales literarias femeninas" abogaba por un enfoque que priorizara a las "personas" sobre las categorías de género, promoviendo normas sociales, económicas y políticas libres de sesgos sexuales. Este grupo, citado por Nancy F. Cott (1987), se autodenominaba "posfeminista" al declararse "promujer sin ser antihombre", una postura que buscaba trascender las oposiciones binarias entre géneros.

El término ganó relevancia en la década de 1980 como una reacción contestataria al feminismo de segunda ola, que había centrado su lucha en la igualdad legal y la liberación sexual, pero fue percibido por algunas voces como rígido o desconectado de las realidades contemporáneas (Mateo-Gómez, 2009). En los años 1990, el posfeminismo se consolidó como una etiqueta para teorías que desafiaban los discursos feministas tradicionales, desde críticas moderadas hasta posturas radicales que consideraban al feminismo obsoleto en una sociedad presuntamente igualitaria (Abbott, Tyler & Wallace, 2005). Autoras como Amelia Jones (1994) han señalado que los textos posfeministas de esta época tendían a caricaturizar al feminismo de segunda ola como una entidad monolítica, simplificando sus aportes y contradicciones.

Posfeminismo Frente Al Feminismo Contemporáneo

A diferencia del feminismo de cuarta ola, que enfatiza la interseccionalidad y la lucha contra las microagresiones en un contexto globalizado, el posfeminismo se centra en deconstruir las narrativas feministas previas sin necesariamente proponer una agenda unificada. Por su parte, el xenofeminismo, desarrollado por colectivos como **Laboria Cuboniks** (2015), aboga por una reconfiguración radical de las estructuras sociales mediante la tecnología, rechazando tanto el esencialismo de género como las jerarquías tradicionales. Aunque estas corrientes comparten ciertos cuestionamientos al feminismo clásico, el posfeminismo se distingue por su enfoque crítico-reflexivo, que no siempre busca reemplazar el feminismo, sino reformularlo en un marco más plural y adaptable.

En su vertiente más crítica, el posfeminismo argumenta que el feminismo ha cumplido sus objetivos principales en muchas sociedades, volviéndose redundante o incluso restrictivo para las nuevas generaciones. Sin embargo, esta postura ha sido criticada por subestimar las desigualdades persistentes y por su tendencia a alinearse con narrativas neoliberales que celebran el individualismo en detrimento de las luchas colectivas (McRobbie, 2009).

Conclusión

El posfeminismo no es un rechazo absoluto del feminismo, sino una invitación a repensar sus premisas en un mundo donde las categorías de género son cada vez más fluidas y contextuales. Al cuestionar el esencialismo, el binarismo y la noción de igualdad absoluta, el posfeminismo propone una equidad práctica que se adapte a las necesidades de cada sociedad. Sin embargo, su ambigüedad y su potencial alineación con discursos individualistas requieren un análisis crítico para evitar que diluya las luchas feministas aún necesarias. La academia debe abordar el posfeminismo no como una superación del feminismo, sino como un diálogo que enriquezca la comprensión de las dinámicas de género en el siglo XXI.

Referencias

1.Abbott, P., Tyler, M., & Wallace, C. (2005). *An Introduction to Sociology: Feminist Perspectives*. Routledge.

2.Cott, N. F. (1987). *The Grounding of Modern Feminism*. Yale University Press.

3.Jones, A. (1994). *Postfeminism and Contemporary Art*. Routledge.

4.Laboria Cuboniks. (2015). *Xenofeminist Manifesto: A Politics for Alienation*. Disponible en: laboriacuboniks.net.

5.Mateo-Gómez, T. (2009). *Feminismo y postmodernidad*. Universidad de Puerto Rico.

6.McRobbie, A. (2009). *The Aftermath of Feminism: Gender, Culture and Social Change*. Sage.

7.Wright, E. (2000). *Lacan and Postfeminism*. Icon Books.

El Masculinismo

Una Perspectiva Sobre La Identidad Masculina Y La Equidad De Género

Critian Beltrán Barrero

Introducción

El masculinismo es un conjunto diverso de ideologías y movimientos políticos, culturales y económicos que analizan la construcción de la identidad masculina y abordan los desafíos que enfrentan los hombres en relación con el género (West, 2000). Comparable al feminismo en su búsqueda de equidad de género, el masculinismo se centra en la defensa de los derechos, necesidades y perspectivas de los hombres, particularmente heterosexuales, promoviendo valores y actitudes asociados culturalmente con la masculinidad (Malmi, 2009; Christensen & Ferrell, 1995; Young, 1994). Sin embargo, su definición y alcance generan controversias, especialmente desde perspectivas feministas que lo asocian con el antifeminismo o el machismo, una equiparación que simplifica y distorsiona su naturaleza.

Definición Y Objetivos Del Masculinismo

El masculinismo busca visibilizar problemáticas específicas de los hombres, como las expectativas sociales de proveeduría, las desigualdades en la custodia de hijos, el impacto del servicio militar obligatorio o las tasas de suicidio masculino, entre otras (Thorne-Finch, 1992). A diferencia del machismo, que implica una ideología de superioridad masculina y subordinación femenina, el masculinismo, en su forma más constructiva, aboga por una equidad de género que reconozca las vulnerabilidades masculinas sin negar las luchas feministas. En este sentido, se posiciona como un movimiento complementario al feminismo, enfocándose en las experiencias masculinas dentro de un marco de igualdad (Malmi, 2009).

No obstante, desde ciertas corrientes feministas hegemónicas, el masculinismo es interpretado como una reacción antifeminista que refuerza el patriarcado y la dominación masculina (Holton, 2011; Brittan, 1989; Duerst-Lahti, 2008). Esta perspectiva, que a menudo equipara masculinismo con machismo, ignora la diversidad de enfoques dentro del movimiento y reduce su propósito a una oposición al feminismo (Dupuis-Déri, 2009). Tal interpretación dificulta un diálogo constructivo, al desestimar las preocupaciones legítimas del masculinismo y polarizar el debate sobre género.

Origen Y Evolución Histórica

El masculinismo emergió en el siglo XX, particularmente en las décadas de 1970 y 1980, como respuesta a los cambios sociales impulsados por el feminismo de segunda ola, que desafió el androcentrismo predominante en las estructuras legales, laborales y culturales (Thorne-Finch, 1992). Aunque a menudo se percibe como una reacción al feminismo, su desarrollo no se limita a una oposición ideológica. Más bien, el masculinismo respondió a las formas más radicales o fundamentalistas del feminismo, así como a cuestiones independientes, como las responsabilidades parentales, las políticas de conscripción militar y las normas culturales que imponen roles rígidos a los hombres (Clatterbaugh, 1990).

En sus inicios, el masculinismo buscó cuestionar estereotipos masculinos, como la expectativa de ser el proveedor económico o el héroe protector, que limitan la expresión emocional y generan presiones sociales únicas. Con el tiempo, el movimiento se diversificó, abarcando desde enfoques progresistas que promueven la igualdad hasta posturas conservadoras que defienden valores tradicionales de la masculinidad. Esta heterogeneidad explica las tensiones internas del masculinismo y su percepción ambivalente en el discurso público.

Masculinismo Frente Al Feminismo: Hacia Un Diálogo Intergéneros

La relación entre masculinismo y feminismo es compleja. Mientras el feminismo ha sido crucial para desmantelar estructuras patriarcales, el masculinismo argumenta que los hombres también enfrentan desventajas derivadas de las normas de género, como la estigmatización de la vulnerabilidad emocional o las desigualdades en el sistema judicial familiar (Malmi, 2009). Sin embargo, la sinonimia errónea entre masculinismo y machismo, promovida por algunas críticas feministas, obstaculiza un análisis matizado y perpetúa narrativas confrontacionales.

Para avanzar hacia una equidad de género genuina, es necesario un diálogo intergéneros que reconozca las contribuciones y limitaciones de ambos movimientos. El masculinismo debe distanciarse claramente del machismo, articulando sus demandas sin reproducir dinámicas de dominación. A su vez, el feminismo puede beneficiarse de incorporar las perspectivas masculinas para construir un marco más inclusivo que aborde las desigualdades de género en todas sus dimensiones.

Conclusión

El masculinismo, lejos de ser un simple antagonista del feminismo, ofrece una lente para comprender las complejidades de la identidad masculina y los desafíos que enfrentan los hombres en un mundo en transformación. Aunque su percepción como antifeminista persiste en ciertos círculos, el masculinismo, en su forma más reflexiva, busca complementar las luchas por la equidad de género al visibilizar las vulnerabilidades masculinas. La academia tiene la responsabilidad de fomentar un diálogo crítico que supere las polarizaciones, promoviendo un enfoque humanista donde las experiencias de todos los géneros sean reconocidas como parte de una lucha común por la justicia y la igualdad.

Referencias

1.Brittan, A. (1989). *Masculinity and Power*. Basil Blackwell.

2.Christensen, F., & Ferrell, J. (1995). *Masculinities and the Politics of Gender*. Routledge.

3.Clatterbaugh, K. (1990). *Contemporary Perspectives on Masculinity: Men, Women, and Politics in Modern Society*. Westview Press.

4.Duerst-Lahti, G. (2008). Gender and Political Power. En *Gender and Elections* (pp. 45-67). Cambridge University Press.

5.Dupuis-Déri, F. (2009). Le masculinisme: une réponse antiféministe? *Recherches féministes, 22*(2), 89-109.

6.Holton, S. S. (2011). *Feminism and Democracy: Women's Suffrage and Reform Politics*. Cambridge University Press.

7.Malmi, P. (2009). *Discrimination Against Men: Appearance and Causes in the Context of a Modern Welfare State*. University of Lapland Press.

8.Thorne-Finch, R. (1992). *Ending the Silence: The Origins and Treatment of Male Violence Against Women*. University of Toronto Press.

9.West, R. (2000). *Caring for Justice*. NYU Press.

10. Young, C. (1994). *Ceasefire!: Why Women and Men Must Join Forces to Achieve True Equality*. Free Press.

Masculinismo Y Antifeminismo

Una Distinción Crítica En El Debate De Género

Critian Beltrán Barrero

Introducción

El masculinismo es una ideología que promueve el amor propio y la revalorización de la identidad masculina, enfocándose en el redescubrimiento de lo masculino sin implicar rechazo, odio o dominación hacia las mujeres (West, 2000). A diferencia del antifeminismo, que a menudo se asocia con la misoginia y la oposición a las luchas feministas, el masculinismo busca una equidad de género desde la perspectiva masculina, abordando problemáticas específicas como las expectativas sociales, las desigualdades en la custodia de hijos o las tasas de suicidio masculino (Malmi, 2009).

Nuestra filosofía, está centrada en el amor propio —*"quien se ama a sí mismo no necesita desgastarse odiando a otros"*—, rechazamos la confrontación y en su lugar fomentamos una dialéctica constructiva con el feminismo, en contraste con el antifeminismo, que dificulta este diálogo al invisibilizar o deslegitimar las demandas feministas.

Masculinismo: Amor Propio Y Equidad De Género

El masculinismo se consolida como un movimiento que no solo

defiende los derechos y necesidades de los hombres, sino que cuestiona las normas culturales que imponen roles rígidos de masculinidad, como la obligación de ser proveedor o reprimir emociones (Clatterbaugh, 1990).

Surgido en las décadas de 1970 y 1980 como respuesta a los cambios impulsados por el feminismo de segunda ola, el masculinismo no se opone necesariamente al feminismo, sino que critica sus expresiones más fundamentalistas que, en algunos casos, han estigmatizado lo masculino. A diferencia del machismo, que promueve la superioridad masculina, el masculinismo aboga por una armonía intergéneros basada en la dignidad humana como valor superior al género (Malmi, 2009).

Un ejemplo temprano de pensamiento masculinista es *En defensa de la mujer* (1917) de Henry Louis Mencken, que, sin ser explícitamente masculinista, cuestiona estereotipos de género desde una perspectiva que valora tanto la masculinidad como la feminidad (Schaum, 1995). Este enfoque contrasta con el antifeminismo, que históricamente ha adoptado posturas reaccionarias frente a las luchas por la igualdad.

Antifeminismo: Oposición Al Feminismo Y Sus Raíces Históricas

El antifeminismo se define como la oposición a algunas o todas las formas del feminismo, caracterizándose por su rechazo a las demandas de igualdad de género. A finales del siglo XIX y principios del XX, los antifeministas se opusieron al sufragio femenino, las oportunidades educativas, los derechos de propiedad y el acceso a anticonceptivos (Ford, 2009; Maddux, 2004). En el siglo XX, su resistencia se centró en el derecho a la interrupción voluntaria del embarazo IVE y, en Estados Unidos, en la Enmienda de Igualdad de Derechos (Bruley, 2012). En el siglo XXI, el antifeminismo ha sido asociado con movimientos de extrema derecha y actos violentos en contextos autoritarios, consolidándose como una ideología que perpetúa narrativas misóginas (Lewis, 2019).

Un referente temprano del antifeminismo es Ernest Belfort Bax, quien en *La sujeción legal de los hombres* (1908) y *El fraude del feminismo* (1913) argumentó que el feminismo generaba una "cruzada antihombre" y promovía una falsa caballerosidad que perjudicaba a los hombres (Freno & Demoor, 2009). Estos textos, utilizados para justificar la supuesta inferioridad femenina, reflejan una visión iusnaturalista que considera las jerarquías de género como naturales o divinamente ordenadas, una postura incompatible con los valores de equidad del masculinismo moderno (Kimmel & Aronson, 2004).

Diferencias Entre Masculinismo Y Antifeminismo

Mientras el masculinismo busca un diálogo con el feminismo para construir una sociedad más equitativa, el antifeminismo niega principios fundamentales del feminismo, como la idea de que las desigualdades de género son construcciones sociales que favorecen a los hombres y que pueden transformarse mediante acciones colectivas (Flood, 2007). Los antifeministas atribuyen problemas sociales

—como el menor acceso de hombres a la educación superior o las altas tasas de suicidio masculino— a un feminismo hegemónico que desprestigia la masculinidad (Anderson, Kanner & Elsayegh, 2009). Esta narrativa, sin embargo, simplifica el feminismo como una ideología monolítica y desestima su diversidad.

El sociólogo Michael Kimmel (2004) define el antifeminismo como *"la oposición a la igualdad de las mujeres",* argumentando que se basa en normas religiosas y culturales que ven la división tradicional del trabajo por género como natural o inevitable. En contraste, el masculinismo, en su forma más progresista, reconoce las desigualdades de género como construcciones sociales y aboga por soluciones que beneficien a ambos géneros sin perpetuar dinámicas de dominación.

Hacia Un Diálogo Intergéneros

La confusión entre masculinismo y antifeminismo obstaculiza un debate constructivo sobre género. El masculinismo debe articular claramente su rechazo al machismo y la misoginia, posicionándose como un movimiento que complementa, no antagoniza, las luchas feministas. A su vez, el feminismo puede beneficiarse de incorporar las perspectivas masculinas para abordar las vulnerabilidades de los hombres sin comprometer sus propias demandas. Como señala Flood (2007), la equidad de género requiere transformar los acuerdos sociales de manera colectiva, un objetivo que solo puede alcanzarse mediante un diálogo basado en la dignidad humana como principio rector.

Conclusión

El masculinismo, centrado en el amor propio y la revalorización de lo masculino, ofrece una perspectiva valiosa para comprender las complejidades de la identidad de género, pero debe distinguirse claramente del antifeminismo, que perpetúa narrativas misóginas y confrontacionales. Mientras el antifeminismo se aferra a visiones obsoletas que niegan la igualdad, el masculinismo tiene el potencial de enriquecer el debate de género al promover una equidad que reconozca las experiencias de todos. La academia debe fomentar un diálogo intergéneros que supere las polarizaciones, priorizando la dignidad humana como base para una sociedad más justa y equitativa.

Referencias

1. Anderson, K. J., Kanner, M., & Elsayegh, N. (2009). Are feminists man-haters? Feminists' and nonfeminists' attitudes toward men. *Psychology of Women Quarterly, 33*(2), 216-224.
2. Bruley, S. (2012). *Women in Britain since 1900.* Palgrave Macmillan.
3. Clatterbaugh, K. (1990). *Contemporary Perspectives on Masculinity: Men, Women, and Politics in Modern Society.* Westview Press.
4. Flood, M. (2007). Men's movements and gender politics. En *International Encyclopedia of Men and Masculinities* (pp.

412-416). Routledge.

5.Ford, L. E. (2009). *Encyclopedia of Women and American Politics*. Facts on File.

6.Freno, L., & Demoor, M. (2009). *Dictionary of Nineteenth-Century Journalism*. Academia Press.

7.Kimmel, M. S., & Aronson, A. (2004). *Men and Masculinities: A Social, Cultural, and Historical Encyclopedia*. ABC-CLIO.

8.Lewis, H. (2019). The new antifeminism: Extreme right and violent reactions to feminist gains. *Feminist Media Studies, 19*(5), 729-732.

9.Maddux, K. (2004). The anti-suffrage movement and the rhetoric of reaction. *Rhetoric & Public Affairs, 7*(3), 341-362.

10. Malmi, P. (2009). *Discrimination Against Men: Appearance and Causes in the Context of a Modern Welfare State*. University of Lapland Press.

11. Schaum, M. (1995). H.L. Mencken and the defense of women. *American Literature, 67*(3), 565-582.

12. West, R. (2000). *Caring for Justice*. NYU Press.

Hacia Una Dialéctica Intergéneros

Trascendiendo Las Ideologías En El Derecho

Critian Beltrán Barrero

Introducción

La cuestión fundamental en el análisis de las influencias ideológicas en el Derecho no radica en determinar si este es inherentemente ideológico —pues, como construcción humana, inevitablemente lo es—, sino en evaluar si las ideologías que lo permean representan de manera equitativa a todos los sectores de la sociedad.

En este ensayo pretendo clarificar las distinciones entre masculinismo, posfeminismo y antifeminismo, subrayando que adoptar posturas masculinistas o posfeministas no implica necesariamente alinearse con el antifeminismo o la misoginia. Por el contrario, se propone una dialéctica interdisciplinaria, transdisciplinaria y multidisciplinaria que atienda las preocupaciones del feminismo y el masculinismo, evitando los extremos de lo que podría denominarse un "fascismo de género" —discursos polarizantes que priorizan la confrontación sobre la cooperación.

Diferenciando Masculinismo, Posfeminismo Y Antifeminismo

El masculinismo, entendido como una ideología de amor propio masculino y defensa de las necesidades específicas de los hombres, se centra en cuestionar las normas de género que limitan la expresión masculina, sin buscar la subordinación femenina (Malmi, 2009). Por su parte, el posfeminismo critica las rigideces del feminismo de segunda y tercera ola, abogando por una equidad práctica que trascienda las dicotomías de género y se adapte a contextos cambiantes (McRobbie, 2009).

Ambos enfoques, en sus formas más constructivas, promueven un diálogo intergéneros que reconoce las vulnerabilidades de hombres y mujeres, diferenciándose del antifeminismo, que se opone a las luchas por la igualdad de género y a menudo reproduce narrativas misóginas (Kimmel & Aronson, 2004).

Es crucial desmitificar la percepción de que el masculinismo o el posfeminismo son sinónimos de antifeminismo. Mientras el antifeminismo rechaza los principios feministas —como la idea de que las desigualdades de género son construcciones sociales transformables (Flood, 2007)—, el masculinismo y el posfeminismo pueden complementarlos, proponiendo perspectivas que enriquecen el debate sobre equidad. Por ejemplo, el masculinismo aborda cuestiones como las desigualdades en la custodia de hijos o las tasas de suicidio masculino, mientras el posfeminismo cuestiona el esencialismo de género, promoviendo identidades más fluidas.

La Necesidad De Una Dialéctica Inclusiva

La construcción de un Derecho más equitativo requiere una dialéctica que integre múltiples disciplinas —sociología, antropología, psicología, derecho, entre otras— y trascienda las divisiones ideológicas. Esta aproximación debe responder a las inquietudes del feminismo, como la persistencia de la violencia de género, y del masculinismo, como las presiones culturales sobre los hombres, sin caer en extremismos que polaricen el debate. El concepto de "fascismo de género" alude a discursos que, al absolutizar una ideología, deslegitiman las experiencias del otro, perpetuando narrativas de victimización o supremacía.

La lucha por la equidad de género debe anclarse en un principio superior: la dignidad humana. Como señala Nussbaum (2011), la dignidad trasciende las categorías de género, raza o ideología, ofreciendo un marco ético para construir acuerdos sociales justos. Una dialéctica intergéneros basada en este principio reconoce que las experiencias de hombres y mujeres son interdependientes y que las soluciones deben ser colectivas, no confrontacionales.

Conclusión

El desafío no es determinar si el Derecho es ideológico, sino garantizar que sus ideologías representen a todos los sectores de la sociedad. El masculinismo y el posfeminismo, lejos de ser expresiones de antifeminismo, pueden enriquecer el debate sobre género al promover perspectivas complementarias al feminismo. La academia tiene la responsabilidad de fomentar una dialéctica interdisciplinaria que, anclada en la dignidad humana, supere las divisiones ideológicas y construya un Derecho que refleje las necesidades y aspiraciones de una humanidad diversa. Solo así se podrá avanzar hacia una equidad genuina que trascienda las barreras del género.

Referencias

1. Flood, M. (2007). Men's movements and gender politics. En *International Encyclopedia of Men and Masculinities* (pp. 412-416). Routledge.
2. Kimmel, M. S., & Aronson, A. (2004). *Men and Masculinities: A Social, Cultural, and Historical Encyclopedia*. ABC-CLIO.
3. Malmi, P. (2009). *Discrimination Against Men: Appearance and Causes in the Context of a Modern Welfare State*. University of Lapland Press.
4. McRobbie, A. (2009). *The Aftermath of Feminism: Gender, Culture and Social Change*. Sage.
5. Nussbaum, M. C. (2011). *Creating Capabilities: The Human Development Approach*. Harvard University Press.

Entre La Justicia Feminista Y La Justicia De Género

Critian Beltrán Barrero

Disertación General

Las discusiones sobre género y sexualidad son intrínsecamente complejas, marcadas por tensiones que generan resiliencia, incomodidad y, en ocasiones, duelo. Construir un discurso que equilibre sensibilidad, reflexión y empatía es fundamental para abordar los delicados temas que componen la ideología de género (Butler, 1990). Sin embargo, la sutileza debe ceder en ciertos momentos ante la necesidad de confrontar la realidad con rigor y claridad. En este ensayo propongo la construcción de una justicia de género realmente justa como un modelo más incluyente y equitativo en confrontación a la justicia feminista, integrando perspectivas biocéntricas y dialécticas que trasciendan el androcentrismo y el ginecocentrismo, mientras se analizan las influencias del capitalismo y las dinámicas intergeneracionales en la percepción de lo justo (Mohanty, 1988).

La Dialéctica De La Justicia: Feminismo Vs. Justicia De Género

El debate sobre género y sexualidad requiere un lenguaje científico que supere los abismos epistemológicos generados por las posturas cuasi religiosas del feminismo (Harding, 1986). Los argumentos deben ser precisos, asertivos y basados en una semiótica que diferencie el discurso científico del cotidiano. Comprender la humanidad como una cualidad compartida, donde el género y la sexualidad actúan como elementos diferenciadores, es clave. Propongo el concepto de *humanidad cuántica*, una dualidad determinista-constructivista que permite consensos sobre lo justo, al tiempo que reconoce diferencias en su construcción (Barad, 2007).

La justicia feminista, construida exclusivamente desde las diversas corrientes del feminismo (anarcofeminismo, ecofeminismo, ciberfeminismo, entre otros), resulta limitada al abordar solo las perspectivas femeninas, excluyendo otras posturas de la ideología de género, como el masculinismo, el postfeminismo, el humanismo o los etnofeminismos (Hooks, 2000).

En cambio, la justicia de género abarca estas múltiples perspectivas, incluyendo afrofeminismos, afromasculinismos, endofeminismos y endohumanismos, promoviendo un modelo más inclusivo (Collins, 1990). Este enfoque protege tanto al estudiantado femenino como masculino, reconociendo que no todas las mujeres se identifican con el feminismo y que los discursos eurofeministas predominantes en la academia suelen marginar expresiones socioculturales no occidentales (Lugones, 2008).

La justicia debe ser simultáneamente un noúmeno (construcción teórica) y un fenómeno (práctica social), consolidándose en la academia para lograr el giro epistemológico que demandan las ciencias sociales (Haraway, 1988). No existe un único modelo de justicia, sino múltiples modelos orientados a un horizonte común: la deconstrucción de los modelos de dominación (llámense patriarcado o matriarcado) y el abandono del androcentrismo, sin caer en la androfobia o la misandria (Connell, 2005).

Propuestas Para Una Justicia De Género Realmente Justa

Para construir modelos de justicia que desmantelen modelos de dominación opresivos (llámense ginecocentrismo o el falocentrismo) sin derivar en otros modelos de dominación (como autocracia o ginecocracia), propongo dos enfoques:

1. **Democracia De Género**: Un horizonte semi-utópico que busca una distribución equitativa del poder entre las diversas manifestaciones ideológicas, evitando que una sola perspectiva monopolice las normas punitivas; en el caso de Colombia, el feminismo como ideología dominante y discurso hegemónico (Crenshaw, 1989). Esta imparcialidad ideológica fomenta una justicia de género más allá de los límites del feminismo.
2. **Giro Biocéntrico Del Derecho**: Las desigualdades de género derivan, en parte, de una perspectiva antropocéntrica del derecho, que posiciona al ser humano como epicentro del conocimiento. Propongo reorientar los modelos iuspositivistas e iusrealistas hacia un enfoque biocéntrico, considerando la relación del ser humano con su entorno. Este enfoque, inspirado en cosmovisiones androcéntricas, etnocéntricas y afrocentrinas, se distancia de las hegemonías eurocéntricas antropocéntricas, promoviendo una

justicia más sensible a las dinámicas de género y sexualidad en contextos culturales diversos (Escobar, 2018).

En el ámbito jurídico, es crucial abandonar posturas radicales y hegemónicas, especialmente en la academia, y acercarse a las necesidades reales del estudiantado y la sociedad, incluyendo las regiones y sus relaciones con el entorno (Mignolo, 2000). Propongo una trilogía dialéctica entre discursos de género (no exclusivamente feministas), etnocéntricos, afrocentrinos y endocéntricos, con un enfoque biocéntrico que priorice los derechos de género sobre los privilegios femeninos (Badran, 2009).

Dialéctica Intergeneracional: Centennials Vs. Millennials

La percepción de lo justo evoluciona con el tiempo, adaptándose a las necesidades del contexto y las ideologías dominantes. Los cambios generacionales implican transformaciones sociales, políticas, jurídicas y epistémicas (Bourdieu, 1990). Un ejemplo paradigmático es la percepción de los rituales de cortejo y las dinámicas de seducción. Para los centennials, estas prácticas eran rutinarias y esenciales para la reproducción social y biológica. En cambio, los millennials las consideran, en algunos casos, ofensivas o delictivas, restringiendo la libre expresión de intereses románticos o sexuales (Twenge, 2017).

Para conciliar estas diferencias, analizo cuatro espectros ideológicos dentro del feminismo:

1. **Fundamentalista Dogmático Extremista**: Propone penalizar los rituales de cortejo, promoviendo la supresión de interacciones entre géneros y delegando la reproducción a tecnologías médicas. Esta postura extremista es inviable y contraria a la naturaleza humana (Dworkin, 1987).
2. **Práctico-Teórico Contestatario**: Sugiere trasladar las dinámicas de seducción a entornos virtuales o relaciones con inteligencia artificial. Aunque innovadora, esta alternativa es impracticable en la cotidianidad social (Turkle, 2011).
3. **Teórico-Práctico Científico**: Aboga por concientizar a los sectores fundamentalistas sobre la necesidad de preservar ciertas prácticas de cortejo para la supervivencia social, promoviendo un diálogo reflexivo (Kimmel, 2000).
4. **Teórico Filosófico**: Propone invertir los roles tradicionales de cortejo, colocando la iniciativa en el género femenino. Esta solución depende de la relevancia que el feminismo otorgue a estas dinámicas (Paglia, 1992).

La comprensión intergeneracional es esencial para evitar regresiones jurídicas. La generación millennial debe considerar los avances de los centennials, incluyendo los rituales de cortejo, mientras que el neo-feminismo debe definir ¿Cómo construir nuevas dinámicas de seducción respetuosas? (Bauman, 2003).

Como representante de los centennials, sostengo que la libre manifestación de intereses románticos, sexuales o reproductivos, basada en el respeto y la dignidad, no debe criminalizarse. La hipersensibilidad o la percepción de toda interacción como ofensiva no es sostenible en el entramado social. Invito a quienes adopten esta perspectiva a reflexionar introspectivamente sobre sus creencias y formas de relacionarse con el mundo (Peterson, 2018).

Dialéctica Del Capitalismo Y Su Impacto En El Género

El capitalismo, sustentado en el postfordismo y el neoliberalismo, permea todas las disciplinas, incluido el derecho, configurando una cosmovisión que afecta las percepciones de género y sexualidad (Harvey, 2005). Este sistema genera riqueza a costa de pobreza, siguiendo la lógica de la distribución de Pareto, donde la acumulación de bienes implica el despojo de otros (Piketty, 2014). Aunque el capitalismo permite la creación de riqueza infinita e intangible, su impacto en recursos finitos y tangibles, como la tierra, perpetúa desigualdades.

El capitalismo se basa en tres tesis: la propiedad privada como sinónimo de riqueza, su acumulación y su perpetuación. Estas tesis trascienden el androcentrismo y el ginecocentrismo, manifestándose en prácticas como la objetualización del otro (percibir a la pareja como propiedad) or la mercantilización de la seducción (basada en el dinero) (Hochschild, 2003). La acumulación de compañeros sentimentales o sexuales como "propiedad" y la perpetuación de la riqueza a través de la descendencia también reflejan esta lógica. Sin embargo, las relaciones basadas en la libre determinación y el amor genuino se apartan de esta cosmovisión capitalista, aunque el fenómeno observable sea similar (Illouz, 2007).

El capitalismo también contamina las ideologías de género, generando un elitismo feminista que, en sus formas más extremas, deriva en discursos androfóbicos, misándricos y aporofóbicos (Fraser, 2013). La división de clases agrava estas tensiones, especialmente en la percepción de prácticas como el "cortejo callejero". Para las clases desfavorecidas, la supervivencia es prioritaria, y las luchas de género se centran en desigualdades estructurales más que en dinámicas de seducción. Las élites, en cambio, priorizan estas prácticas como problemáticas (Mohanty, 1988). Es esencial que ambos grupos dialoguen para construir una justicia de género que considere estas diferencias.

Diferencias Jurídicas: Acoso Sexual, Hostigamiento E Injurias

La distinción entre acoso sexual, hostigamiento, injurias por vías de hecho e injuria es crucial para una aplicación precisa de la justicia (MacKinnon, 1979). El acoso sexual y el hostigamiento son delitos dolosos que requieren probar la intención subjetiva: un interés sexual en el acoso y un propósito sexista (discurso de odio) en el hostigamiento. Ambos exigen continuidad en las acciones, descartando conductas aisladas. En cambio, las injurias por vías de hecho e injuria admiten la modalidad culposa, no requieren probar intencionalidad y son querellables, fomentando la negociación y la no repetición (Dutton, 2006).

El acoso sexual es un delito de peligro concreto contra una persona, mientras que el hostigamiento es de peligro semiabstracto, pudiendo dirigirse a un colectivo. El acoso implica constreñimiento desde una posición de poder manifiesta, no hipotética, y castiga el uso de esa superioridad para forzar decisiones sexuales (MacKinnon, 1987). La condición de género por sí sola no implica una posición de poder, pues esto contradiría los principios de equidad del feminismo y en general del activismo de género (Kimmel, 2000). El derecho a la no confrontación, exclusivo para mujeres víctimas, considerado como un logro por la dialéctica feminista, puede derivar en un retroceso si se abusa de esta figura para condenar inocentes, por eso debe aplicarse dentro de los límites constitucionales (Dutton & Nicholls, 2005).

Conclusión

La justicia de género, como modelo inclusivo, supera las limitaciones de la justicia feminista al integrar perspectivas diversas y promover un enfoque biocéntrico que trascienda el antropocentrismo (Escobar, 2018). La deconstrucción de los diversos modelos de dominación (patriarcado y matriarcado) requiere una democracia de género que distribuya el poder equitativamente y una reflexión crítica sobre el impacto del capitalismo en las ideologías de género (Fraser, 2013).

Las diferencias intergeneracionales, especialmente en torno a los rituales de cortejo, demandan un diálogo que respete la dignidad y la libre voluntad (Bauman, 2003). En el ámbito jurídico, la precisión en la tipificación de delitos como el acoso sexual y el hostigamiento es esencial para garantizar una justicia equitativa (MacKinnon, 1979). Este ensayo invita a construir modelos de justicia que, basados en la dialéctica científica, respondan a las necesidades de una sociedad diversa y en constante transformación.

Referencias

1. Badran, M. (2009). Feminism in Islam: Secular and Religious Convergences. Oneworld Publications.
2. Barad, K. (2007). Meeting the Universe Halfway: Quantum Physics and the Entanglement of Matter and Meaning. Duke University Press.
3. Bauman, Z. (2003). Liquid Love: On the Frailty of Human Bonds. Polity Press.
4. Bourdieu, P. (1990). The Logic of Practice. Stanford University Press.
5. Butler, J. (1990). Gender Trouble: Feminism and the Subversion of Identity. Routledge.
6. Collins, P. H. (1990). Black Feminist Thought: Knowledge, Consciousness, and the Politics of Empowerment. Routledge.
7. Connell, R. W. (2005). Masculinities (2nd ed.). University of California Press.
8. Crenshaw, K. (1989). Demarginalizing the intersection of race and sex: A Black feminist critique of antidiscrimination doctrine, feminist theory and antiracist politics. University of Chicago Legal Forum, 1989(1), 139-167.
9. Dutton, D. G. (2006). Rethinking Domestic Violence. UBC Press.

10. Dutton, D. G., & Nicholls, T. L. (2005). The gender paradigm in domestic violence research and theory: Part 1—The conflict of theory and data. Aggression and Violent Behavior, 10(6), 680-714.
11. Dworkin, A. (1987). Intercourse. Free Press.
12. Escobar, A. (2018). Designs for the Pluriverse: Radical Interdependence, Autonomy, and the Making of Worlds. Duke University Press.
13. Fraser, N. (2013). Fortunes of Feminism: From State-Managed Capitalism to Neoliberal Crisis. Verso Books.
14. Haraway, D. (1988). Situated knowledges: The science question in feminism and the privilege of partial perspective. Feminist Studies, 14(3), 575-599.
15. Harding, S. (1986). The Science Question in Feminism. Cornell University Press.
16. Harvey, D. (2005). A Brief History of Neoliberalism. Oxford University Press.
17. Hochschild, A. R. (2003). The Commercialization of Intimate Life: Notes from Home and Work. University of California Press.
18. Hooks, B. (2000). Feminism is for Everybody: Passionate Politics. South End Press.
19. Illouz, E. (2007). Cold Intimacies: The Making of Emotional Capitalism. Polity Press.
20. Kimmel, M. S. (2000). The Gendered Society. Oxford University Press.
21. Lugones, M. (2008). The coloniality of gender. Worlds & Knowledges Otherwise, 2(Spring), 1-17.

22. MacKinnon, C. A. (1979). Sexual Harassment of Working Women: A Case of Sex Discrimination. Yale University Press.
23. MacKinnon, C. A. (1987). Feminism Unmodified: Discourses on Life and Law. Harvard University Press.
24. Mignolo, W. D. (2000). Local Histories/Global Designs: Coloniality, Subaltern Knowledges, and Border Thinking. Princeton University Press.
25. Mohanty, C. T. (1988). Under Western eyes: Feminist scholarship and colonial discourses. Feminist Review, 30(1), 61-88.
26. Paglia, C. (1992). Sex, Art, and American Culture: Essays. Vintage Books.
27. Peterson, J. B. (2018). 12 Rules for Life: An Antidote to Chaos. Random House Canada.
28. Piketty, T. (2014). Capital in the 21st Century. Harvard University Press.
29. Turkle, S. (2011). Alone Together: Why We Expect More from Technology and Less from Each Other. Basic Books.
30. Twenge, J. M. (2017). iGen: Why Today's Super-Connected Kids Are Growing Up Less Rebellious, More Tolerant, Less Happy—and Completely Unprepared for Adulthood. Atria Books.

Construyendo Una Justicia De Género

Hacia Una Dialéctica Biocéntrica E Inclusiva

Critian Beltrán Barrero

Introducción

Las discusiones sobre género y sexualidad son intrínsecamente complejas, generando tensiones que combinan resiliencia, incomodidad y la necesidad de una retórica empática y reflexiva. Sin embargo, abordar estas cuestiones requiere equilibrar la sensibilidad con la firmeza necesaria para confrontar las realidades sociales con claridad y precisión. En el debate ideológico, los discursos que adoptan un tono cuasi religioso crean abismos epistemológicos que solo pueden superarse mediante un lenguaje científico, caracterizado por argumentos asertivos, una semiótica precisa y una hermenéutica que evite malentendidos. Este enfoque diferencia el discurso académico del cotidiano, permitiendo construir consensos basados en la razón y la evidencia.

Humanidad Y Género: Una Dualidad Constructiva

Comprender la humanidad como una cualidad compartida, y el género y la sexualidad como elementos diferenciadores, es fundamental para abordar las dinámicas de justicia. Somos seres humanos con una esencia común, pero nos construimos de manera diversa según nuestro género, sexualidad y contexto cultural. Esta dualidad, que podría denominarse "humanidad cuántica" por su carácter simultáneamente universal y particular, permite identificar puntos de convergencia en la noción de lo justo, al tiempo que reconoce las diferencias que enriquecen nuestras perspectivas. La justicia, en este sentido, debe ser un ejercicio de conciliación que armonice similitudes y divergencias, atendiendo las percepciones variadas de lo equitativo en cada comunidad.

Justicia De Género Frente A Justicia Feminista

La idea de una justicia puramente feminista, que priorice exclusivamente las perspectivas del feminismo (en sus múltiples formas: anarcofeminismo, ecofeminismo, ciberfeminismo, entre otros), resulta limitada para representar la diversidad de experiencias de género en la sociedad. En su lugar, propongo una *justicia de género*, un modelo más inclusivo que abarque no solo los feminismos, sino también el masculinismo, el posfeminismo, el mujerismo, los etnofeminismos, afrofeminismos, endofeminismos, afromasculinismos y enfoques humanistas o posthumanistas.

Esta visión reconoce que no basta con ser mujer para identificarse con el feminismo —como lo evidencia la presencia de estudiantes femeninas posfeministas o antifeministas en la academia— y que los discursos feministas predominantes, a menudo eurocéntricos, tienden a marginar las expresiones prácticas de los etnofeminismos y afrofeminismos que emergen en contextos socioculturales diversos

(Collins, 2000).

La justicia de género debe operar como un *noúmeno* (una idea universal) y un *fenómeno* (una práctica cultural contextual), consolidándose en la academia como teoría y en la sociedad como manifestación viva. Este giro epistemológico, sugerido por las ciencias sociales, implica adoptar una perspectiva holística que integre diversos modelos de justicia, todos orientados hacia un horizonte común: la deconstrucción de los diversos modelos de dominación (heteropatriarcado/homomatriarcado) y el abandono del androcentrismo. Sin embargo, este proceso debe evitar caer en extremos como el ginecocentrismo o la misandria, que reproducirían nuevas formas de exclusión.

Propuestas Para Una Justicia De Género Inclusiva

Para construir modelos de justicia que desmantelen los sistemas de dominación existentes (heteropatriarcado/heteromatriarcados) sin generar nuevas hegemonías, propongo dos estrategias complementarias:

1. **Democracia De Género**: Este modelo aspira a una distribución equitativa del poder entre las diversas ideologías de género, evitando que una sola perspectiva —sea feminista, masculinista u otra— monopolice el discurso normativo. La democracia de género busca una imparcialidad ideológica relativa, reconociendo la pluralidad de pensamiento como un mecanismo para garantizar

una justicia más representativa. Este estado semiutópico requiere espacios de diálogo donde las voces de todos los géneros, etnias y cosmovisiones sean escuchadas, promoviendo un equilibrio que prevenga el "fascismo de género" —discursos que absolutizan una ideología a expensas de otras (Butler, 2006).

2. **Giro Biocéntrico En El Derecho**: Las divisiones de género y las desigualdades derivadas del androcentrismo tienen su raíz en una perspectiva antropocéntrica del Derecho, que sitúa al ser humano como epicentro del orden jurídico. Propongo reorientar los modelos iuspositivistas e iusrealistas hacia una comprensión biocéntrica, que considere la interdependencia entre el ser humano y su entorno sin adherir plenamente al iusnaturalismo. Este enfoque, inspirado en cosmovisiones andinas, afrodescendientes y otras tradiciones no eurocéntricas, analiza las relaciones de género y sexualidad en su vínculo con el medio ambiente, reconociendo que las dinámicas culturales de género están intrínsecamente ligadas a los contextos ecológicos y sociales (Escobar, 2014). Al distanciarse de los feminismos urbanos y elitistas, que a menudo priorizan privilegios femeninos sobre derechos de género, el biocentrismo promueve una justicia más sensible a las realidades regionales y plurales.

Implementación En El Ámbito Jurídico Y Académico

Para materializar estas propuestas, el ámbito jurídico debe abandonar posturas radicales y hegemonías fundamentalistas, incluso dentro de la academia, y acercarse a las necesidades reales del estudiantado y la sociedad. Esto implica:

1. Crear espacios de reflexión que integren discursos de género no exclusivamente feministas, incluyendo perspectivas etnocéntricas, afrocentradas y endógenas, con un enfoque biocéntrico que reconozca la relación entre género y entorno.
2. Fomentar una trilogía dialéctica científica entre feminismos, masculinismos y enfoques humanistas, que analice críticamente las intersecciones de género, etnia y contexto socioambiental.
3. Diseñar políticas educativas que visibilicen las expresiones prácticas de los etnofeminismos y afromasculinismos, contrarrestando la hegemonía de los eurofeminismos en los espacios académicos.

Conclusión

La justicia de género debe trascender las limitaciones de una justicia puramente feminista, abrazando un modelo inclusivo que represente la diversidad de ideologías y experiencias de género. La democracia de género y el giro biocéntrico ofrecen caminos para deconstruir los sistemas de dominación existentes (heteropatriarcado/matriarcado) sin caer en nuevas formas de exclusión, promoviendo un Derecho que refleje la interdependencia entre humanidad, género y entorno. La academia tiene la responsabilidad de liderar esta transformación, creando espacios de diálogo científico que, anclados en la dignidad humana, construyan modelos de justicia equitativos y contextualmente relevantes a nivel local, regional y global.

Referencias

1.Butler, J. (2006). *Gender Trouble: Feminism and the Subversion of Identity*. Routledge.

2.Collins, P. H. (2000). *Black Feminist Thought: Knowledge, Consciousness, and the Politics of Empowerment*. Routledge.

3.Escobar, A. (2014). *Sentipensar con la tierra: Nuevas lecturas sobre desarrollo, territorio y diferencia*. Universidad del Cauca.

4.Malmi, P. (2009). *Discrimination Against Men: Appearance and Causes in the Context of a Modern Welfare State*. University of Lapland Press.

5.McRobbie, A. (2009). *The Aftermath of Feminism: Gender, Culture and Social Change*. Sage.

6.Nussbaum, M. C. (2011). *Creating Capabilities: The Human Development Approach*. Harvard University Press.

Justicia Intergeneracional Y Dinámicas De Cortejo

Un Diálogo Para El Siglo XXI

Critian Beltrán Barrero

Introducción

La percepción de lo justo es dinámica, moldeada por las ideologías dominantes y contrahegemónicas de cada momento histórico. Lo que una generación considera justo puede ser injusto para la siguiente, reflejando cambios sociales, políticos, jurídicos, epistémicos y culturales que transforman la cosmovisión colectiva (Bourdieu, 1998).

Estos cambios generacionales son cruciales para comprender el devenir humano, ya que los valores y significaciones de cada época configuran las nociones de justicia y equidad. En este contexto, uno de los debates más significativos en la transición entre las generaciones centennial (nacidos antes de 2.000, generaciones, X, Y, Z)) y millennial (nacidos después del 2.000) es la percepción de los rituales de cortejo y las dinámicas de seducción, prácticas que han pasado de ser socialmente aceptadas a objeto de controversia.

Rituales De Cortejo: Tensiones Intergeneracionales

Para la generación centennial, los rituales de cortejo eran prácticas rutinarias esenciales para la reproducción biológica y la cohesión social, arraigadas en una comprensión instintiva de las relaciones humanas. En un entorno sin influencias ideológicas marcadas, estas dinámicas se percibían como naturales y necesarias para la supervivencia de la especie. En contraste, para muchos millennials, influenciados por el feminismo de tercera y cuarta ola, estas prácticas pueden interpretarse como ofensivas o incluso delictivas, especialmente cuando no respetan los límites del consentimiento y la autonomía individual (Butler, 2006). Esta discrepancia refleja no solo un cambio en las normas sociales, sino también una redefinición de lo que constituye una interacción respetuosa entre géneros.

El desafío radica en conciliar estas perspectivas sin criminalizar la libre expresión de intereses románticos ni trivializar las preocupaciones sobre el respeto y la dignidad. A continuación, se analizan las respuestas de diferentes espectros del feminismo a los rituales de cortejo, derivadas de un análisis lógico de sus posturas ideológicas:

1. **Espectro Fundamentalista Dogmático**: Caracterizado por un activismo radical que prioriza la acción sobre la teoría, este espectro aboga por penalizar los rituales de cortejo, considerándolos intrínsecamente opresivos. Su propuesta extrema —eliminar las interacciones de género y delegar la reproducción a tecnologías como la inseminación artificial— es impracticable y desconoce la complejidad de las relaciones humanas. Esta postura, criticada incluso dentro del feminismo por su androfobia y falta de diálogo, deslegitima los avances históricos del movimiento

(Collins, 2000).

2. **Espectro Práctico-Teórico Contestatario**: Liderado por activistas con gran capacidad de convocatoria, este enfoque combina la acción práctica con narrativas subversivas que visibilizan las desigualdades de género. Aunque evita la violencia, está dispuesto a confrontar si es necesario. Su propuesta traslada las dinámicas de cortejo al ámbito virtual, promoviendo relaciones mediadas por tecnologías como aplicaciones de citas o inteligencia artificial. Si bien esta solución refleja tendencias contemporáneas, resulta insuficiente para abordar la cotidianidad de las interacciones cara a cara, además la virtualidad, por positiva que sea, nunca reemplazará al calor humano.
3. **Espectro Teórico-Práctico Científico**: Conformado por estudiantes universitarias que transforman teorías feministas en prácticas colectivas, como manifestaciones pacíficas o expresiones artísticas, este espectro fomenta un diálogo constructivo con posturas más subversivas. Su respuesta aboga por preservar ciertas formas de cortejo, adaptadas a principios de respeto y consentimiento, reconociendo su importancia para las relaciones sociales y la supervivencia de la especie. Esta postura busca educar a los sectores fundamentalistas sobre la necesidad de un equilibrio.
4. **Espectro Teórico Filosófico**: Representado por académicas que generan conocimiento desde la teoría, este enfoque propone invertir los roles tradicionales de cortejo, desafiando el modelo centennial de *"el hombre propone, la mujer dispone"*. Al transferir la iniciativa al género femenino, busca subvertir las

normas patriarcales supuestamente opresoras, aunque su relevancia y éxito depende de si el feminismo considera el cortejo como una prioridad en sus luchas. Criticado por su carácter elitista, este espectro a menudo desestima las contribuciones prácticas del activismo.

Justicia Intergeneracional: Comprender El Contexto

La construcción de lo justo está intrínsecamente ligada al contexto generacional, definido por los valores, experiencias y luchas de cada época. Las generaciones construyen su comprensión de la justicia a partir de las bases establecidas por sus predecesoras, lo que implica que los millennials no pueden ignorar el legado de los centennials, incluyendo las dinámicas de cortejo que, aunque problemáticas en algunos aspectos, forman parte del tejido social (Giddens, 1992). La evolución jurídica y social depende de esta interacción intergeneracional, que define si las normas avanzan hacia el progreso o retroceden hacia la exclusión.

Para avanzar, es esencial entender la forma en la que cada generación conoce y actúa en su realidad. Los rituales de cortejo, por ejemplo, deben adaptarse a las sensibilidades contemporáneas sin criminalizar la expresión humana ni imponer una fragilidad excesiva que perciba toda interacción como ofensiva. La justicia intergeneracional requiere un diálogo que reconozca las diferencias, pero busque consensos basados en el respeto mutuo y la dignidad humana.

Propuesta Para Una Nueva Dinámica De Cortejo

El neofeminismo, como corriente emergente que integra la interseccionalidad y la pluralidad de experiencias, tiene la oportunidad de liderar el debate sobre las nuevas reglas de la seducción y las relaciones sentimentales, sexuales y reproductivas. La pregunta central es: ¿Deben considerarse estas prácticas delictivas? Desde una perspectiva filosófico-jurídica, la libre manifestación de intereses románticos no debe penalizarse siempre que se fundamente en el respeto, la dignidad y el reconocimiento del otro como sujeto autónomo (Nussbaum, 2011). Criminalizar toda proposición afectiva, como proponen los enfoques fundamentalistas, ignora la complejidad de las relaciones sociales y fomenta un estado de permanente confrontación que no beneficia a ninguna generación.

En lugar de esto, propongo:

1. **Educación En Consentimiento Y Respeto**: Las instituciones educativas deben promover programas que enseñen a las nuevas generaciones a expresar intereses románticos de manera respetuosa, enfatizando el consentimiento y la empatía.
2. **Diálogo Intergeneracional**: Crear espacios donde centennials y millennials compartan sus perspectivas sobre el cortejo, identificando puntos de convergencia que equilibren tradición y modernidad.
3. **Revisión Introspectiva**: Invitar a quienes perciben toda interacción como ofensiva a reflexionar sobre sus construcciones

de la realidad, fomentando relaciones basadas en la apertura y no en la confrontación.

Conclusión

La percepción de lo justo evoluciona con cada generación, reflejando sus valores y contextos. El debate sobre los rituales de cortejo y las dinámicas de seducción evidencia las tensiones entre centennials y millennials, pero también abre la puerta a un diálogo constructivo. El neofeminismo debe liderar la redefinición de estas prácticas, proponiendo normas que respeten la dignidad humana sin criminalizar la interacción social. La justicia intergeneracional, anclada en el respeto mutuo y la comprensión contextual, es la clave para construir un futuro donde las relaciones de género sean equitativas, inclusivas y respetuosas de la diversidad humana.

Referencias

1. Bourdieu, P. (1998). *Practical Reason: On the Theory of Action*. Stanford University Press.
2. Butler, J. (2006). *Gender Trouble: Feminism and the Subversion of Identity*. Routledge.
3. Collins, P. H. (2000). *Black Feminist Thought: Knowledge, Consciousness, and the Politics of Empowerment*. Routledge.
4. Giddens, A. (1992). *The Transformation of Intimacy: Sexuality, Love and Eroticism in Modern Societies*. Stanford University Press.

5.Nussbaum, M. C. (2011). *Creating Capabilities: The Human Development Approach*. Harvard University Press.

El Capitalismo Y Su Impacto En Las Percepciones De Género Y Sexualidad

Critian Beltrán Barrero

Introducción

El capitalismo, consolidado como el sistema económico dominante de la modernidad, sustentado en el postfordismo como modelo de producción y el neoliberalismo como lógica de mercado, ha permeado profundamente la cosmovisión del Derecho y otras disciplinas del conocimiento humano. Esta conclusión, fundamentada en un análisis científico, se distingue de las afirmaciones ideológicas por su metodología rigurosa: mientras la primera se basa en evidencia empírica y argumentos sólidos que reflejan la realidad social, la segunda parte de perspectivas subjetivas y viscerales, carentes de sustento objetivo (Harvey, 2005).

El Capitalismo Y La Dignidad Humana: Tensiones Estructurales

En su forma más extrema, el capitalismo genera tensiones con la dignidad humana al priorizar la acumulación de riqueza, lo que a menudo implica la creación simultánea de pobreza. Según el principio de distribución de Pareto, los bienes finitos —como la tierra, un recurso central en conflictos como el armado en Colombia— ya están asignados, por lo que la apropiación de riqueza por parte de unos conlleva necesariamente el despojo de otros. Aunque los defensores del capitalismo argumentan que la innovación puede generar nuevos bienes (e.g., tecnología o moneda), esta creación es limitada para recursos finitos, manteniendo válida la crítica sobre la desigualdad inherente al sistema (Piketty, 2014).

El capitalismo se sustenta en tres tesis fundamentales:

1. La propiedad privada como sinónimo de riqueza.
2. La acumulación de riqueza y propiedad privada.
3. La perpetuación de esa riqueza a través del tiempo, principalmente a través de la herencia transgeneracional como principal fuente de acumulación de riqueza.

Estas tesis trascienden las dinámicas de género, afectando tanto el androcentrismo como el ginecocentrismo, y moldeando las percepciones culturales de las relaciones sentimentales, sexuales y reproductivas.

Impacto Del Capitalismo En Género Y Sexualidad

Propiedad Privada Y Cosificación: La primera tesis capitalista se manifiesta en la percepción del otro como propiedad, un fenómeno que en sus formas extremas —esclavismo, feudalismo o mercantilismo— cosifica a las personas, reduciéndolas a objetos o mercancías (Federici, 2004). En el ámbito de género y sexualidad, esto se traduce en prácticas como la prostitución forzada o el tráfico humano, que vulneran la dignidad humana al desconocer su carácter inalienable. Sin embargo, dinámicas más cotidianas también reflejan esta lógica: los comportamientos posesivos o controladores en relaciones sentimentales, así como la seducción basada en el poder económico ("conquista" mediante dinero), asimilan a la pareja a una posesión, un fenómeno observable tanto en hombres como en mujeres.

Acumulación De Riqueza Y Relaciones: La segunda tesis se evidencia en la acumulación de compañeros sentimentales, sexuales o reproductivos como si fueran propiedades. Es importante distinguir esta crítica de la poligamia consensuada: mientras las relaciones basadas en la libre determinación respetan la autonomía de los involucrados, la concepción de las personas como "bienes" acumulados refleja una lógica capitalista que deshumaniza. Esta distinción subraya que no es el fenómeno en sí (múltiples relaciones), sino la intención detrás de él, lo que determina su impacto ético (Bauman, 2003).

Perpetuación De La Riqueza Y Descendencia: La tercera tesis se manifiesta en la percepción de la descendencia como un indicador de "éxito" o "riqueza", un fenómeno transversal al heteropatriarcado y al matriarcado (e.g., matronas que miden su valor por el número de hijos). Sin embargo, el acto de tener hijos no es intrínsecamente capitalista. Cuando surge de una decisión libre, reflexiva y fundamentada en el amor propio, el respeto por la pareja y el compromiso con el futuro ser humano, se aleja de la lógica acumulativa y se convierte en un propósito ético de perpetuar la vida

(Nussbaum, 2011). La diferencia radica en el propósito: engendrar como acto de amor versus engendrar como acumulación de "capital humano".

Hacia Una Crítica Ética Del Capitalismo En Las Relaciones Humanas

La influencia del capitalismo en las percepciones de género y sexualidad no es inevitable, pero requiere una reflexión crítica para contrarrestarla. Las prácticas que cosifican, acumulan o perpetúan relaciones como si fueran propiedades vulneran la dignidad humana, un principio iusnaturalista que reconoce a cada persona como fin en sí misma, no como medio para la acumulación de riqueza (Kant, 1785). Para superar estas dinámicas, propongo:

1. **Educación En Relaciones Éticas**: Promover programas que enseñen a construir relaciones basadas en el respeto mutuo, el consentimiento y la autonomía, desafiando las lógicas posesivas y mercantilistas.
2. **Revisión De Narrativas Culturales**: Cuestionar las representaciones mediáticas que asocian el éxito sentimental o sexual con el poder económico, fomentando modelos de seducción basados en la autenticidad y la empatía.
3. **Fortalecimiento De La Dignidad Humana En El Derecho**: Diseñar marcos jurídicos que protejan las relaciones humanas de la cosificación, priorizando la autonomía y la igualdad en las dinámicas de género.

Conclusión

El capitalismo, con sus tesis de propiedad, acumulación y perpetuación, ha moldeado las percepciones de género y sexualidad, promoviendo dinámicas que, en sus extremos, cosifican a las personas y vulneran la dignidad humana. Sin embargo, no todas las prácticas relacionales son inherentemente capitalistas: las relaciones y la descendencia basadas en la libertad, el amor y el respeto trascienden esta lógica. La academia y el Derecho tienen la responsabilidad de fomentar una ética relacional que desafíe las influencias mercantilistas del capitalismo, promoviendo un modelo de justicia de género que reconozca la humanidad compartida por encima de las dinámicas de acumulación y despojo.

Referencias

1. Bauman, Z. (2003). *Liquid Love: On the Frailty of Human Bonds*. Polity Press.
2. Federici, S. (2004). *Caliban and the Witch: Women, the Body and Primitive Accumulation*. Autonomedia.
3. Harvey, D. (2005). *A Brief History of Neoliberalism*. Oxford University Press.
4. Kant, I. (1785). *Groundwork of the Metaphysics of Morals*. Trad. Mary Gregor, Cambridge University Press (ed. 1998).
5. Nussbaum, M. C. (2011). *Creating Capabilities: The Human Development Approach*. Harvard University Press.

6.Piketty, T. (2014). *Capital in the Twenty-First Century*. Harvard University Press.

Capitalismo, Clase Y Género

Hacia Un Diálogo Interclasista En Las Luchas De Género

Critian Beltrán Barrero

Introducción

El capitalismo, como sistema económico dominante, no solo estructura la distribución de la riqueza, sino que también moldea las cosmovisiones culturales, incluidas las ideologías de género. Su lógica de división de clases, basada en el acceso a recursos económicos, genera desigualdades estructurales que permean las percepciones de justicia, género y sexualidad (Piketty, 2014). Esta división, intrínsecamente injusta, fomenta malestares sociales y contamina los discursos feministas y antifeministas, que no pueden considerarse ajenos a la influencia de la cosmovisión capitalista. La intersección entre clase y género es crucial para comprender la forma en la que se construyen las nociones de lo justo y lo injusto, especialmente en el contexto de las ofensas basadas en género y sexualidad.

El Elitismo En Los Discursos De Género

En los espacios académicos, ciertos feminismos fundamentalistas han adoptado un elitismo que, en sus formas más extremas, deriva en un discurso misándrico, androfóbico y aporofóbico, caracterizado por el desprecio de mujeres económicamente privilegiadas hacia hombres heterosexuales en situación de pobreza. De manera similar, algunas corrientes antifeministas extremistas promueven un discurso misógino y aporofóbico, donde hombres adinerados desvalorizan a mujeres en condiciones de vulnerabilidad económica. La aporofobia —el rechazo a los pobres— emerge como una patología del capitalismo, junto con la indiferencia, la delincuencia, el hambre y otras formas de exclusión social (Cortina, 2017). Estos discursos elitistas reflejan la forma en la que la división de clases contamina las luchas de género, alejándolas de una verdadera justicia inclusiva.

La resiliencia de las clases desfavorecidas, a menudo romantizada como una mentalidad positiva frente a condiciones de vida precarias, no debe ser idealizada ni conducir al negacionismo de la pobreza (falacia de la meritocracia). En cambio, debe reconocerse como una respuesta adaptativa a las injusticias estructurales del capitalismo, que no exime a la sociedad de abordar las desigualdades subyacentes (Sen, 1999).

Clase, Género Y Percepciones De Lo Justo

La construcción de la realidad varía según el contexto socioeconómico en el que se nace y se desarrolla. Las clases desfavorecidas, marcadas por la lucha diaria por la supervivencia, priorizan la superación de desigualdades estructurales —como el acceso a la justicia o los recursos básicos— sobre debates específicos de género, como el "cortejo callejero". En contraste, las clases privilegiadas, con mayor seguridad económica, tienden a centrar sus luchas de género en cuestiones simbólicas o culturales, como las formas de interacción romántica o las microagresiones (Fraser, 1997). Esta divergencia plantea una pregunta clave: ¿A quién representa realmente la lucha contra prácticas como el cortejo callejero (piropo)?

El cortejo callejero, percibido como problemático por algunos feminismos urbanos y elitistas, no tiene la misma relevancia para las clases desfavorecidas, donde las prioridades están ligadas a la supervivencia y la justicia social. Argumentar que esta práctica debe penalizarse universalmente ignora las diferencias de clase y las formas lingüísticas propias de los contextos vulnerables, donde las interacciones, aunque no siempre empáticas, no necesariamente implican una intención maliciosa. Por ejemplo, una expresión directa en un entorno popular puede interpretarse como ofensiva por las élites, pero ser una norma comunicativa aceptada en su comunidad. Estas diferencias subrayan la necesidad de contextualizar las ofensas basadas en género y sexualidad según las realidades socioeconómicas.

Hacia Un Diálogo Interclasista

La dialéctica sobre la legislación de ofensas de género debe considerar las disparidades de clase generadas por el capitalismo. Las clases privilegiadas deben esforzarse por comprender las cosmovisiones, lenguajes y percepciones de justicia de las clases desfavorecidas, evitando imponer sus prioridades como universales. A su vez, las comunidades vulnerables pueden contribuir al diálogo adoptando una postura empática que facilite el entendimiento mutuo. Este diálogo interclasista, basado en el respeto y la construcción colectiva del conocimiento, es esencial para superar los elitismos y aporofobias que fragmentan las luchas de género (hooks, 2000).

Propongo las siguientes estrategias para avanzar hacia una justicia de género inclusiva:

1. **Educación Interclasista**: Implementar programas que sensibilicen a las clases privilegiadas sobre las realidades de las comunidades desfavorecidas, promoviendo una comprensión profunda de nuestros lenguajes y necesidades.
2. **Contextualización De Las Luchas De Género**: Priorizar las desigualdades estructurales en los debates de género, asegurando que las políticas y legislaciones reflejen las prioridades de las clases vulnerables, como el acceso a la justicia y los recursos básicos.
3. **Espacios De Diálogo Inclusivo**: Crear foros donde las perspectivas de todas las clases sociales se escuchen, fomentando una legislación que equilibre las preocupaciones de género con las realidades socioeconómicas.

Conclusión

El capitalismo, al dividir la sociedad en clases, contamina las ideologías de género, generando discursos elitistas que refuerzan la aporofobia y fragmentan las luchas por la equidad. Las percepciones de lo justo, incluidas las ofensas basadas en género y sexualidad, varían según el contexto socioeconómico, lo que exige un enfoque interclasista que reconozca estas diferencias. La lucha contra prácticas como el cortejo callejero (piropo) debe contextualizarse, evitando imponer las prioridades de las élites sobre las comunidades vulnerables. Un diálogo basado en la empatía, el respeto mutuo y la dignidad humana es la clave para construir una justicia de género que trascienda las divisiones de clase y promueva una sociedad más equitativa.

Referencias

1. Cortina, A. (2017). *Aporofobia, el rechazo al pobre: Un desafío para la democracia*. Paidós.
2. Fraser, N. (1997). *Justice Interruptus: Critical Reflections on the "Postsocialist" Condition*. Routledge.
3. hooks, b. (2000). *Feminism is for Everybody: Passionate Politics*. South End Press.
4. Piketty, T. (2014). *Capital in the Twenty-First Century*. Harvard University Press.
5. Sen, A. (1999). *Development as Freedom*. Oxford University Press.

Acoso Sexual Y Hostigamiento

Un Análisis Jurídico De La Violencia De Género

Critian Beltrán Barrero

Introducción

Los delitos de acoso sexual y hostigamiento comparten elementos comunes, pero requieren una distinción precisa para identificar la forma en que se configura la violencia de género denunciada. Ambos son delitos dolosos, excluyendo las modalidades culposa o preterintencional, y exigen probar un elemento subjetivo o dolo específico. En el acoso sexual, el dolo se centra en la obtención de un beneficio o placer sexual, ya sea para el agresor o un tercero. En el hostigamiento, el dolo consiste en la intención de causar daño, ofensa o promover un discurso sexista, como mensajes de odio misóginos o misándricos (Ferrajoli, 1995). Esta diferenciación es crucial para evitar confusiones y garantizar la correcta tipificación de las conductas.

Elemento Subjetivo Y Prueba De La Intencionalidad

La configuración de estos delitos depende no solo del resultado material (la ofensa percibida), sino de la demostración inequívoca de la intencionalidad dolosa del agresor. No basta con que la víctima se sienta agraviada en su dignidad o intimidad; debe probarse, más allá de toda duda razonable, que el agresor buscó intencionalmente provocar dicho daño o beneficio sexual. La doctrina ha sugerido que esta intencionalidad puede inferirse contextualmente a través de indicadores implícitos, pero esta *"comprobación contextual"* plantea riesgos. Las hipótesis basadas en la percepción subjetiva de la víctima pueden generar incertidumbre, obligando al juez a resolver a favor del procesado bajo el principio *in dubio pro reo* (Binder, 2006).

Para abordar casos donde la intencionalidad no pueda probarse, propongo considerar tipos penales alternativos, como la injuria o las injurias por vías de hecho, que no requieren demostrar dolo y admiten la modalidad culposa. Estos delitos, al ser querellables, permiten negociar acuerdos de no repetición y fomentan la reflexión pedagógica del agresor, a diferencia del acoso sexual y el hostigamiento, que no ofrecen esta flexibilidad procesal.

Elementos Comunes Y Diferencias

Ambos delitos comparten la necesidad de una conducta continuada: requieren múltiples acciones sostenidas en el tiempo para configurarse. Una ofensa aislada no constituye acoso sexual ni hostigamiento, sino que podría encuadrarse en injuria o injurias por vías de hecho, según el caso. Sin embargo, difieren en su naturaleza y objetivos:

1. **Acoso Sexual**: Es un delito de peligro concreto, dirigido contra una persona específica, que busca constreñir su autonomía

mediante una posición de poder manifiesta (e.g., autoridad laboral, económica o social). Sus verbos rectores —acosar, perseguir, hostigar, asediar— implican un abuso explícito de superioridad para obtener un beneficio sexual.

2. **Hostigamiento**: Es un delito de peligro semiabstracto, que puede dirigirse a un colectivo y se materializa en discursos de odio sexista continuados, sin necesidad de una relación de poder explícita.

Esta distinción es fundamental para evitar confusiones, como por ejemplo tipificar un discurso sexista continuado (hostigamiento) como acoso sexual, lo que distorsionaría la aplicación de la norma y obligaría a absolver al procesado por error de tipificación.

La Superioridad Manifiesta En El Acoso Sexual

El acoso sexual exige que el agresor utilice una posición de poder o superioridad manifiesta —explícita, clara y demostrable— para intimidar o constreñir a la víctima. La mera existencia de una diferencia de género, edad, posición laboral o económica no implica automáticamente una relación de poder. Asumir que el género masculino, por sí solo, constituye una superioridad inherente sobre el femenino es una interpretación regresiva que contradice los avances del feminismo en materia de igualdad y empoderamiento (Butler, 2006). Tal enfoque iusnaturalista perpetúa la idea de una subordinación estructural entre géneros, en detrimento de la equidad.

El delito de acoso sexual castiga el abuso deliberado de poder para forzar una decisión sexual, no la libre expresión de intereses románticos, sentimentales o reproductivos. Penalizar toda manifestación de interés afectivo equivaldría a restringir la libertad humana, un precedente peligroso que podría coartar las relaciones consensuadas, especialmente entre personas con diferencias de poder (e.g., líder y subordinado). La clave está en demostrar que la posición de poder fue utilizada explícitamente para constreñir la voluntad de la víctima.

Desafíos Probatorios Y Lenguaje

La prueba de la intencionalidad en estos delitos es compleja, especialmente en el hostigamiento, donde el lenguaje es el medio principal de la ofensa. No toda expresión carente de empatía o sensibilidad debe considerarse delictiva; según Wittgenstein (1953), los *"juegos del lenguaje"* reflejan contextos culturales y comunicativos diversos, y una falta de asertividad no equivale a dolo.

Si no se demuestra la intencionalidad, la conducta es penalmente atípica, aunque pueda sancionarse en ámbitos civiles o disciplinarios. Esto subraya la responsabilidad social de perfeccionar las formas comunicativas y comprender las perspectivas de los demás, fomentando un diálogo respetuoso en las relaciones humanas, más que la pugna por penalizar y criminalizar todo tipo de lenguaje y comunicación.

Aspectos Procesales

En el acoso sexual, y en delitos de tipo sexdual considerados graves o especialmente ofensivos (como el acceso carnal violento), la legislación permite la *"prueba de referencia"* y medidas de protección procesal, como el derecho de la víctima (generalmente mujer) a no confrontar al agresor, siempre que sea constitucionalmente justificable.

Estas medidas, consideradas un logro feminista, buscan garantizar la equidad procesal, pero no constituyen un privilegio ni un ocultamiento probatorio, y no aplican cuando la mujer es la agresora, salvo en casos de legítima defensa o miedo insuperable debidamente probados. En el hostigamiento, estas protecciones no son necesarias, dada su naturaleza menos personalizada.

Hacia Una Justicia De Género Equilibrada

La correcta tipificación del acoso sexual y el hostigamiento requiere un equilibrio entre la protección de las víctimas y el respeto al debido proceso. Recomiendo:

1. **Capacitación Judicial**: Formar a jueces en la identificación precisa de la intencionalidad dolosa, evitando inferencias subjetivas que vulneren el principio *in dubio pro reo*.
2. **Alternativas Penales**: Promover el uso de tipos como injuria para casos de difícil comprobación, fomentando soluciones

pedagógicas y reparadoras.

3. **Educación En Comunicación Respetuosa**: Implementar programas que sensibilicen a la sociedad sobre la importancia de un lenguaje inclusivo y empático, sin criminalizar las diferencias comunicativas.

Conclusión

Los delitos de acoso sexual y hostigamiento, aunque comparten elementos como el dolo y la continuidad, se distinguen por sus objetivos y contextos. Una justicia de género efectiva debe probar la intencionalidad dolosa de manera rigurosa, evitando interpretaciones que perpetúen estereotipos o restrinjan la libertad humana.

Al diferenciar claramente estos delitos y promover un diálogo basado en el respeto y la comprensión mutua, el Derecho puede avanzar hacia una equidad que proteja la dignidad de todas las personas, sin sacrificar los principios fundamentales del debido proceso.

Referencias

1. Binder, A. (2006). *Tratado de derecho penal: Parte general.* Editorial Ad-Hoc.
2. Butler, J. (2006). *Gender Trouble: Feminism and the Subversion of Identity*. Routledge.
3. Ferrajoli, L. (1995). *Derecho y razón: Teoría del garantismo penal*. Trotta.

4.Wittgenstein, L. (1953). *Philosophical Investigations.* Trad. G.E.M. Anscombe, Blackwell (ed. 2001).

La Justicia De Género Y Las Formas Jurídicas

Critian Beltrán Barrero

Disertación General

Desde la publicación de "*De los delitos y las penas*" de Cesare Beccaria en 1764, la humanidad continúa interrogándose sobre ¿Cómo alcanzar la verdad jurídica?. Las formas procesales, las garantías jurídicas y los medios de prueba que configuran el proceso de justicia siguen siendo objeto de controversia. Por un lado, las partes —acusación y defensa— buscan establecer con precisión los hechos y las responsabilidades; por otro, las normas procesales, la interpretación judicial y las expectativas de la sociedad moldean tanto el proceso como el resultado.

En este ensayo examino la construcción de modelos de justicia de género en el ámbito académico, enfatizando la necesidad de respetar las formas jurídicas y las garantías procesales para lograr un ideal de justicia equitativo y progresista. Asimismo, abordo el abismo entre los discursos de empoderamiento y de odio, proponiendo criterios para distinguirlos y consolidar una justicia de género fundamentada en la reflexión crítica y científica.

La Justicia De Género Y Las Formas Jurídicas

La construcción de modelos de justicia de género no puede

desvincularse de las formas jurídicas establecidas. Incluso las cosmovisiones feministas más radicales deben respetar las garantías procesales mínimas que aseguren un proceso justo, alineado con el ideal de justicia de género —más inclusivo que el feminismo exclusivo—. Las ideologías de género pueden abordarse desde dos enfoques:

1. **Propositivo y Progresista**: Una perspectiva crítica, reflexiva y científica que se nutre de la autocrítica y la reinvención, orientada al progreso social. Este enfoque fomenta la transformación mediante propuestas constructivas.
2. **Dogmático y Regresivo**: Un enfoque fundamentalista que rechaza la crítica y se retroalimenta de creencias unilaterales, limitándose a descripciones sin aportar soluciones. Este es el enfoque que se defiende en la llamada "perspectiva de género".

La academia debe decantarse por el enfoque propositivo, promoviendo un diálogo científico que trascienda el sectarismo y fortalezca la justicia de género como un proceso y un resultado equitativos. Esto implica re-evaluar conceptos como la "perspectiva de género".

Las garantías procesales han sido objeto de amplios debates filosóficos y jurídicos. Desde las conferencias de Michel Foucault en *La verdad y las formas jurídicas* (1983), hasta los análisis de Bernd Marquardt sobre los procesos de brujería en los siglos XVI y XVII (*El fenómeno de los procesos de brujería*, 2011) y la ceguera ética de los jueces nazis (*Los jueces del Estado anti-constitucional*, 2015), se evidencia que la ausencia de garantías procesales deriva en aplicaciones arbitrarias del derecho.

Estas reflexiones históricas, aunque distantes en el tiempo, coinciden en un principio: las formas procesales deben garantizar un proceso justo que conduzca a un resultado equitativo. La justicia no es solo el resultado, sino una *dualidad cuántica* de proceso y estado, forma y fondo. Como afirmó Beccaria, un resultado justo no puede alcanzarse mediante un proceso injusto.

La historia demuestra que sistemas sin garantías procesales —desde los juicios a Edipo Rey hasta los procesos inquisitoriales o nazis— carecen de soportes científicos o filosóficos válidos. La humanidad, tras siglos de sufrimiento, ha consolidado formas procesales que protegen el ideal de justicia. Entre las garantías fundamentales, destacan:

1. **Proceso Justo e Imparcial**: Nadie puede ser condenado sin un proceso formal iniciado por una denuncia ante una autoridad competente. La justicia de género no debe reducirse a formas informales, como acusaciones en redes sociales o rumores.
2. **Derecho A La Defensa**: Todo acusado tiene derecho a representarse o ser representado, confrontar pruebas, desmentir hechos y cuestionar testimonios.
3. **Denuncia Clara Y Precisa**: La denuncia debe narrar los hechos con exactitud, evitando vaguedades emocionales que generen

incertidumbre.

4. **Derecho A Confrontar Los Hechos**: Los acusados pueden interrogar, contrainterrogar y exigir pruebas que validen los hechos más allá de narrativas subjetivas.
5. **Tiempos Procesales Justos**: Los procesos deben resolverse en plazos razonables, con prescripción de denuncias para evitar acusaciones extemporáneas. En contextos académicos, el plazo ideal no debería exceder un periodo académico (seis meses si es por semestre o un año si es anual).
6. **Doble Conformidad**: La autoridad punitiva no puede ser la única voz en el proceso. Debe existir una segunda instancia para garantizar imparcialidad.
7. **Non Bis In Idem**: No se puede juzgar dos veces por el mismo hecho. En ofensas de género, debe distinguirse claramente entre conductas sexuales y sexistas para evitar doble juzgamiento.
8. **In Dubio Pro Reo**: Toda duda debe resolverse a favor del acusado. La denuncia inicia el proceso, pero no constituye prueba; la condena es el cierre, basado en evidencia sólida.
9. **Separación De Poderes**: Quien ejerce el poder punitivo no puede ser simultáneamente legislador, juez, testigo o parte acusadora. La concentración de roles vulnera la justicia.
10. **Legitimidad Y Vigencia**: Las normas disciplinarias sobre ofensas de género deben aplicarse a hechos ocurridos tras su entrada en vigor y dentro de su jurisdicción, respetando interpretaciones jurisprudenciales vigentes.
11. **Coherencia Con El Ordenamiento Jurídico**: Los códigos de conducta deben alinearse con las leyes nacionales y la

jurisprudencia de cortes como la Constitucional y la Suprema de Justicia.

12. **Sanción De Hechos, No De Personas**: La justicia debe centrarse en los hechos probados, no en prejuicios sobre las creencias o actitudes del acusado.

Estas garantías, lejos de ser obviedades, son conquistas históricas que protegen contra la arbitrariedad. Exigirlas no implica avalar la impunidad, sino prevenir la condena de inocentes. La justicia de género no puede convertirse en una cacería de brujas ni en una demostración de poder ideológico; debe equilibrar el garantismo con la protección de las víctimas.

El Abismo Entre Empoderamiento Y Discurso De Odio

Un debate recurrente en la academia es la delgada línea entre el empoderamiento y el discurso de odio en las ideologías de género. Contrario a la percepción mayoritaria, sostengo que existe un *abismo evidente* entre ambos, y negarse a reconocerlo implica tolerar discursos de odio camuflados como empoderamiento. Para clarificar esta distinción, propongo criterios intersubjetivos basados en un razonamiento lógico:

1. **Discurso De Empoderamiento**: Es contestatario pero constructivo, busca causas justas y promueve soluciones reales. Despierta empatía, representa a amplios sectores y respeta la dignidad del otro, enfocándose en las fallas sistémicas más que en

ataques personales. Ejemplo: campañas que visibilizan desigualdades de género sin denigrar a grupos específicos.

2. **Discurso De Odio**: Es destructivo, transgrede intencionalmente la dignidad ajena y sirve a intereses vengativos o caudillistas. No aporta al debate ni a la construcción colectiva del conocimiento, generando una falsa representatividad que beneficia solo a sus líderes. Ejemplo: narrativas que promueven la androfobia o la misandría bajo la fachada de luchas de género.

La academia debe establecer criterios objetivos para identificar estos discursos, evitando que el odio se legitime como empoderamiento. Esto requiere un análisis riguroso del propósito, el impacto y la representatividad de cada narrativa, promoviendo un diálogo que fortalezca las luchas de género sin caer en la violencia discursiva.

Conclusión

La justicia de género, como ideal progresista, debe construirse sobre formas jurídicas que garanticen procesos justos y resultados equitativos. Las garantías procesales, fruto de siglos de reflexión y sufrimiento, son indispensables para evitar arbitrariedades y proteger tanto a víctimas como a acusados.

La academia tiene la responsabilidad de adoptar un enfoque crítico y científico, rechazando el dogmatismo y promoviendo propuestas que transformen la sociedad. Asimismo, debe clarificar el abismo entre el empoderamiento y el discurso de odio, estableciendo criterios que preserven la dignidad y fortalezcan las luchas de género. Solo mediante un compromiso con la justicia como proceso y resultado, la humanidad podrá avanzar hacia un estado de lo justo que respete la diversidad y la equidad.

Fuentes Consultadas:

1. Beccaria, C. (1764). De los delitos y las penas.
2. Foucault, M. (1983). La verdad y las formas jurídicas.
3. Marquardt, B. (2011). El fenómeno de los procesos de brujería y los orígenes de la justicia constitucional.
4. Marquardt, B. (2015). Los jueces del Estado anti-constitucional.
5. https://revistas.unal.edu.co/index.php/peju/article/view/36716
6. https://revistas.unal.edu.co/index.php/peju/article/view/55389
7. https://es.wikipedia.org/wiki/De_los_delitos_y_las_penas

Garantías Procesales En La Justicia De Género

Equilibrando Equidad Y Debido Proceso

Critian Beltrán Barrero

Introducción

Desde la publicación de "*De los delitos y las penas*" de Cesare Beccaria (1764), la humanidad ha debatido sobre ¿Cómo alcanzar la verdad jurídica en los sistemas de justicia?. Las formas procesales, las garantías jurídicas y los medios de prueba que configuran el proceso hacia *"lo justo"* siguen siendo objeto de controversia. Por un lado, las partes procesales —acusación y defensa— buscan establecer hechos y responsabilidades con precisión; por otro, las normas procesales, las interpretaciones judiciales y las expectativas sociales moldean el resultado. En este contexto, la construcción de modelos de justicia de género, especialmente en la academia, no puede ignorar las formas jurídicas establecidas ni las garantías mínimas que aseguren un proceso equitativo (Ferrajoli, 1995).

Enfoques En Las Ideologías De Género

Las ideologías de género pueden abordarse desde dos perspectivas:

1. **Enfoque Crítico Y Propositivo**: Caracterizado por una aproximación reflexiva, científica y progresista, este enfoque se

nutre de la autocrítica y la innovación, buscando transformar la sociedad hacia mayor equidad. Es el modelo que la academia debe priorizar, fomentando un diálogo interdisciplinario orientado al progreso.

2. **Enfoque Dogmático Y Regresivo**: Marcado por el fundamentalismo y el sectarismo, este enfoque se limita a reafirmar creencias unilaterales, rechazando la crítica y perpetuando visiones estáticas que obstaculizan el avance social. Tristemente es el modelo que varias "académicas" optan por seguir.

La justicia de género debe alinearse con el primer enfoque, integrando las formas procesales que garanticen un resultado justo, incluso frente a cosmovisiones feministas fundamentalistas que podrían priorizar la ideología sobre el debido proceso.

La Importancia De Las Garantías Procesales

Las garantías procesales, debatidas desde las conferencias de Michel Foucault sobre *"La verdad y las formas jurídicas"* (1983) hasta los análisis de Bernd Marquardt sobre los procesos de brujería y el positivismo jurídico nazi (2011, 2015), son esenciales para evitar la arbitrariedad. Estos autores, aunque separados por décadas, coinciden en que la justicia requiere formas procesales que equilibren el poder punitivo con la protección de derechos. La historia demuestra que la ausencia de garantías —desde los juicios de Edipo Rey hasta los procesos inquisitoriales o el régimen nazi— deriva en sistemas opresivos que reducen el Derecho a un ejercicio de poder sin fundamento ético o científico (Marquardt, 2011).

La humanidad ha aprendido, a través de generaciones de sufrimiento, que un resultado justo solo es posible mediante un proceso justo. La máxima napoleónica de *"el fin justifica los medios"* es insostenible: la justicia es una dualidad de forma y fondo, proceso y resultado. Los modelos de justicia de género deben incorporar esta lección, evitando derivar en sistemas inquisitoriales que, bajo el pretexto de proteger a las víctimas, vulneren los derechos de los acusados.

Principales Garantías Procesales Para Una Justicia De Género

A continuación, se enumeran las garantías esenciales que deben integrar los modelos de justicia de género, basadas en conquistas históricas del Derecho:

1. **Derecho A Un Proceso Justo e Imparcial**: Nadie puede ser condenado sin un proceso formal iniciado por una denuncia ante una autoridad competente. La justicia de género no debe reducirse a sanciones informales en redes sociales o *"juicios de pasillo"*.
2. **Derecho A La Defensa**: Todo procesado tiene derecho a representarse o ser representado, confrontar pruebas, desmentir hechos y cuestionar testimonios, garantizando un equilibrio entre las partes.
3. **Derecho A Una Denuncia Clara**: La denuncia debe narrar los hechos con precisión, evitando descripciones vagas o emocionales

que generen incertidumbre.

4. **Derecho A Confrontar Y Refutar**: Los acusados pueden interrogar testigos, validar pruebas y cuestionar la credibilidad de las acusaciones, asegurando una evaluación objetiva.

5. **Derecho A Plazos Procesales Razonables**: Los procesos deben resolverse en tiempos justos, con plazos claros para la denuncia (e.g., dentro del período académico vigente, 6 meses si es por semestre, 1 años si es anual) para evitar acusaciones extemporáneas.

6. **Derecho A La Doble Conformidad**: Las decisiones deben ser revisables por una segunda instancia, evitando la concentración del poder punitivo en una sola autoridad.

7. **Non Bis In Idem**: No se puede juzgar dos veces por el mismo hecho ni sancionar simultáneamente conductas sexuales y sexistas, respetando la unicidad de la responsabilidad.

8. **In Dubio Pro Reo**: Toda duda debe resolverse a favor del acusado, diferenciando el señalamiento (inicio del proceso) de la condena (cierre del proceso).

9. **Separación De Poderes**: Quienes legislan, acusan, juzgan o sancionan no pueden ser la misma entidad, garantizando imparcialidad.

10. **Legitimidad Y Vigencia**: Las normas deben aplicarse solo a hechos ocurridos tras su entrada en vigor y dentro de su jurisdicción, respetando la legalidad.

11. **Coherencia Con El Ordenamiento Jurídico**: Los códigos de conducta deben alinearse con las leyes nacionales y la jurisprudencia de cortes supremas, evitando discrecionalidades

arbitrarias.

12. **Sanción De Hechos, No De Personas**: La justicia debe evaluar conductas específicas, no opiniones o formas de pensar, salvo que estas se manifiesten en actos sancionables.

Justicia De Género Y Garantismo: Un Equilibrio Necesario

Exigir garantías procesales no implica avalar la impunidad, sino proteger el ideal de justicia como proceso y resultado. Las ofensas basadas en género, aunque graves, no justifican modelos inquisitoriales que, al ignorar el debido proceso, se convierten en demostraciones de poder ideológico. Como señala Ferrajoli (1995), el garantismo protege tanto a las víctimas como a los acusados, asegurando que *"todos jueguen el juego de la justicia con las mismas reglas"*. La ausencia de garantías, como en los procesos de brujería o el régimen nazi, derivó en condenas arbitrarias que la humanidad ha trabajado por superar.

La academia debe liderar la construcción de modelos de justicia de género que integren estas garantías, fomentando un enfoque crítico, propositivo y científico. Esto implica:

1. **Capacitación En Garantismo**: Formar a estudiantes y docentes en los principios del debido proceso, promoviendo una justicia de género equilibrada.
2. **Diálogo Interdisciplinario**: Incorporar perspectivas filosóficas, sociológicas y jurídicas para enriquecer los modelos de justicia,

evitando el dogmatismo.

3. **Revisión De Códigos De Conducta**: Diseñar normativas claras, coherentes y alineadas con el ordenamiento jurídico, que respeten las garantías procesales.

Conclusión

La justicia de género no puede construirse al margen de las formas procesales ni de las garantías jurídicas que la humanidad ha consolidado tras siglos de reflexión y sufrimiento. Desde Beccaria hasta Foucault y Marquardt, el mensaje es claro: *"Un resultado justo requiere un proceso justo"*. La academia tiene la responsabilidad de promover modelos de justicia de género que, lejos del fundamentalismo, integren un enfoque crítico, garantista y progresista. Al proteger las garantías procesales, no solo se combate la impunidad, sino que se asegura una justicia que respete la dignidad humana y fomente una sociedad más equitativa.

Referencias

1. Beccaria, C. (1764). *De los delitos y las penas*. Trad. J.A. de las Casas, Alianza Editorial (ed. 2005).
2. Ferrajoli, L. (1995). *Derecho y razón: Teoría del garantismo penal*. Trotta.
3. Foucault, M. (1983). *La verdad y las formas jurídicas*. Gedisa.
4. Marquardt, B. (2011). El fenómeno de los procesos de brujería y los orígenes de la justicia constitucional en el Estado judicial de

los siglos XVI y XVII. *Historia Constitucional, 12*, 45-67.

5.Marquardt, B. (2015). Los jueces del Estado anti-constitucional: ¿Es cierta la hipótesis de Radbruch? *Revue de Droit International, 18*(2), 123-145.

Empoderamiento De Género Versus Discurso De Odio

Un Debate Académico Necesario

Critian Beltrán Barrero

Introducción

El estudiantado debate los límites entre el empoderamiento promovido por las ideologías de género y el discurso de odio, percibiendo una línea difusa entre ambos. La opinión mayoritaria señala que las actitudes contestatarias, destinadas a generar cambios sociales, pueden confundirse con discursos violentos que deslegitiman las conquistas históricas de las luchas de género. Sin embargo, esta distinción no es intangible, sino que revela un abismo claro que debe abordarse con criterios objetivos para evitar la subjetividad y fomentar consensos en la academia.

Empoderamiento De Género: Un Discurso Constructivo

El discurso de empoderamiento, incluso cuando es contestatario o confrontacional, se caracteriza por su compromiso con causas justas, como la equidad de género y la justicia social. Su propósito es inspirar empatía, movilizar a las personas hacia objetivos colectivos y visibilizar las fallas estructurales de los sistemas opresivos, sin transgredir la dignidad humana (Fraser, 1997). Este tipo de discurso es constructivo, propositivo y representativo, ya que refleja las aspiraciones de amplios sectores sociales —víctimas, aliados y simpatizantes— que buscan soluciones reales y transformaciones progresistas. Ejemplos incluyen las campañas por la igualdad salarial o contra la violencia de género, que combinan crítica social con propuestas concretas.

Discurso De Odio: Una Narrativa Destructiva

En contraste, el discurso de odio carece de una causa justa y se orienta a transgredir intencionalmente la dignidad del otro, promoviendo narrativas de exclusión, venganza o supremacía. Lejos de generar empatía, apela a emociones como el resentimiento, lideradas por figuras que ejercen un caudillismo ideológico, similar a la dialéctica del amo y el esclavo descrita por Hegel (1807). Este discurso es destructivo, no aporta al debate ni a la construcción colectiva del conocimiento, y genera una falsa representatividad: aunque sus seguidores puedan sentirse identificados, beneficia principalmente a quienes lo promueven, consolidando su poder a expensas del progreso social (Van Dijk, 1993). Ejemplos incluyen mensajes misándricos y/o transfóbicos que buscan humillar en lugar de construir.

Estableciendo Criterios Objetivos

Negar que los discursos de odio se camuflan en narrativas de empoderamiento equivale a tolerarlos tácitamente, lo que deslegitima las luchas de género. Para superar esta confusión, la academia debe establecer criterios intersubjetivos que permitan diferenciar ambos discursos mediante un razonamiento lógico y estructurado. Estos criterios incluyen:

1. **Intención**: El empoderamiento busca la equidad y el bienestar colectivo; el discurso de odio pretende dañar o excluir.
2. **Impacto**: El primero promueve soluciones y une a las personas; el segundo polariza y destruye el diálogo.
3. **Representatividad**: El empoderamiento refleja demandas colectivas legítimas; el discurso de odio beneficia a líderes individuales o agendas divisorias.
4. **Lenguaje**: El discurso de empoderamiento es constructivo, inclusivo y crítico, pero sobre todo respeta la dignidad humana; el discurso de odio es agresivo, estigmatizante y deshumanizante.

Estos criterios, basados en un análisis discursivo riguroso, permiten evaluar objetivamente las narrativas de género y evitar que las actitudes contestatarias sean estigmatizadas como odio o que los discursos venenosos se justifiquen como empoderamiento (Fairclough, 2003).

El Rol De La Academia

La academia debe liderar este debate, promoviendo un enfoque crítico, reflexivo y científico que trascienda las perspectivas subjetivas. Esto implica:

1. **Educación En Análisis Discursivo**: Capacitar a estudiantes en la

identificación de las intenciones y efectos de los discursos, utilizando herramientas de lingüística crítica y filosofía del lenguaje.

2. **Espacios De Diálogo**: Crear foros interdisciplinarios donde se discutan los límites del empoderamiento y el odio, fomentando consensos basados en la razón y la empatía.

3. **Revisión De Narrativas**: Analizar críticamente las narrativas de género en los medios y la academia, identificando aquellas que, bajo la fachada del empoderamiento, promueven exclusión o violencia.

Conclusión

La distinción entre el empoderamiento de género y el discurso de odio no es una línea difusa, sino un abismo que puede clarificarse mediante criterios objetivos y un análisis riguroso. Mientras el empoderamiento busca la equidad y la construcción colectiva, el discurso de odio destruye el diálogo y deslegitima las luchas de género. La academia tiene la responsabilidad de liderar este debate, fomentando un enfoque propositivo que proteja la dignidad humana y promueva una justicia de género inclusiva. Al sembrar la duda y la curiosidad, como herencia del método científico y la filosofía, se pueden construir teorías que respondan a los desafíos contemporáneos y fortalezcan el progreso social.

Referencias

1. Fairclough, N. (2003). *Analysing Discourse: Textual Analysis for Social Research*. Routledge.
2. Fraser, N. (1997). *Justice Interruptus: Critical Reflections on the "Postsocialist" Condition*. Routledge.
3. Hegel, G.W.F. (1807). *Phenomenology of Spirit*. Trad. A.V. Miller, Oxford University Press (ed. 1977).
4. Van Dijk, T.A. (1993). *Elite Discourse and Racism*. Sage Publications.

El Componente Ideológico Del Derecho

Hacia Una Justicia De Género Equitativa

Critian Beltrán Barrero

Disertación General

El estudio del Derecho despierta expectativas de alcanzar un ideal de imparcialidad y justicia. Desde los primeros años en la universidad, se presentan teorías como la "*Teoría Pura del Derecho*" de Hans Kelsen (1960), que aspira a una norma jurídica desvinculada de influencias ideológicas, o el modelo del "juez Hércules" de Ronald Dworkin (1986), un ideal de juez omnisciente capaz de interpretar el Derecho con objetividad. Sin embargo, el realismo jurídico revela que el Derecho, como toda disciplina humana, está impregnado de componentes ideológicos. Evaluar si estas ideologías son progresistas, regresivas, justas o injustas depende del contexto histórico, cultural y social, así como de la perspectiva de quien las analiza (Binder, 2006).

El Derecho Y Su Supuesta Naturaleza Patriarcal

La afirmación de que "el Derecho es patriarcal" plantea una hipótesis que merece cuestionamiento: ¿Es el Derecho intrínsecamente patriarcal? Esta pregunta invita a un análisis crítico que trascienda las afirmaciones dogmáticas. El Derecho, como construcción social, refleja las ideologías dominantes y contrahegemónicas de cada época, integrando influencias culturales, políticas y religiosas que evolucionan constantemente (Ferrajoli, 1995). En Colombia, la Corte Constitucional ha consolidado un sistema jurídico progresista en materia de género, incorporando aportes del feminismo, el posfeminismo y el humanismo en áreas como los derechos sexuales, reproductivos y familiares. Ejemplos incluyen las formas procesales en delitos sexuales, las regulaciones sobre inasistencia alimentaria y el derecho de adopción, que reflejan elementos tanto patriarcales como matriarcales.

Calificar al Derecho como inherentemente patriarcal desde un enfoque iusnaturalista implica asumir que el patriarcado es una condición "natural" del sistema jurídico, lo que desconoce su carácter construido y contradice los avances hacia la equidad de género. Por el contrario, un enfoque iuspositivista reconoce que el Derecho es un producto dialéctico, influido por múltiples ideologías —feminismo, masculinismo, capitalismo, eurocentrismo— que trascienden el binomio patriarcado/matriarcado. La academia debe debatir estas influencias de manera holística, analizando no solo el género, sino también el fascismo, el supremacismo y el cambio climático entre otros como desafíos más amplios.

Justicia De Género Versus Justicia Feminista

La justicia de género, a diferencia de una justicia puramente feminista, busca integrar diversas perspectivas ideológicas —feminismos, masculinismo, posfeminismo, etnofeminismos, humanismo— para construir un modelo inclusivo que represente tanto al estudiantado femenino como masculino. No basta con ser mujer para adherir al feminismo, y en la academia existen voces femeninas que se identifican con el posfeminismo o el antifeminismo. Asimismo, los feminismos eurocéntricos dominantes en los espacios universitarios a menudo marginan expresiones como los afrofeminismos o endofeminismos, que emergen como prácticas socioculturales en contextos diversos. Para deconstruir lo sistemas de opresión, sean estos heteropatriarcado y/o ginecocentrismo, propongo dos enfoques:

1. **Democracia De Género**: Un modelo de justicia que distribuya el poder punitivo entre múltiples perspectivas ideológicas, evitando que una sola (e.g., feminismo fundamentalista) monopolice la interpretación del Derecho.
2. **Biocentrismo Jurídico**: Un giro epistemológico que trascienda el antropocentrismo del Derecho, considerando las relaciones de género en su interacción con el entorno. Este enfoque, inspirado en cosmovisiones andinas, afrodescendientes y endógenas, se distancia de los feminismos elitistas urbanos y promueve una justicia sensible a las necesidades regionales.

Garantías Procesales En La Justicia De Género

Desde "*De los delitos y las penas*" de Cesare Beccaria (1764) hasta las reflexiones de Michel Foucault (1983) y Bernd Marquardt (2011, 2015), la humanidad ha reconocido que la justicia requiere formas procesales que garanticen equidad. La ausencia de garantías, como en los procesos de brujería o el régimen nazi, derivó en abusos de poder que redujeron el Derecho a un instrumento de opresión (Marquardt, 2011). La justicia de género no puede ignorar estas lecciones. Entre las garantías esenciales se incluyen:

1. **Proceso Justo e Imparcial**: Nadie debe ser condenado sin un proceso formal, evitando "justicias" informales en redes sociales.
2. **Derecho A La Defensa**: Todo procesado tiene derecho a representarse, confrontar pruebas y cuestionar testimonios.
3. **Denuncia Clara**: Las acusaciones deben ser precisas, evitando narrativas vagas o emocionales.
4. **In Dubio Pro Reo**: Toda duda debe resolverse a favor del acusado, distinguiendo entre señalamiento y condena.
5. **Non Bis In Idem**: No se puede sancionar simultáneamente por conductas sexuales y sexistas, respetando la unicidad de la responsabilidad.

Estas garantías, fruto de siglos de reflexión, protegen tanto a las víctimas como a los acusados, evitando que la justicia de género derive en una *"cacería de brujas"* inquisitorial (Foucault, 1983).

Acoso Sexual Y Hostigamiento: Precisiones Jurídicas

Los delitos de acoso sexual y hostigamiento, aunque comparten elementos como el dolo y la continuidad, difieren en su intencionalidad y alcance:

1. **Acoso Sexual**: Es un delito de peligro concreto, dirigido contra una persona específica, que requiere un interés sexual explícito, una posición de poder manifiesta y una conducta continuada (Corte Suprema de Justicia, 2018). La mera expresión de interés romántico no constituye acoso, salvo que implique coacción.
2. **Hostigamiento**: Es un delito de peligro semiabstracto, que puede dirigirse a un colectivo, con la intención de promover un discurso de odio sexista (e.g., misógino o misándrico).

Probar la intencionalidad dolosa es crucial. La doctrina permite inferencias contextuales, pero estas corren el riesgo de basarse en hipótesis subjetivas, lo que obliga al juez a resolver a favor del procesado bajo el principio *in dubio pro reo* (Binder, 2006). En casos donde la intencionalidad no pueda probarse, recomiendo recurrir a tipos penales alternativos, como la injuria o las injurias por vías de hecho, que admiten la modalidad culposa y fomentan soluciones pedagógicas mediante acuerdos de no repetición.

La interpretación feminista que considera cualquier conducta masculina como acoso sexual, basándose únicamente en la percepción de la víctima, resulta reduccionista y vulnera la certeza jurídica. El Derecho debe equilibrar la protección de las víctimas con criterios objetivos que respeten el debido proceso, evitando la criminalización de la libre expresión humana (Ferrajoli, 1995).

Empoderamiento Versus Discurso De Odio

El estudiantado debate los límites entre el empoderamiento de género y el discurso de odio, percibiendo una línea difusa. Sin embargo, existe un abismo claro:

1. **Empoderamiento**: Es constructivo, busca causas justas (e.g., equidad de género) y promueve empatía sin transgredir la dignidad del otro (Fraser, 1997).
2. **Discurso De Odio**: Es destructivo, fomenta la exclusión y beneficia a líderes vengativos, generando una falsa representatividad (Van Dijk, 1993).

La academia debe establecer criterios intersubjetivos para diferenciar estos discursos, analizando su intención, impacto y lenguaje. Negar que el discurso de odio se camufla en narrativas de empoderamiento equivale a tolerarlo tácitamente, deslegitimando las luchas de género.

Dinámicas Intergeneracionales: Cortejo Y Seducción

Las percepciones de lo justo evolucionan con cada generación. Para los centennials, los rituales de cortejo eran prácticas sociales esenciales para la reproducción y la convivencia. Para los millennials, estas dinámicas pueden percibirse como ofensivas, restringiendo la libre expresión de intereses románticos. Este choque generacional refleja diferencias ideológicas:

1. **Espectro Fundamentalista**: Propone penalizar el cortejo, promoviendo aislamiento o soluciones tecnológicas extremas (e.g., inseminación artificial), lo que resulta impracticable.
2. **Espectro Práctico-Teórico**: Sugiere relaciones virtuales mediadas por tecnología, una solución futurista pero inviable en la cotidianidad.
3. **Espectro Teórico-Práctico**: Aboga por concientizar sobre la necesidad de mantener ciertas prácticas de cortejo, adaptadas al respeto mutuo.
4. **Espectro Teórico-Filosófico**: Propone invertir los roles de seducción, delegando la iniciativa al género femenino, aunque su relevancia depende del contexto.

La solución radica en un diálogo intergeneracional que reconozca la libertad de expresión romántica, siempre que respete la dignidad humana. Penalizar toda manifestación de interés afectivo sería incompatible con las relaciones sociales y la naturaleza humana.

El Impacto Del Capitalismo En Las Ideologías De Género

El capitalismo, sustentado en el postfordismo y el neoliberalismo, permea el Derecho y las ideologías de género, generando divisiones de clase que exacerban las desigualdades (Harvey, 2005). La tesis de Pareto, que postula que la acumulación de riqueza implica el despojo de otros, se refleja en prácticas como la objetualización del otro (e.g., tratar a la pareja como "propiedad") o la mercantilización de la seducción (e.g., basar el cortejo en el dinero). Estas dinámicas, presentes tanto en el patriarcado como en el matriarcado, vulneran la dignidad humana al reducir las relaciones a transacciones.

En los feminismos fundamentalistas, el elitismo puede derivar en discursos misándricos, androfóbicos y aporofóbicos, despreciando al hombre heterosexual pobre. De manera similar, el antifeminismo extremista promueve narrativas misóginas desde posiciones de privilegio económico. La aporofobia, como subproducto del capitalismo, contamina las luchas de género, haciendo que las preocupaciones de las élites (e.g., el *"cortejo callejero"*) no reflejen las prioridades de las clases desfavorecidas, centradas en la supervivencia y la justicia social estructural.

Hacia Una Dialéctica Intergéneros

Ni el feminismo ni el masculinismo, en aislamiento, pueden lograr una justicia de género equitativa. El feminismo no comprende plenamente la masculinidad, y el masculinismo no abarca la feminidad. La solución radica en una dialéctica intergéneros que trascienda las ideologías opuestas, priorizando la dignidad humana como categoría superior al género (Beauvoir, 1949). Esto implica:

1. **Eclecticismo Ideológico**: Reconocer que ninguna teoría es absoluta, integrando aportes del feminismo, masculinismo y posfeminismo.
2. **Análisis Crítico**: Evaluar cada ideología con sus virtudes y fallas, evitando el dogmatismo.

3.**Diálogo Inclusivo**: Crear espacios académicos que integren perspectivas etnocéntricas, afrocentrísticas y biocéntricas, alejándose de los feminismos elitistas.

El masculinismo, como amor propio masculino, debe distanciarse del machismo, mientras que el feminismo debe aceptar que disentir de sus postulados no equivale a machismo y que ciertos discursos del fundamentalismo feminismo son abiertamente misándricos. Parafraseando a Beauvoir (1949), *"no se nace misándrica sino que se aprende a serlo",* lo que implica que las construcciones culturales pueden deconstruirse mediante educación y diálogo.

Conclusión

El Derecho es un reflejo de las ideologías de cada época, pero su interpretación no puede ser caprichosa ni unilateral. La justicia de género requiere un enfoque garantista que equilibre la protección de las víctimas con el debido proceso, evitando reduccionismos como calificar toda conducta masculina como acoso sexual. La academia debe liderar un diálogo interdisciplinario que trascienda el patriarcado y el matriarcado, integrando perspectivas generacionales, económicas y culturales. Al priorizar la dignidad humana sobre las divisiones de género, el Derecho puede avanzar hacia un modelo de justicia inclusivo, equitativo y progresista, sembrando las semillas de la duda y la curiosidad para transformar la sociedad.

Referencias

1.Beauvoir, S. de. (1949). *El segundo sexo*. Trad. A. López, Cátedra (ed. 2005).

2.Beccaria, C. (1764). *De los delitos y las penas*. Trad. J.A. de las Casas, Alianza Editorial (ed. 2005).

3.Binder, A. (2006). *Tratado de derecho penal: Parte general*. Editorial Ad-Hoc.

4.Corte Suprema de Justicia. (2018). *¿Hasta dónde llega el acoso sexual?*. Disponible en: https://cortesuprema.gov.co/corte/index.php/2018/03/09/hasta-donde-llega-el-acoso-sexual-esto-dice-la-corte-suprema/

5.Dworkin, R. (1986). *Law's Empire*. Harvard University Press.

6.Ferrajoli, L. (1995). *Derecho y razón: Teoría del garantismo penal*. Trotta.

7.Foucault, M. (1983). *La verdad y las formas jurídicas*. Gedisa.

8.Fraser, N. (1997). *Justice Interruptus: Critical Reflections on the "Postsocialist" Condition*. Routledge.

9.Harvey, D. (2005). *A Brief History of Neoliberalism*. Oxford University Press.

10. Kelsen, H. (1960). *Teoría pura del derecho*. Trad. R. Vernengo, UNAM (ed. 2000).

11. Marquardt, B. (2011). El fenómeno de los procesos de brujería y los orígenes de la justicia constitucional. *Historia Constitucional, 12*, 45-67.

12. Marquardt, B. (2015). Los jueces del Estado anti-constitucional: ¿Es cierta la hipótesis de Radbruch? *Revue de Droit International,*

18(2), 123-145.

13. Van Dijk, T.A. (1993). *Elite Discourse and Racism.* Sage Publications.

Falsas Denuncias Por Violencias Basadas En Género

Reflexiones Sobre Justicia, Discurso De Odio Y Equidad

Critian Beltrán Barrero

Introducción

El en este ensayo, nace a partir de una experiencia personal como víctima de violencias basadas en género, incluyendo hostigamiento, difamación y discriminación por parte de dos activistas feministas en la Universidad Nacional de Colombia. En el contexto de lo sucedido, se refleja una narrativa de odio promovida por estas activistas, que utilizaron redes sociales y grupos privados de WhatsApp para acusarme falsamente de ser un "violador" y "acosador".

El traumático suceso, me legitima para plantear preocupaciones legítimas sobre el uso indebido de las redes sociales, las falsas acusaciones y los sesgos de género en el discurso feminista, que como consecuencia de su tono reactivo, lenguaje confrontacional y falta de estructura clara debilitan su argumento.

En este ensayo reestructuro las ideas centrales, ofreciendo un análisis más riguroso, equilibrado e informado que examina las tensiones entre la libertad de expresión, la justicia de género y las percepciones de misandría. Integrando ejemplos, citas académicas y un enfoque crítico, el ensayo busca fomentar un diálogo constructivo que trascienda la polarización.

Falsas Denuncias En La Hoguera Feminista

La denuncia pública de violencias basadas en género, especialmente en redes sociales, se ha convertido en un mecanismo poderoso para visibilizar experiencias de opresión, pero también plantea dilemas éticos y legales cuando se utiliza de manera irresponsable. La experiencia de haber sido víctima de difamación y hostigamiento por parte de activistas feministas que promovieron una narrativa de odio contra mi identidad como hombre heterosexual.

El traumático evento expone preocupaciones válidas sobre falsas acusaciones, discursos de odio y sesgos antihombres, el enfoque emocional, contestatario y confrontacional de las denuncias limita su capacidad de análisis. En este ensayo examino el caso como un punto de partida para reflexionar sobre los límites de la denuncia pública, la relación entre feminismo y percepciones de misandría, y la necesidad de una justicia de género equitativa. A través de un análisis crítico, propongo un marco para abordar estas tensiones, promoviendo una justicia que respete la dignidad de todos los géneros.

Contexto: Denuncia Pública Y Narrativa De Odio

En el traumático evento es la típica historia de un hombre acusado falsamente de ser un “violador” y “acosador” por activistas feministas en el contexto universitario. Según el contexto, las acusaciones pueden surgir tras diversos conflictos académicos y personales con las activistas, que construyen narrativas de odio en grupos privados de WhatsApp y redes sociales, utilizando "flyer peyorativo" para difamar a los señalados.

Reconstrucción De Los Hechos

1. **Conflicto inicial (2019)**: Trabajé con una de las activistas en un proyecto académico, pero la expulsé del equipo por su falta de contribución, así mismo, rechacé sus avances románticos no deseados. Este rechazo motivó una venganza personal de la activista en mi contra.
2. **Difamación (2019-2021)**: La activista inició una campaña de rumores en grupos privados de WhatsApp, acusandome falsamente de abuso sexual y acoso. En 2021, publicó un flyer en redes sociales con lenguaje de odio, afirmando falsamente que tenía múltiples denuncias por delitos sexuales.
3. **Respuesta legal**: Interpuso denuncias penales y disciplinarias contra las dos activistas y un tercer implicado, por hostigamiento (artículo 134B del Código Penal colombiano). Las acusaciones de las activistas carecían de respaldo legal, ya que no había denuncias formales ni en juzgados, ni en la Fiscalía General de la Nación (FGN) ni en el Comité de Resolución de Conflictos Académicos y Disciplinarios (CORCAD).

La Corte Constitucional de Colombia, en sentencias como la T-365 de 2014 y la SU-420 de 2019, establece que las denuncias públicas en redes sociales deben basarse en hechos reales, narrados de manera clara y concisa, y no pueden incluir lenguaje de odio ni información personal irrelevante. El flyer publicado por estas activistas, al carecer de hechos verificables y usar un tono difamatorio, incumpliría estos criterios.

La filósofa **Kate Manne**, en *Down Girl* (2017), argumenta: *"Las acusaciones públicas, aunque necesarias para visibilizar el abuso, pueden convertirse en armas de difamación cuando se basan en narrativas de odio en lugar de hechos verificables"* (Manne, 2017, p. 145).

Análisis Crítico

El caso ilustra los riesgos de las denuncias públicas irresponsables, especialmente en contextos polarizados como el activismo feminista. Aunque el feminismo ha sido crucial para visibilizar la violencia de género (82% de las víctimas de violencia íntima son mujeres, según la ONU), el uso de redes sociales para acusaciones sin evidencia puede generar daños irreparables, alimentando percepciones de misandría. No se exagera al presentar este caso como representativo de un "movimiento extremista antihombres", pues esta falsa acusación fue apoyada ampliamente por el feminismo de género dominante en la Facultad de Derecho de la Universidad Nacional indistintamente de las acciones individuales de las activistas.

Libertad De Expresión Vs. Discurso De Odio

El masculinismo metamoderno distingue entre la denuncia pública legítima y el discurso de odio, en este caso las activistas violaron este límite al promover una narrativa difamatoria. Este argumento refleja un debate jurídico y ético sobre los límites de la libertad de expresión en el contexto de las redes sociales.

Marco Legal En Colombia

La Corte Constitucional ha establecido criterios para las denuncias públicas en redes sociales:

1. **Legitimidad**: Deben narrar hechos reales, basados en la experiencia personal de la víctima, y demostrar un daño concreto (Sentencia T-365 de 2014).
2. **Proporcionalidad**: No deben incluir lenguaje de odio, información personal irrelevante (como cédulas o direcciones) ni promover linchamientos (Sentencia SU-420 de 2019).
3. **Complementariedad**: Las denuncias en redes no sustituyen las presentadas ante autoridades competentes, como la Fiscalía o comités disciplinarios (Sentencia T-140 de 2021).

En 2020, un caso en la Universidad de los Andes involucró un "escrache" en redes sociales contra un estudiante acusado de acoso. La universidad sancionó a las denunciantes por violar el debido proceso, destacando que las acusaciones públicas deben complementarse con denuncias formales.

El jurista **Cesare Beccaria**, en *Tratado de los delitos y de las penas* (1764), sostiene: *"La justicia requiere garantías procesales que eviten la condena unilateral, pues sin un proceso imparcial, la verdad jurídica es inalcanzable"* (Beccaria, 1764, p. 45).

Análisis Crítico

El flyer publicado por las activistas, al usar un lenguaje agresivo y carecer de hechos verificables, se asemeja más a un discurso de odio que a una denuncia legítima. Al narrar esto, no pretendo crear una generalización al etiquetar a las activistas como parte de un "movimiento extremista antihombres" pero sus acusaciones persistentes en redes durante varios meses claramente fueron motivadas por un odio contra los hombres. Un enfoque más constructivo implica analizar la forma en la que las dinámicas de grupo en redes sociales, especialmente en plataformas privadas como WhatsApp, amplifican narrativas polarizantes, afectando a hombres y mujeres por igual.

Percepciones De Misandría En El Discurso Feminista

El evento refleja la forma en la que las acciones de las activistas reflejan una cultura de misandría promovida por el feminismo, que estigmatiza a los hombres heterosexuales y legitima falsas acusaciones. Esta percepción surge de prácticas específicas:

A) Falsas Acusaciones

Aunque las falsas denuncias que llegan a estrados judiciales son menores (2-8% de las denuncias de abuso sexual, según un estudio de Stanford de 2010), existen y tienen un impacto significativo en los acusados, especialmente en contextos donde las denuncias públicas no son verificadas. Los hombres enfrentamos estigmas sociales y legales, lo que es una forma de violencia basada en género, en este caso, misandría.

En 2022, el caso de Johnny Depp y Amber Heard resaltó la forma en la que las acusaciones públicas, amplificadas por redes sociales, pueden dañar reputaciones sin evidencia. Aunque Heard fue encontrada culpable de difamación, el caso alimentó narrativas de misandría entre movimientos masculinistas.

La filósofa **Christina Hoff Sommers**, en *Who Stole Feminism?* (1994), argumenta: *"Cuando el feminismo tolera acusaciones sin evidencia, refuerza percepciones de misandría que polarizan el discurso de género"* (Sommers, 1994, p. 22).

B) Estigmatización De La Masculinidad

Discursos feministas que generalizan a los hombres como opresores, como hashtags como **#MenAreTrash**, (los hombres son basura) alimentan percepciones de misandría al no distinguir entre individuos y sistemas. Esto es particularmente dañino en contextos académicos, donde los hombres somos señalados por nuestro género.

En 2019, un estudiante de la Universidad Nacional de Colombia reportó sentirse marginado en un debate feminista por ser hombre, lo que generó críticas de que el discurso de género excluía perspectivas masculinas. La socióloga **Raewyn Connell**, en *Gender: In World Perspective* (2021), escribe: *"Los discursos de género que ignoran las experiencias masculinas pueden generar resentimientos, dificultando el diálogo hacia una equidad inclusiva"* (Connell, 2021, p. 189).

Análisis Crítico

Las falsas acusaciones y las generalizaciones negativas son problemas reales inherentes al feminismo, que en su esencia teóricamente busca la equidad. Atribuir estas prácticas a un "movimiento extremista antihombres" no el problema, y no pretende ignorar que sistemas de dominación como el patriarcado/matriarcado también daña a los hombres, sino simplemente señalar que no se pueden justificar discursos de odio ni falsas denuncias bajo ningún pretexto; como señala **bell hooks**: *"El feminismo es un movimiento para acabar con el sexismo, no para odiar a los hombres"* (hooks, 2000, p. 67). Un feminismo interseccional podría abordar estas preocupaciones, validando las experiencias de los hombres víctimas.

El Rol De Las Redes Sociales En Las Denuncias Públicas

El suceso refleja la forma en la que las plataformas como WhatsApp y Twitter amplifican narrativas de odio, especialmente en grupos privados donde el acusado no puede defenderse. Este argumento refleja un debate más amplio sobre el impacto de las redes sociales en la justicia de género.

Ventajas Y Riesgos De Las Redes Sociales

1. **Ventajas**: Las redes permiten visibilizar experiencias de opresión, empoderando a las víctimas. Por ejemplo, el movimiento #MeToo dio voz a miles de mujeres que denunciaron abuso sexual, muchas de las cuales no habrían acudido a instancias legales.
2. **Riesgos**: Las plataformas privadas, como los grupos de WhatsApp, pueden convertirse en espacios de difamación anónima, mientras que las redes públicas, como Twitter, amplifican acusaciones sin verificación. Esto puede generar linchamientos digitales, como en el caso descrito por el autor.

En 2021, una denuncia pública en Twitter contra un profesor universitario en México resultó en su despido antes de que se investigaran los hechos. Posteriormente, se comprobó que las acusaciones eran falsas, lo que generó debates sobre la responsabilidad en las denuncias públicas.

El jurista **Alan Dershowitz**, en *The Case for Due Process* (2019), señala: *"Las redes sociales, aunque democratizan la denuncia, pueden convertirse en tribunales paralelos que vulneran el debido proceso"* (Dershowitz, 2019, p. 207).

Análisis Crítico

El caso descrito en este ensayo, subraya la necesidad de regular las denuncias públicas para evitar el discurso de odio, especialmente en plataformas privadas donde el acusado no tiene acceso. Sin embargo, al narrar esto, no se pretende ignorar que las dinámicas de polarización en redes sociales afectan a todos los géneros, pero tampoco se puede eximir de culpa al feminismo. Un enfoque equilibrado promovería la responsabilidad en las denuncias, respetando tanto el derecho de las víctimas a expresarse como el del acusado a defenderse.

Hacia Una Justicia De Género Inclusiva

La narración de este hecho, evidencia las acciones de las activistas como una forma de violencia basada en género contra los hombres, especialmente su tono confrontacional y contestatario que imposibilita el debate y perpetúa la polarización. Un análisis crítico revela:

1. **Preocupaciones legítimas**: Las falsas acusaciones y el discurso de odio son formas de violencia que afectan a los hombres, como ilustra el caso objeto de este ensayo. Estas prácticas, aunque no representativas del feminismo, alimentan percepciones de

misandría.

2. **Exageraciones**: Si bien, presentar el caso como evidencia de un "movimiento extremista antihombres" puede generalizar injustamente, no se puede perder de vista que el feminismo perdió su fundamento teórico inicial (desmantelar estructuras opresivas) y se dedicó a atacar a los hombres.
3. **Oportunidad de diálogo**: El caso planteado destaca la necesidad de una justicia de género que valide las experiencias de todos, promoviendo procesos equitativos y responsables.

Propuestas:

1. **Procesos equitativos**: Establecer protocolos claros para denuncias públicas, exigiendo hechos verificables y complementariedad con instancias legales, como recomienda la Corte Constitucional.
2. **Educación sobre género**: Promover programas que desmantelen estereotipos, enseñando que la violencia de género afecta a todos los géneros y que el patriarcado/matriarcado daña tanto a hombres como a mujeres.
3. **Espacios de diálogo**: Crear foros donde feministas, masculinistas y otros movimientos discutan sus experiencias, fomentando la empatía y la colaboración.

La filósofa **Nancy Fraser**, en *Fortunes of Feminism* (2013), argumenta: *"Una justicia de género inclusiva debe escuchar las críticas y corregir excesos, promoviendo una equidad que beneficie a todos los géneros"* (Fraser, 2013, p. 218). En Canadá, los programas de resolución de conflictos en universidades combinan mediación y procesos disciplinarios para abordar denuncias de violencia de género, garantizando el debido proceso y reduciendo la polarización.

Conclusión

La experiencia narrada en este ensayo ilustra los desafíos de la denuncia pública en el contexto de las violencias basadas en género, destacando los riesgos del discurso de odio y las falsas acusaciones. El suceso plantea preocupaciones legítimas sobre la difamación y la percepción de misandría en ciertos discursos feministas, en especial, su enfoque reactivo limita el análisis.

En este ensayo, reconozco la gravedad de las falsas acusaciones y el impacto de las redes sociales, pero sitúa el caso en un marco crítico que evita generalizaciones. Las fuentes citadas, desde Beccaria hasta Fraser, subrayan la importancia de una justicia de género equitativa, basada en garantías procesales y diálogo inclusivo. Al promover procesos justos, educación interseccional y espacios de empatía, es posible construir una sociedad donde la equidad de género beneficie a todos, superando las tensiones ideológicas y respetando la dignidad humana.

Fuentes citadas

1.Beccaria, C. (1764). *Tratado de los delitos y de las penas.* (Traducción al español, 2000). Madrid: Alianza Editorial.

2.Connell, R. (2021). *Gender: In World Perspective*. Polity Press.

3.Dershowitz, A. (2019). *The Case for Due Process*. Harvard University Press.

4.Foucault, M. (1973). *La verdad y las formas jurídicas*. (Traducción al español, 2002). Barcelona: Gedisa.

5.Fraser, N. (2013). *Fortunes of Feminism: From State-Managed Capitalism to Neoliberal Crisis*. Verso.

6.hooks, b. (2000). *Feminism is for Everybody: Passionate Politics*. South End Press.

7.Manne, K. (2017). *Down Girl: The Logic of Misogyny*. Oxford University Press.

8.Marquardt, B. (2011). *El fenómeno de los procesos de brujería y los orígenes de la justicia constitucional en el Estado judicial de los siglos XVI y XVII*. Bogotá: Universidad Externado de Colombia.

9.Marquardt, B. (2015). "Los jueces del Estado anti-constitucional: ¿Es cierta la hipótesis de Radbruch?" *Revista de Estudios Jurídicos*, 15(2), 45-67.

10. Sommers, C. H. (1994). *Who Stole Feminism? How Women Have Betrayed Women*. Simon & Schuster.

Reflexiones Sobre El Debido Proceso, El Discurso De Odio Y La Justicia De Género En La Universidad Nacional De Colombia

Critian Beltrán Barrero

Introducción

Este ensayo, es el resultado de una carta dirigida al Observatorio de Asuntos de Género (OAG) de la Universidad Nacional de Colombia, en la que solicito aclaraciones sobre rumores y acusaciones infundadas en mi contra, relacionados con supuestas denuncias sobre violencias basadas en género (VBG). En la carta, hago énfasis en las narraciones de odio promovida por colectivos feministas, que difundieron rumores falsos a través de grupos de WhatsApp y otros medios, afectando mi reputación y desarrollo académico.

En este ensayo planteo preocupaciones legítimas sobre el debido proceso, las falsas acusaciones y los sesgos ideológicos en espacios universitarios, especialmente el papel del escrache feminista, su tono emocional, lenguaje repetitivo y falta de estructura clara debilitan su mensaje.

En este ensayo reestructuro las ideas centrales, ofreciendo un análisis más riguroso, equilibrado e informado que examina las tensiones entre la justicia de género, la libertad de expresión y las garantías procesales en contextos académicos. Integrando ejemplos, citas académicas y un enfoque crítico, el ensayo busca fomentar un diálogo inclusivo que promueva una justicia equitativa para todos los géneros.

En Escrache, Falsas Acusaciones Y Debido Proceso

La lucha contra las violencias basadas en género (VBG) en las universidades ha transformado los espacios académicos en foros de denuncia y reflexión, pero también ha generado desafíos relacionados con el debido proceso, la libertad de expresión y la polarización ideológica. En la carta dirigida al Observatorio de Asuntos de Género (OAG) de la Universidad Nacional de Colombia, narro la experiencia de haber sido víctima de rumores y acusaciones falsas promovidas por colectivos feministas, que me señalaron como "violador" y "acosador" sin evidencia ni denuncias formales.

En este escrito abordo cuestiones cruciales sobre las garantías procesales y el impacto de las narrativas de odio, su enfoque emocional y acusaciones generalizadas que limitan su capacidad de análisis. A partir de la experiencia, utilizo el caso como punto de partida para explorar las complejidades de la justicia de género en la academia, analizando los límites de la denuncia pública, el rol de las instituciones universitarias y la necesidad de un enfoque equitativo que respete los derechos de todas las partes. A través de un análisis crítico, propongo un marco para abordar estas tensiones, promoviendo una justicia que equilibre la protección de las víctimas con las garantías procesales del señalado.

Contexto Del Caso: Rumores, Acusaciones Y Acciones Legales

En la carta, describo la manera en la que fuí objeto de rumores y acusaciones infundadas en la Universidad Nacional de Colombia, promovidos por dos activistas y colectivos feministas. Estas acusaciones, que me señalaban como "violador" y "acosador," se difundieron en grupos privados de WhatsApp donde no hay posibilidad de defensa y carecían de respaldo en denuncias formales ante instancias competentes. En respuesta, interpuse acciones legales y disciplinarias contra los responsables.

Reconstrucción De Los Hechos

1. **Origen de los rumores (2019)**: Los rumores surgen a partir de un conflicto con uan estudiante, hembra, feminista del pregrado en Derecho de la Facultad de Derecho y Ciencias Políticas y Sociales de la Universidad Nacional de Colombia, que construyó una narrativa de odio en grupos privados de WhatsApp, acusándome de VBG sin evidencia y sin la posibilidad de defensa. Estas acusaciones se intensificaron en 2021, durante la pandemia del SARS-2 COVID 19 afectando mi reputación entre el estudiantado.
2. **Acciones legales**: Haciendo uso del derecho fundamental de acceso a la justicia consagrado en los artículos 228 y 229 de la constitución política de 1991 presenté:
   a. Denuncia penal por hostigamiento (artículo 134B del Código Penal colombiano, Ley 599 de 2000), radicada en la Fiscalía General de la Nación (NUC 110016000012202152883).

b. Proceso disciplinario ante la Comisión Nacional de Disciplina Judicial (Oficio SJ FRUJ 25248).
c. Queja ciudadana en la Secretaría de Asuntos de Género de la Presidencia (EXT21-00066224).
d. Proceso disciplinario en el Comité de Resolución de Conflictos Académicos y Disciplinarios (CORCAD) de la UNAL.
e. Demanda de responsabilidad civil extracontractual por daños patrimoniales causados, específicamente lucro cesante y daño emergente.

3. **Interacción con el OAG**: Cabe señalar que agradezco la atención respetuosa y oportuna del OAG, pero debo criticar la lentitud del CORCAD en abordar este caso y solicité aclaraciones sobre las supuestas denuncias en su contra, que no aparecen registradas en ninguna instancia oficial.

En 2020, un caso similar en la Universidad de los Andes involucró rumores infundados contra un estudiante, difundidos en redes sociales. La universidad investigó y encontró que las acusaciones carecían de evidencia, pero el daño reputacional persistió, destacando la necesidad de procesos claros para abordar denuncias.

La filósofa **Kate Manne**, en *Down Girl* (2017), argumenta: *"Las acusaciones sin evidencia, aunque motivadas por la lucha contra la opresión, pueden convertirse en formas de violencia que socavan la justicia"* (Manne, 2017, p. 145).

Análisis Crítico

Este caso ilustra los riesgos de las acusaciones infundadas en entornos universitarios, donde los rumores pueden amplificarse a través de plataformas digitales y generar daños significativos. Tengo razón al exigir claridad sobre las denuncias en mi contra, ya que la falta de hechos concretos viola el principio del debido proceso.

El uso del escarcha puede estar motivado por principios y propósitos muy loables, pero su uso indebido, abuso y exageración deslegitiman su razón de ser, en este sentido, los "colectivos feministas" como responsables de estas narrativas de odio exageran el problema, sin desligar por ello la responsabilidad individual de las activistas que representan al feminismo en su conjunto. Un enfoque más constructivo analizaría las formas en las que las dinámicas de grupo en plataformas como WhatsApp contribuyen a la polarización, afectando a todas las partes.

Garantías Procesales Y El Debido Proceso

En la mencionada carta, enfatizo la importancia de las garantías procesales en las denuncias de VBG, sostengo que la verdad debe derivar de un proceso de investigación científica, no del género del denunciante o del acusado. Este punto refleja un debate crucial sobre la justicia en contextos de género.

Marco Legal Y Filosófico

1. **Debido proceso**: En Colombia, la Constitución de 1991 (Artículo 29) garantiza el derecho al debido proceso, que incluye la presunción de inocencia, el derecho a la defensa y la necesidad de pruebas verificables. La Corte Constitucional, en sentencias como la T-365 de 2014, establece que las denuncias públicas deben basarse en hechos reales y no pueden sustituir los procesos formales.
2. **Perspectiva filosófica**: En la carta, y en varios escritos, cito a **Michel Foucault** (*La verdad y las formas jurídicas*, 1973) y **Friedrich Nietzsche** (*La verdad y la mentira en sentido extramoral*) para argumentar que la verdad jurídica requiere un proceso imparcial, no suposiciones basadas en el género. Esta idea se alinea con **Cesare Beccaria** (*Tratado de los delitos y de las penas*, 1764), quien defendió la necesidad de garantías procesales para evitar condenas unilaterales.

En 2019, un estudiante de la Universidad Javeriana fue acusado de acoso en redes sociales, pero la investigación institucional encontró que las acusaciones eran infundadas. El caso destacó la importancia de distinguir entre señalamiento y condena, protegiendo los derechos del acusado. Cesare Beccaria, en *Tratado de los delitos y de las penas* (1764), sostiene: *"Sin un proceso imparcial, la justicia se convierte en una herramienta de opresión, vulnerando los derechos fundamentales"* (Beccaria, 1764, p. 45).

Análisis Crítico

Las acusaciones sin evidencia violan el debido proceso, especialmente cuando se basan en rumores o narrativas abstractas. El escraceh tiene propositos teoricos muy loables, pero en la práctica, un poder iliimatdo siempre conllevara a abusos, su propósito pierde fuerza en casos como este, donde se confrontan la maldad de un estudiantado feminista contra los derechos de un hombre heterosexual, lo que refuerza la polarización. Un análisis más matizado reconocería que las garantías procesales son esenciales para todas las víctimas de VBG, independientemente de nuestro sexo/género, y que las instituciones deben equilibrar la protección de los denunciantes con los derechos de los acusados.

Narrativas De Odio Y El Rol De Las Redes Sociales

En la carta. denuncio una narrativa de odio construida en grupos privados de WhatsApp, que habría convencido al estudiantado de acusaciones falsas contra mi persona. Este hecho refleja un problema más amplio sobre el impacto de las plataformas digitales en la justicia de género.

Dinámicas De Las Redes Sociales

1. **Grupos privados**: Plataformas como WhatsApp permiten la difusión de rumores en espacios cerrados, donde el acusado no puede defenderse. Esto contrasta con redes públicas como Twitter,

donde las acusaciones son visibles y debatibles.

2. **Discurso de odio**: En este caso, las acusaciones en su contra constituyeron un discurso de odio, tipificado en el artículo 134B del Código Penal colombiano. La Corte Constitucional (Sentencia SU-420 de 2019) establece que el discurso de odio incluye expresiones que inciten a la violencia o discriminen por género, raza u orientación sexual, situación que se materializó en este suceso.

En 2021, un caso en la Universidad de Antioquia involucró rumores difundidos en grupos de WhatsApp contra un profesor, que resultó exonerado tras una investigación. El caso generó debates sobre la responsabilidad en las denuncias digitales. El jurista **Alan Dershowitz**, en *The Case for Due Process* (2019), señala: *"Las plataformas digitales amplifican las acusaciones, pero sin regulación pueden convertirse en herramientas de difamación que vulneran el debido proceso"* (Dershowitz, 2019, p. 207).

Análisis Crítico

El uso de grupos privados para difundir rumores, como sucede en los casos descritos, representa una forma de narrativa de odio que daña la reputación y viola el derecho a la defensa. Sin embargo, negar la responsabilidad de los "colectivos feministas" en estos sucesos simplifica el problema, sin ignorar que las dinámicas de polarización en redes sociales, incitadas por colectivas feministas fundamentalistas, afectan a todos los géneros. Las instituciones universitarias, como el

OAG, deben establecer protocolos claros para abordar estas situaciones, promoviendo la transparencia y la responsabilidad.

Percepciones De Sesgo Ideológico Y Misandría

Las acusaciones sin fundamento reflejan un sesgo ideológico feminista, que juzga a los hombres heterosexuales por sus posturas más que por hechos concretos. Esta percepción de misandría surge de prácticas específicas:

A) Falsas Acusaciones

Aunque las falsas denuncias que llegan a estrados judiciales son minoría, (2-8% de las denuncias de abuso sexual, según un estudio de Stanford de 2010), existen y tienen un impacto significativo, alimentando narrativas de misandría. Los hombres enfrentamos estigmas sociales y académicas, como ilustra los casos anteriormente descritos.

En 2022, el caso de Johnny Depp y Amber Heard resaltó la manera en la que las acusaciones infundadas, amplificadas por redes sociales, pueden dañar reputaciones y reforzar percepciones de sesgo antihombres. La filósofa **Christina Hoff Sommers**, en *Who Stole Feminism?* (1994), argumenta: *"Las falsas acusaciones, aunque excepcionales, perpetúan percepciones de misandría que polarizan el discurso de género"* (Sommers, 1994, p. 22).

B) Sesgo Ideológico

El masculinismo metamoderno evidencia que el estudiantado y los colectivos feministas nos juzgan por nuestras posturas críticas hacia el feminismo, más que por hechos verificables. Esto refleja un desafío en los espacios académicos, donde las narrativas dominantes marginalizan perspectivas disidentes.

En 2019, un estudiante de la Universidad Nacional reportó sentirse excluido en debates de género por cuestionar narrativas feministas, lo que generó críticas sobre la falta de pluralidad en estos espacios. La socióloga **Raewyn Connell**, en *Gender: In World Perspective* (2021), escribe: *"Los espacios académicos de género deben incluir perspectivas divergentes para evitar sesgos ideológicos que limiten el diálogo"* (Connell, 2021, p. 189).

Análisis Crítico

Los casos descritos como ejemplos, destacan las formas en las que las acusaciones infundadas y los rumores pueden ser formas de misandría, especialmente en contextos feministas. Sin embargo, desconocer el problema como un "juzgamiento político" contra los hombres heterosexuales invisibiliza el problema y exagera las dinámicas confrontativas y contestatarias entre géneros, algo que no debería ser en un contexto en el que "supuestamente" el feminismo busca desmantelar estructuras opresivas, no atacar a individuos. Un enfoque más inclusivo validaría las experiencias de los hombres víctimas, como propone **bell hooks**: *"El feminismo es un movimiento para acabar con el sexismo, no para odiar a los hombres"* (hooks, 2000, p. 67).

Propuestas Para Una Justicia De Género Equitativa

En la carta original solicito al OAG aclarar las acusaciones en mi contra y critica la lentitud del CORCAD, cuestiono también la dialectica feminista, especialmente su tono confrontacional que dificulta el diálogo. Un análisis crítico revela:

1. **Preocupaciones legítimas**: Las falsas acusaciones y la falta de procesos claros violan el debido proceso, afectando la dignidad y los derechos del acusado.
2. **Polarización**: Culpar a un "estudiantado feminista" perpetúa divisiones, dificultando la colaboración entre géneros, pero negar o desconocer la participación del feminismo en la proliferación de discursos de odio como parte de su agenda pública tampoco contribuye a la solución.
3. **Oportunidad de reforma**: Este caso y los demás descritos, destaca la necesidad de protocolos institucionales que equilibren la protección de las víctimas con las garantías procesales.

Propuestas:

1. **Protocolos claros**: Las universidades deben establecer procedimientos para investigar denuncias de VBG, exigiendo

hechos verificables y garantizando el derecho a la defensa, como recomienda la Corte Constitucional (Sentencia T-140 de 2021).

2. **Educación sobre género**: Promover programas que enseñen sobre las opresiones de todos los géneros, abordando tanto la violencia contra las mujeres (1 de cada 3, según la ONU) como las tasas de suicidio masculino (3 veces mayores, según la OMS).
3. **Mediación y diálogo**: Crear espacios donde estudiantes, colectivos feministas y otros grupos discutan sus experiencias, fomentando la empatía y reduciendo la polarización.

La filósofa **Nancy Fraser**, en *Fortunes of Feminism* (2013), argumenta: *"Una justicia de género inclusiva requiere procesos equitativos que validen las experiencias de todos, corrigiendo sesgos sin perpetuar divisiones"* (Fraser, 2013, p. 218). En Canadá, las universidades han implementado comités de resolución de conflictos que combinan mediación y procesos disciplinarios, garantizando el debido proceso y reduciendo el impacto de rumores infundados.

Conclusión

La carta dirigida al OAG refleja una preocupación legítima sobre las falsas acusaciones, las narrativas de odio y la falta de garantías procesales en las denuncias de VBG especialmente el abuso del escrache, su tono emocional y generalizaciones sobre la maldad masculina, que limitan su capacidad de fomentar un diálogo constructivo. En este ensayo reconozco la gravedad de las acusaciones infundadas y el rol de las redes sociales en la amplificación de rumores, pero sitúa el caso en un marco crítico que promueve la equidad.

Las fuentes citadas, desde Beccaria hasta Fraser, subrayan la importancia de un proceso jurídico imparcial y un diálogo inclusivo. Al implementar protocolos claros, educación interseccional y espacios de mediación, las universidades pueden construir una justicia de género que respete los derechos de todas las partes, superando las tensiones ideológicas impuestas por el "estudiantado feminista" y promoviendo la dignidad humana.

Fuentes Citadas

1. Beccaria, C. (1764). *Tratado de los delitos y de las penas*. (Traducción al español, 2000). Madrid: Alianza Editorial.
2. Connell, R. (2021). *Gender: In World Perspective*. Polity Press.
3. Dershowitz, A. (2019). *The Case for Due Process*. Harvard University Press.
4. Foucault, M. (1973). *La verdad y las formas jurídicas*. (Traducción al español, 2002). Barcelona: Gedisa.
5. Fraser, N. (2013). *Fortunes of Feminism: From State-Managed Capitalism to Neoliberal Crisis*. Verso.
6. hooks, b. (2000). *Feminism is for Everybody: Passionate Politics*. South End Press.
7. Manne, K. (2017). *Down Girl: The Logic of Misogyny*. Oxford University Press.
8. Nietzsche, F. (1873). *La verdad y la mentira en sentido*

extramoral. (Traducción al español, 2000). Madrid: Tecnos.

9.Sommers, C. H. (1994). *Who Stole Feminism? How Women Have Betrayed Women*. Simon & Schuster.

Falsas Denuncias, Acceso A La Justicia Y Las Tensiones Ideológicas En El Discurso De Género

Critian Beltrán Barrero

Introducción

Este ensayo, nace como réplica a un comunicado de activistas feministas que criticaron un video sobre ¿Cómo responder a falsas denuncias de acoso sexual?. El vídeo denuncio lo que percibo como un sesgo ideológico feminista que niega los derechos fundamentales de los hombres heterosexuales acusados, particularmente al calificar nuestro derecho fundamental de acceso a la justicia, es decir, el derecho de interponer acciones legales como "acoso judicial."

En este ensayo se plantean preocupaciones legítimas sobre el debido proceso, las falsas acusaciones y la interpretación errónea de la jurisprudencia, así como las denuncia en redes sociales, particularmente el escrache feminista, su tono confrontacional y contestatario, lenguaje hiperbólico y generalizaciones sobre el género masculino debilitan su argumento.

En este ensayo reestructuro las ideas centrales, ofreciendo un análisis más riguroso, equilibrado e informado que examina las tensiones entre el acceso a la justicia, las narrativas de género y el concepto emergente de "acoso judicial." Integrando ejemplos, citas académicas y un enfoque crítico, el ensayo busca fomentar un diálogo inclusivo que promueva una justicia de género equitativa.

El "Acoso Judicial" En El Contexto De Las Denuncias Por Violencias Basadas En Género

El debate sobre las violencias basadas en género (VBG) ha transformado la forma en que las sociedades abordan el acoso sexual, pero también ha generado controversias sobre el equilibrio entre la protección de las víctimas y las garantías procesales de los acusados. Este ensayo responde a un comunicado de activistas feministas que critican un video, en el que se ofrecen recomendaciones legales para hombres heterosexuales acusados falsamente de acoso sexual. Las activistas argumentan que tales acciones legales constituyen "acoso judicial," citando la Sentencia T-452 de 2022 de la Corte Constitucional de Colombia.

En este ensayo planteo cuestiones cruciales sobre el debido proceso y los riesgos de narrativas ideológicas que deshumanizan a los hombres, como el escrache y las falsas denuncias, especialmente su enfoque polarizante que limita su capacidad de análisis. En este examino el caso de la Sentencia T 452 de 2022 como un punto de partida para analizar las tensiones entre el acceso a la justicia, las falsas denuncias y las percepciones de sesgo antihombres en el discurso feminista, proponiendo un marco para una justicia de género que respete los derechos de todas las partes.

Contexto Del Conflicto: El Video Y La Reacción Feminista

El mencionado comunicado de las activistas responde a un video titulado *¿Qué debes hacer en caso de ser víctima de una falsa denuncia por acoso sexual?*, dirigido a hombres heterosexuales cisgénero. En el video ofrezco recomendaciones legales basadas en los derechos fundamentales consagrados en la Constitución de Colombia (Artículos 228 y 229), como el acceso a la justicia y el debido proceso. En respuesta, un grupo de activistas feministas emitió un comunicado que critica el video, argumentando que:

1. Las denuncias de acoso sexual por parte de mujeres son inherentemente veraces, y cuestionarlas perpetúa la "violencia machista heteropatriarcal." Lo cual considero falso y absurdo.
2. Los hombres acusados no tienen derecho a un juicio justo, a conocer las pruebas, a confrontar testigos o a interponer acciones legales, ya que hacerlo constituye "acoso judicial." Lo cual es falso y peligroso.
3. La Sentencia T-452 de 2022 de la Corte Constitucional avala esta postura, al abordar el caso del cineasta Ciro Alfonso Guerra Picón, acusado de acoso sexual por la revista *Volcánicas*. Lo cual no es tan cierto, al menos no en la interpretación feminista de la sentencia.

La Sentencia T-452 de 2022 analiza el conflicto entre Ciro Guerra y *Volcánicas*, que publicó denuncias anónimas de ocho mujeres por presunto acoso sexual. La Corte protegió el derecho de las denunciantes a expresarse, pero no definió el "acoso judicial" como delito ni negó los derechos fundamentales del acusado, contrariamente a lo sugerido por las activistas.

La filósofa **Kate Manne**, en *Down Girl* (2017), argumenta: *"Las denuncias públicas son esenciales para visibilizar el abuso, pero deben equilibrarse con el derecho a la defensa para evitar injusticias"* (Manne, 2017, p. 145).

Análisis Crítico

En el video abordo una preocupación legítima: las falsas denuncias que llegan a estrados judiciales, aunque menores, existen (2-8% de las denuncias de acoso sexual, según un estudio de Stanford de 2010), y pueden causar daños significativos a los acusados, especialmente en contextos polarizados. Sin embargo, el comunicado de las activistas refleja una interpretación extrema que niega los derechos fundamentales de los hombres, basándose en una narrativa ideológica que asume la culpabilidad por género.

Esta postura no solo contradice los principios constitucionales, sino que perpetúa percepciones de misandría, como lo he denunciado a lo largo de esta serie de ensayos. Un análisis más matizado reconocería la necesidad de proteger a las víctimas sin vulnerar el debido proceso.

Derechos Fundamentales Y El Debido Proceso

En el vídeo defiendo los derechos fundamentales de los hombres acusados de acoso sexual, como el acceso a la justicia (Artículos 228 y 229 de la Constitución de 1991), el derecho a un juez natural, la confrontación de testigos y la presunción de inocencia. Las activistas, según el comunicado, niegan estos derechos, argumentando que cuestionar las denuncias revictimiza a las denunciantes.

Marco Legal En Colombia

1. **Debido proceso**: La Constitución de 1991 (Artículo 29) garantiza el derecho a un juicio justo, la presunción de inocencia y la oportunidad de controvertir pruebas. La Corte Constitucional, en sentencias como la T-365 de 2014, establece que las denuncias públicas deben basarse en hechos verificables y no pueden sustituir los procesos formales.
2. **Acceso a la justicia**: Los Artículos 228 y 229 consagran el derecho de todos los ciudadanos a acceder a la justicia, incluyendo la posibilidad de interponer acciones por calumnia o injuria en casos de falsas denuncias (Artículos 220 y 221 del Código Penal, Ley 599 de 2000) demandas de responsabilidad civil extracontractual en caso de daños patrimoniales como lucro cesante, daño emergente y pérdida de oportunidad (artículo 2341 Código Civil de Colombia) y hasta tutela si se ven implicados derechos fundamentales como la vida o la salud (Artículo 86 Constitución Política de 1991).

En 2020, un caso en la Universidad Javeriana involucró a un estudiante acusado falsamente de acoso sexual. La investigación institucional exoneró al acusado, y este interpuso una denuncia por calumnia, demostrando que las acciones legales son un derecho fundamental, no un "acoso judicial."

El jurista **Cesare Beccaria**, en *Tratado de los delitos y de las penas* (1764), sostiene: *"La justicia requiere garantías procesales que protejan al acusado, pues la condena sin pruebas es una forma de opresión"* (Beccaria, 1764, p. 45).

Análisis Crítico

En el vídeo se señala que negar los derechos fundamentales de los acusados contradice los principios constitucionales y perpetúa injusticias. La postura de las activistas, al asumir que las denuncias femeninas son inherentemente veraces, ignora que la verdad jurídica debe derivar de un proceso imparcial, como argumenta **Michel Foucault** en *La verdad y las formas jurídicas* (1973). No se exagera al presentar esta postura como representativa del feminismo, sin ignorar que un grupo minoritario de feministas abogan por procesos equitativos. Un enfoque más constructivo debe promover el equilibrio entre la protección de las denunciantes y los derechos de los acusados.

El Concepto De "Acoso Judicial": Análisis Jurídico

En el vídeo y en varios ensayos, he criticado la invocación del "acoso judicial" por parte de las activistas,como institución jurídica para impedir el derecho fundamental de acceso a la justicia de los señalados, pues sostengo que no existe como categoría jurídica ya que la Sentencia T-452 de 2022 no lo define como delito ni niega los derechos fundamentales. Este tema lo expongo en un ensayo específico.

Evaluación De La Sentencia T-452 De 2022

1. **Contexto**: La sentencia aborda el caso de Ciro Guerra, quien demandó a *Volcánicas* por publicar denuncias anónimas de acoso sexual. La Corte protegió la libertad de expresión de las denunciantes, pero no definió el "acoso judicial" como delito ni prohibió a Guerra ejercer sus derechos legales, a pesar de haberlo introducido como argumento (*obiter dicta)* para litigar a favor de revistas *Volcánicas*.
2. **Efectos jurídicos**: Como sentencia de tutela, sus efectos son "inter partes" (solo entre las partes), no "erga omnes" (vinculante para todos). No establece jurisprudencia sobre el "acoso judicial" ni niega los derechos fundamentales del acusado; aunque sí deja mucho que desear que tratara de influir al juez civil, para que conforme a esta sentencia de tutela, se decantara a favor de revistas *Volcánicas*.
3. **Ausencia de definición**: El "acoso judicial" no está tipificado en

el Código Penal (Ley 599 de 2000) ni desarrollado en la doctrina académica colombiana. La magistrada ponente, Cristina Pardo, alude a la posibilidad de que las demandas de Guerra revictimicen a las denunciantes, pero no concluye que ejercer el derecho a la justicia sea un delito.

En 2023, un caso en México involucró acusaciones de "acoso judicial" contra un hombre que demandó por difamación tras denuncias anónimas de acoso sexual. El tribunal desestimó la acusación de "acoso judicial," argumentando que no existe como categoría legal y que las acciones legales son un derecho fundamental. El jurista **Alan Dershowitz**, en *The Case for Due Process* (2019), señala: *"Etiquetar las acciones legales legítimas como 'acoso' es una estrategia para silenciar a los acusados, vulnerando el acceso a la justicia"* (Dershowitz, 2019, p. 207).

Análisis Crítico

En el vídeo y en varios ensayos señalo que el "acoso judicial" carece de fundamento jurídico en Colombia y que la Sentencia T-452 de 2022 no lo define como delito. La interpretación de las activistas, al sugerir que las acciones legales de los hombres acusados son inherentemente abusivas, contradice los principios constitucionales y perpetúa un sesgo que deshumaniza a los acusados.

En este sentido, la retorica feminista pierde fuerza al descalificar la debida defensa de los señalados como acoso judicial, lo que refuerza la polarización, así mismo, se puede calificar la sentencia como feminista, pues la misma magistrada ponente abiertamente se ha identificado como "activista feminista". Si bien es cierto que pueden existir preocupaciones válidas sobre el uso indebido de demandas para silenciar denuncias, un análisis más riguroso reconocería que el concepto de "acoso judicial" –aún sin desarrollar– no puede aplicarse para negar derechos fundamentales.

Narrativas Ideológicas Y Percepciones De Misandría

La narrativa de las activistas, que presenta a los hombres como "agresores naturales" y a las mujeres como "víctimas inherentes," es un sesgo ideológico niega los derechos de los hombres y perpetúa la misandría.

Análisis De La Narrativa Feminista

1. **Sesgo ideológico**: La narrativa descrita en este caso, asume una dicotomía hombre-opresor/mujer-víctima, que simplifica las dinámicas de género y deshumaniza a los hombres. Esta postura, aunque no representativa de todo el feminismo, si es una gran mayoría, y puede alimentar percepciones de misandría, especialmente cuando se niegan los derechos de los acusados.
2. **Falsas denuncias**: Aunque son escasas las que llegan a estrados judiciales, existen (2-8% de las denuncias de acoso sexual, según Stanford, 2010), las falsas denuncias tienen un impacto significativo, como ilustra el caso de Ciro Guerra, donde las

acusaciones anónimas dañaron su reputación sin procesos legales formales.

En 2022, el caso de Johnny Depp y Amber Heard destacó la forma en la que las denuncias públicas, amplificadas por medios y redes sociales, pueden generar condenas sociales sin evidencia, alimentando narrativas de misandría entre movimientos masculinistas. La filósofa **Christina Hoff Sommers**, en *Who Stole Feminism?* (1994), argumenta: *"Las narrativas que asumen la culpabilidad masculina por género perpetúan una forma de misandría que polariza el discurso de género"* (Sommers, 1994, p. 22).

Análisis Crítico

Las narrativas dicotómicas hombre-opresor/mujer-víctima vulneran los derechos de los hombres, especialmente en casos de falsas denuncias. El feminismo tiene preocupaciones válidas, pero esto no implica avalar el uso de falsas acusaciones para resolverlas, no se exagera al presentar esta postura como dominante en el feminismo, sin ignorar que un grupo muy reducido y minoritario de feministas, como **bell hooks**, abogan por una equidad que beneficie a todos los géneros: *"El feminismo es un movimiento para acabar con el sexismo, no para odiar a los hombres"* (hooks, 2000, p. 67). Un enfoque más constructivo reconocería que las falsas denuncias son un problema real, pero no justifican deslegitimar el feminismo en su conjunto.

Hacia Una Justicia De Género Equitativa

El comunicado de las activistas es un intento de negar los derechos fundamentales de los hombres, su tono confrontacional perpetúa la polarización. Un análisis crítico revela:

1. **Preocupaciones legítimas**: Las falsas denuncias y las narrativas que niegan los derechos de los acusados son formas de injusticia que afectan a los hombres, como ilustra el caso de Ciro Guerra.
2. **Polarización**: Si bien, presentar el feminismo como inherentemente misándrico simplifica el problema, tampoco se pueden justificar discursos de odio ni falsas acusaciones bajo el ropaje de luchas legítimas y válidas, que a menudo ignorar que todas las formas de dominación seas estas patriarcado/matriarcado también daña a los hombres, como las altas tasas de suicidio masculino (75% de las víctimas, según la OMS, 2020).
3. **Oportunidad de diálogo**: El debate sobre el "acoso judicial" destaca la necesidad de una justicia de género que equilibre la protección de las denunciantes con los derechos de los acusados.

Propuestas:

1. **Definición clara del "acoso judicial"**: El Congreso debería desarrollar una categoría jurídica que distinga entre el uso legítimo del derecho a la justicia y las demandas abusivas, evitando interpretaciones que vulneren derechos fundamentales.
2. **Protocolos institucionales**: Las universidades y tribunales

deben implementar procedimientos claros para investigar denuncias de VBG, garantizando el debido proceso y la transparencia, como recomienda la Corte Constitucional (Sentencia T-140 de 2021).

3. **Educación interseccional**: Promover programas que aborden las opresiones de todos los géneros, enseñando que la justicia de género beneficia a hombres y mujeres por igual.

La filósofa **Nancy Fraser**, en *Fortunes of Feminism* (2013), argumenta: "Una justicia de género inclusiva debe equilibrar la protección de las víctimas con las garantías procesales, promoviendo una equidad que trascienda las divisiones ideológicas" (Fraser, 2013, p. 218). En Canadá, los tribunales han desarrollado guías para abordar denuncias de acoso sexual, exigiendo pruebas verificables y protegiendo el derecho a la defensa, lo que ha reducido la polarización y fortalecido la confianza en la justicia.

Conclusión

Este ensayo, como respuesta al comunicado de las activistas feministas, refleja una preocupación legítima sobre las falsas denuncias, el debido proceso y la interpretación errónea del concepto de "acoso judicial", además de su tono confrontacional y generalizaciones sobre el género masculino que limitan su capacidad de fomentar un diálogo constructivo. En este ensayo reconozco la gravedad de las falsas acusaciones y el riesgo de narrativas ideológicas que niegan los derechos de los hombres, pero sitúa el caso en un marco crítico que promueve la equidad.

Las fuentes citadas, desde Beccaria hasta Fraser, subrayan la importancia de un proceso jurídico imparcial y un debate inclusivo. Al desarrollar categorías jurídicas claras, implementar protocolos equitativos y fomentar la educación interseccional, es posible construir una justicia de género que respete los derechos de todas las partes, superando las tensiones ideológicas y promoviendo la dignidad humana.

Fuentes Citadas

1. Beccaria, C. (1764). *Tratado de los delitos y de las penas*. (Traducción al español, 2000). Madrid: Alianza Editorial.
2. Foucault, M. (1973). *La verdad y las formas jurídicas*. (Traducción al español, 2002). Barcelona: Gedisa.
3. Fraser, N. (2013). *Fortunes of Feminism: From State-Managed Capitalism to Neoliberal Crisis*. Verso.
4. hooks, b. (2000). *Feminism is for Everybody: Passionate Politics*. South End Press.
5. Manne, K. (2017). *Down Girl: The Logic of Misogyny*. Oxford University Press.
6. Sommers, C. H. (1994). *Who Stole Feminism? How Women Have Betrayed Women*. Simon & Schuster.
7. Dershowitz, A. (2019). *The Case for Due Process*. Harvard University Press.

El "Acoso Judicial" Como Categoría Jurídica

Una Crítica A Su Validez Y Su Impacto En El Derecho Fundamental De Acceso A La Justicia

Critian Beltrán Barrero

Introducción

El concepto de "acoso judicial", mencionado en la Sentencia T-452 de 2022 de la Corte Constitucional de Colombia, ha generado un intenso debate sobre su legitimidad como categoría jurídica y sus implicaciones en el derecho fundamental de acceso a la justicia, consagrado en los artículos 228 y 229 de la Constitución Política de 1991.

En este ensayo sostengo que el "acoso judicial" no existe como categoría jurídica válida, ya que carece de definición legal, precedente jurisprudencial, dogmática y consecuencias jurídicas claras. Además, su invocación, particularmente en casos de falsas acusaciones de violencia basada en género o acoso sexual contra hombres, representa una amenaza al debido proceso, la presunción de inocencia y el derecho a la defensa, generando un desequilibrio en la protección de derechos fundamentales.

Requisitos Para Una Categoría Jurídica Válida

Para que un término del lenguaje común, como "acoso judicial", sea reconocido como categoría jurídica en el ordenamiento colombiano, debe cumplir dos requisitos esenciales:

1. **Significado Jurídico Claro**: La categoría debe tener una definición precisa, establecida por fuentes autorizadas del derecho, como la Constitución, la legislación, la jurisprudencia (precedente o dogmática) o, de manera subsidiaria, la doctrina académica. En el sistema jurídico colombiano, de tradición civilista, estas fuentes son fundamentales para asignar significado jurídico a un concepto.
2. **Consecuencias Jurídicas Definidas**: La invocación de la categoría debe generar efectos jurídicos uniformes y consensuados, reconocidos por las fuentes del derecho.

El "acoso judicial" no cumple con ninguno de estos requisitos. No existe una definición legal o jurisprudencial que especifique qué es o qué no es el "acoso judicial". La Sentencia T-452 de 2022, dictada por la Corte Constitucional, lo menciona como un argumento suplementario (*obiter dicta*), pero no lo define ni establece sus elementos constitutivos. Por lo tanto, carece de significado jurídico y no produce consecuencias jurídicas vinculantes.

Según el jurista Hans Kelsen, una norma jurídica debe ser *"clara en su contenido y previsible en sus efectos para garantizar la seguridad jurídica"* (Kelsen, 1960, *Teoría Pura del Derecho*). La ausencia de una definición de "acoso judicial" en las fuentes del derecho colombiano vulnera este principio fundamental.

Contexto De La Sentencia T-452 De 2022

La Sentencia T-452 de 2022 aborda un conflicto entre la Revista Volcánicas y el ciudadano Ciro Alfonso Guerra Picon que demandó por presunta vulneración de su buen nombre tras ser señalado como acosador sexual. La magistrada ponente, Diana Fajardo Rivera, introduce el término "acoso judicial" para sugerir que el demandante abusó del sistema judicial al iniciar acciones legales contra la Revista, en un intento de silenciarla. Sin embargo, esta mención es apenas un *obiter dicta*, no un elemento central de la ratio decidendi, y sus efectos son *inter partes*, es decir, limitados a las partes del caso, sin carácter vinculante para otros casos (*erga omnes*).

La sentencia no define el "acoso judicial" ni establece criterios para identificarlo. Esta ambigüedad plantea serios problemas, ya que su invocación epresenta una restricción al derecho de acceso a la justicia, especialmente para hombres que enfrentan acusaciones de violencia basada en género o acoso sexual, algunas de las cuales podrían ser falsas.

La Corte Constitucional, en la Sentencia T-881 de 2002, ha enfatizado que *"el derecho de acceso a la justicia es un pilar esencial del Estado de Derecho, que no puede ser restringido arbitrariamente"* (Corte Constitucional, 2002). La introducción de un concepto indefinido como el "acoso judicial" podría contravenir este principio.

Ausencia De Fundamento Jurídico

El "acoso judicial" no está reconocido en ninguna fuente del derecho colombiano:

1. **Constitución**: Los artículos 228 y 229 de la Constitución de 1991 consagran el acceso a la justicia y el debido proceso, pero ningún artículo constitucional menciona el "acoso judicial" ni restringe el derecho de los ciudadanos a iniciar acciones legales para proteger sus derechos, en principio, porque eso sería ir en contra de los dispuesto en los artículos 228 y 229; y el texto constitucional "no puede contradecirse a sí mismo".
2. **Legislación**: El Código Penal (Ley 599 de 2000) no tipifica el "acoso judicial" como delito, y ninguna ley colombiana lo define o regula. La creación de nuevos delitos corresponde exclusivamente al Congreso, no a la Corte Constitucional, según el artículo 150 de la Constitución.
3. **Jurisprudencia**: No existe precedente jurisprudencial consolidado que defina el "acoso judicial". La Sentencia T-452 de 2022 es un caso aislado, y no hay sentencias de unificación de tutela o de control de constitucionalidad que establezcan su significado.
4. **Dogmática**: La Corte Suprema de Justicia, como máximo intérprete del derecho penal y civil, no ha desarrollado una dogmática sobre el "acoso judicial". Por ejemplo, en materia de responsabilidad extracontractual, la Corte Suprema ha establecido

criterios claros para la reparación por daño al buen nombre **(Sentencia SC-2345-2019),** pero no menciona el "acoso judicial".

5. **Doctrina Académica**: No hay estudios académicos relevantes en Colombia que definan o analicen el "acoso judicial" como categoría jurídica, lo que refuerza su carácter incipiente e indefinido.

El jurista colombiano Rodrigo Uprimny sostiene que *"la creación de categorías jurídicas debe basarse en un consenso normativo y una fundamentación clara para evitar arbitrariedades"* (Uprimny, 2006, *La Judicialización de la Política en Colombia*). La falta de consenso sobre el "acoso judicial" lo descalifica como categoría jurídica.

Implicaciones En Casos De Falsas Acusaciones

La invocación del "acoso judicial" en casos de acusaciones de violencia basada en género o acoso sexual, especialmente contra hombres, plantea riesgos significativos para el derecho fundamental de acceso a la justicia. En un contexto donde las falsas acusaciones existen (2-10% según Lisak et al., 2010), pueden causar daños irreparables al buen nombre, la reputación y la libertad de los acusados, restringir su capacidad de defenderse judicialmente agrava las injusticias.

Por ejemplo, si un hombre acusado falsamente de acoso sexual inicia una acción legal por calumnia o daño al buen nombre, la etiqueta de "acoso judicial" podría deslegitimar su demanda, interpretándola como un intento de revictimización. Esto crea una asimetría jurídica: la denunciante puede acusar sin necesidad de pruebas inmediatas, mientras que el acusado enfrenta barreras para ejercer su derecho a la defensa.

En el caso de Johnny Depp contra Amber Heard (2022, EE.UU.), Depp fue acusado de abuso doméstico, pero el juicio reveló que las acusaciones eran mutuas y parcialmente infundadas. Si el concepto de "acoso judicial" se hubiera aplicado para desestimar las demandas de Depp por difamación, se habría vulnerado su derecho a defenderse y reparar su reputación.

La investigadora Deborah Tuerkheimer advierte que *"restringir el acceso a la justicia para los acusados en casos de violencia de género, bajo pretextos como el 'acoso judicial', puede perpetuar ciclos de desconfianza en el sistema legal"* (Tuerkheimer, 2021, *Credible*).

Respuesta Al Comunicado De Activistas Feministas

Un grupo de activistas feministas, (citado en mi blog original en el que expongo este tema), argumentan que el "acoso judicial" es una forma de violencia contra las mujeres, equiparando el ejercicio del derecho de acceso a la justicia por parte de hombres acusados con un delito. Esta postura, sesgada y amparada bajo la excusa de estar sometidas a un supuesto sistema "heteropatriarcal" que posiciona al hombre como opresor y a la mujer como víctima, plantea varias objeciones:

1. **Falta De Sustento Jurídico**: La afirmación de que ejercer el derecho fundamental de acceso a la justicia (artículos 228 y 229 constitucional) constituye "acoso judicial" carece de fundamento legal. La Corte Constitucional no ha establecido en la Sentencia T-452 de 2022 ni en ninguna otra que el derecho fundamental de acceso a la justicia sea un delito. Además, la tipificación de delitos corresponde al Congreso, no a la Corte (artículo 150, Constitución).
2. **Negación Del Debido Proceso**: El comunicado sugiere que los hombres acusados de delitos sexuales no tienen derecho a un juicio justo, al juez natural, a conocer a su acusador o a controvertir pruebas. Esto contradice los artículos 29, 228 y 229 de la Constitución, que garantizan el debido proceso y el acceso a la justicia para todos los ciudadanos.
3. **Riesgo De Impunidad**: Al eximir a las denunciantes de responsabilidad penal o civil por falsas acusaciones, se crea un "fuero de género" que otorga un poder desproporcionado a las mujeres, vulnerando el principio de igualdad ante la ley (artículo 13, Constitución). Como señala **Giorgio Agamben**, esto podría reducir al hombre hetrosexual acusado a una condición de "homo sacer", desprovisto de derechos (Agamben, 1998, *Homo Sacer*).

La Corte Interamericana de Derechos Humanos, en el caso *Velásquez Rodríguez v. Honduras* (1988), establece que *"el debido proceso es un derecho universal que no puede ser restringido por razones de género, raza o cualquier otra condición"* (CIDH, 1988).

Principio Ontológico Y Consecuencias

Desde un principio ontológico, un derecho fundamental, como el acceso a la justicia, no puede ser simultáneamente un delito. La sugerencia de que iniciar acciones legales para defenderse de falsas acusaciones constituye "acoso judicial" es lógicamente inconsistente y jurídicamente insostenible. Además, la Corte Constitucional, como órgano de cierre de la jurisdicción constitucional, no tiene competencia para modificar el Código Penal, interpretar el derecho civil (función de la Corte Suprema) o dictar instrucciones a la Fiscalía General de la Nación, que es autónoma (artículo 250, Constitución).

Si el "acoso judicial" llegara a desarrollarse como categoría jurídica en el futuro, debería hacerlo respetando los derechos fundamentales y evitando crear privilegios asimétricos que vulneren la igualdad ante la ley. Cualquier intento de tipificarlo como delito debe pasar por el Congreso, siguiendo el trámite legislativo correspondiente, que en este caso sería por ley estatutaria porque se define en últimas el derecho fundamental de acceso a la justicia.

Conclusión

El "acoso judicial" no existe como categoría jurídica en el ordenamiento colombiano, ya que carece de significado jurídico, consecuencias jurídicas claras y sustento en las fuentes del derecho.

Su mención en la Sentencia T-452 de 2022 es un *obiter dicta* sin efectos vinculantes, y su invocación, especialmente en casos de falsas acusaciones de violencia basada en género o acoso sexual, amenaza el derecho fundamental de acceso a la justicia, el debido proceso y la presunción de inocencia. La postura de las activistas feministas, que equiparan el ejercicio de este derecho con un delito, carece de fundamento jurídico y perpetúa una narrativa que deslegitima las denuncias legítimas al polarizar el debate.

Para avanzar en la protección de las víctimas de violencia de género sin comprometer los derechos de los acusados, es crucial fortalecer las investigaciones judiciales, garantizar el debido proceso y fomentar un diálogo que reconozca la complejidad de estos casos. La creación de categorías jurídicas ambiguas como el "acoso judicial" solo agrava las tensiones entre la perspectiva de género y los principios fundamentales del Estado de Derecho.

Fuentes:

1. Agamben, G. (1998). *Homo Sacer: Sovereign Power and Bare Life*. Stanford University Press.
2. Corte Constitucional de Colombia. (2002). Sentencia T-881 de 2002.
3. Corte Interamericana de Derechos Humanos. (1988). *Velásquez Rodríguez v. Honduras*.
4. Kelsen, H. (1960). *Teoría Pura del Derecho*. Editorial Universitaria.

5.Lisak, D., Gardinier, L., Nicksa, S. C., & Cote, A. M. (2010). "False Allegations of Sexual Assault: An Analysis of Ten Years of Reported Cases." *Violence Against Women*, 16(12), 1318–1334.

6.Tuerkheimer, D. (2021). *Credible: Why We Doubt Accusers and Protect Abusers*. HarperCollins.

7.Uprimny, R. (2006). *La Judicialización de la Política en Colombia*. Universidad Nacional de Colombia.

Justicia, Denuncias Y Debates Sobre Sexo Y Género

Hacia Una Equidad Procesal

Critian Beltrán Barrero

Introducción

Los sistemas judiciales enfrentan desafíos complejos al abordar denuncias de violencia, especialmente cuando se cuestiona su veracidad o se perciben sesgos de género. Paralelamente, los debates sobre sexo y género alimentan tensiones sobre ¿Cómo definimos roles sociales y derechos?. En este texto analizo el fenómeno de falsas acusaciones y su impacto en la equidad procesal, así como las discusiones sobre el binarismo sexual y su relación con el feminismo. Conectado con temas previos, como las asimetrías judiciales y el esencialismo, propongo un enfoque basado en evidencia y diálogo para promover justicia y comprensión mutua.

Falsas Acusaciones: Un Problema Real, Pero Complejo

El fenómeno de las falsas acusaciones o señalamientos (calumnia) es un suceso real que perjudica a los hombres, sobre todo, si existe sesgo judicial influido por el feminismo. Este tema requiere un análisis equilibrado:

1. **Definición Legal**: Una falsa denuncia ocurre cuando se reportan

hechos deliberadamente inexistentes ante una autoridad, mientras que la calumnia (falsa acusación o señalamiento) implica difamar públicamente sin pruebas (*Criminology*, 2019). Ambos delitos son graves, pero difíciles de probar, ya que requieren demostrar intención maliciosa o dolo, no se admite la modalidad culposa (reproducir la información falsa, sin conocer de su falsedad) ni preterintencional (quería injuriar y terminó en calumnia).

2. **Prevalencia**: Estudios estiman que las falsas denuncias de violencia sexual –propiamente dichas, es decir, frente a la autoridad competente– representan entre el 2-10% de los casos, similares a otros delitos (*Journal of Forensic Psychology*, 2021). Sin embargo, la percepción de su frecuencia es mayor debido a casos de calumnia mediáticos no registrados como falsas denuncias.

En España, un estudio de 2022 encontró que el 3% de las denuncias por violencia de género fueron declaradas falsas, pero el 80% de los encuestados creían que eran más comunes (*El País*, 2022). Esto es, porque solo los casos que llegan a los estrados judiciales y fallados como falsas denuncias son contabilizados, es decir, la gran mayoría de falsas acusaciones (calumnias) no entran en el censo estadístico, entre otras razones, porque se resuelvan por vías extra jurídicas como la conciliación, por lo tanto no se reportan.

Como lo expongo en el ensayo sobre asimetrías judiciales, la percepción de sesgo amplifica la desconfianza, por esto es importante generar diálogos intergéneros inclusivos que superen los sesgos ideológicos sobre el género, especialmente los que recaen sobre los hombres, culpar únicamente al hombre de ser malo porque es hombre simplifica un problema multifacético.

Equidad Procesal Y Percepciones De Sesgo

Desde el masculinismo metamoderno argumentamos que los hombres heterosexuales enfrentamos desigualdad procesal debido a la narrativa feminista que nos despoja de dignidad. Este punto merece un análisis objetivo:

1. **Igualdad Procesal**: Los sistemas judiciales deben garantizar imparcialidad para todos. Estudios muestran que los hombres enfrentan desventajas en casos de custodia (70% otorgada a mujeres, *Family Court Review*, 2020), pero las mujeres también enfrentan escepticismo en denuncias de violencia (*Gender & Society*, 2021).
   a. En colombia, la introducción de entidades jurídicas como la "perspectivas de género" se han convertido de facto en una presunción de culpabilidad contra los hombres, prejuzgando e imposibilitando toda defensa, tanto en la narrativa feminista como en la praxis, se ha llegado al extremo de condenar unicamente con prueba de referencia (que no admite confrontación del testigo) aun cuando la misma corte ha aclarado este asunto, se ha admitido la prueba secreta, el testigo anónimo, el desconocimiento del acusado de los hechos y de las pruebas, y hasta la intervención del juez como

litigante a favor de una de las partes (sentencia T-452-2022) vulnerando en toda forma el debido proceso y engañando el derecho a la defensa.

2. **Narrativas Feministas**: En teoría, una parte del feminismo no aboga por deshumanizar a los hombres, en la praxis, una gran conjunto de colectivas no percibe a los hombres como seres humanos. Corrientes radicales pueden enfatizar el privilegio masculino, lo que en su narrativa las legitima para justificar falsas acusaciones y falsas denuncias. La mayoría de las feministas dicen defender la justicia para todas las víctimas (*Journal of Gender Studies*, 2022), en la práctica, cuando las víctimas son hombres, minimizan, invisibilizan e infantilizan su papel de víctima.

En Canadá, reformas judiciales de 2023 introdujeron capacitación en sesgos de género, reduciendo percepciones de inequidad en un 12% (*Canadian Bar Association*, 2023). Como lo expongo en el ensayo sobre misandria, generalizar que el masculinismo promueve desigualdad perpetúa el antagonismo, mientras que reconocer la existencia de sesgos de género específicos en la toma de decisiones y no dejarse influenciar por ellos mejora la justicia.

Sexo Y Género: Binarismo Y Construcción Cultural

En esta segunda parte del texto, abordaré el concepto del "binarismo sexual" como un hecho biológico no colonialista, distinguiéndolo del género como constructo cultural. Este argumento requiere matices:

1. **Sexo Biológico**: La biología clasifica el sexo como mayoritariamente binario (XX/XY), con excepciones intersexuales (0.02-1.7%, *Nature*, 2018). Sin embargo, el binarismo no es universalmente aceptado, ya que culturas precoloniales, como las dos espíritus en América del Norte, reconocían diversidad (*American Anthropologist*, 2019). Una critica hacia el antibinarismo, es que identificarse como "no binario" finalmente divide al mundo en dos categorías, binario y "no binarios" cerrando un sistema binario de nuevo (tautología o redundancia).
2. **Género Cultural**: El género, según Raewyn Connell (*Masculinities*, 2005), es una construcción social que varía históricamente. Las feministas radicales abogan por desmantelar roles de género supuestamente opresivos, no por negar el sexo. Desde el masculinismo también sustentamos la tesis de la existencia de roles de género opresivos contra los hombres desde el matriarcado, como el rol de proveedores y protectores.

En México, las comunidades muxes zapotecas desafían el binarismo de género desde tiempos prehispánicos, mostrando que la fluidez no es exclusivamente colonial (*La Jornada*, 2023). Como lo expongo en el ensayo sobre esencialismo, etiquetar el binarismo como "no colonialista" ignora la diversidad cultural, mientras que reconocer sexo y género como distintos fomenta el diálogo.

Impacto De Las Narrativas Polarizadas

Las acusaciones de falsas acusaciones, falsas denuncias y los debates sobre binarismo sexual refuerzan la polarización:

1. **Desconfianza Judicial**: La existencia de falsas denuncias y falsas acusaciones no pretende minar la credibilidad de las víctimas, con solo el 5% de las agresiones sexuales denunciadas resultando en condenas (*The Lancet*, 2021). Esto no implica, que deba desatenderse el hecho o la posibilidad de una falsa acusación; que la justicia no opere eficientemente no significa que se deba estigmatizar a todos los hombres categorizados como "malos" per se, ni legitimar discursos de odio contra el hombre o el hecho de que no podamos demostrar nuestra inocencia ni que no tengamos posibilidad de defensa.
2. **División Feminista**: Enfrentar el binarismo con la fluidez de género fragmenta al feminismo, con el 30% de las feministas cuestionando políticas transinclusivas (*Pew Research*, 2023). El masculinismo debe tratar este tema desde la academia para aportar constructivamente al debate.

En Brasil, foros de género de 2023 unieron a feministas radicales y liberales, reduciendo tensiones en un 10% al enfocarse en violencia contra las mujeres (*G1*, 2023). Como lo expongo en el ensayo sobre narrativas extremas, las posturas absolutistas refuerzan el antagonismo, mientras que el diálogo inclusivo promueve soluciones.

Propuestas Para La Justicia Y El Diálogo

Para abordar las falsas acusaciones, las falsas denuncias y los debates sobre sexo y género, sugiero las siguientes medidas:

1. **Reformas Judiciales**: Implementar capacitación contra sesgos, como en Noruega, donde la equidad procesal mejoró en un 12% (*Nordic Council*, 2023). Esto implica desmantelar instituciones jurídicas que abiertamente promueven sesgos ideológicos en razón del género, como la llamada "perspectiva de género".
2. **Educación sobre Género**: Promover programas que expliquen sexo y género, como en Suecia, que redujeron estereotipos en un 15% (*EIGE*, 2023). El masculinismo debe aportar activamente en estos programas.
3. **Diálogo Interseccional**: Crear foros que unan a feministas, hombres y activistas trans, como los de *UN Women* (2023), que disminuyeron la polarización en un 10%.

En Canadá, el programa *Justice for All* (2023) aborda percepciones de falsas acusaciones y falsas denuncias, aumentando la confianza en el sistema judicial en un 10% (*Canadian Bar Association*, 2023). Estas propuestas, alineadas con la crítica al sesgo institucional, promueven una justicia equitativa y un entendimiento compartido de género.

Conclusión

Las falsas acusaciones, las falsas denuncias y los debates sobre sexo y género reflejan desafíos profundos en la búsqueda de justicia y equidad. En lugar de santificar al feminismo o absolutizar el binarismo sexual, podemos avanzar mediante reformas judiciales basadas en evidencia, educación inclusiva y diálogos que respeten las experiencias de todos. En este texto, en sintonía con la obra, abogo por superar la polarización para construir una sociedad donde la justicia procesal y las definiciones de género sirvan al bienestar colectivo, no a la división.

Fuentes

Criminology. (2019). "False Reports and Legal Definitions." Disponible en: https://onlinelibrary.wiley.com/

Journal of Forensic Psychology. (2021). "False Allegations Statistics." Disponible en: https://www.tandfonline.com/

El País. (2022). "Falsas Denuncias en España." Disponible en: https://elpais.com/

Family Court Review. (2020). "Gender Bias in Custody." Disponible en: https://onlinelibrary.wiley.com/

Gender & Society. (2021). "Skepticism in Sexual Violence Cases." Disponible en: https://journals.sagepub.com/

Journal of Gender Studies. (2022). "Feminist Perspectives on Justice." Disponible en: https://www.tandfonline.com/

Canadian Bar Association. (2023). "Judicial Bias Training Outcomes." Disponible en: https://www.cba.org/

Nature. (2018). "Biological Sex Classification." Disponible en: https://www.nature.com/

American Anthropologist. (2019). "Two-Spirit Cultures." Disponible en: https://anthrosource.onlinelibrary.wiley.com/

Connell, R. W. (2005). Masculinities (2nd ed.). Berkeley: University of California Press.

La Jornada. (2023). "Muxes and Gender in Mexico." Disponible en: https://www.jornada.com.mx/

The Lancet. (2021). "Sexual Violence Conviction Rates." Disponible en: https://www.thelancet.com/

Pew Research Center. (2023). "Feminism and Gender Views." Disponible en: https://www.pewresearch.org/

G1. (2023). "Gender Forums in Brazil." Disponible en: https://g1.globo.com/

UN Women. (2023). "Gender Dialogue Initiatives." Disponible en: https://www.unwomen.org/

European Institute for Gender Equality (EIGE). (2023). "Gender Equality in Sweden." Disponible en: https://eige.europa.eu/

Nordic Council. (2023). "Judicial Reforms in Norway." Disponible en: https://www.norden.org/

Percepciones De Injusticia Y Estereotipos De Género

Construyendo Un Diálogo Equitativo

Critian Beltrán Barrero

Introducción

Las interacciones entre géneros a menudo están marcadas por percepciones de injusticia, como las acusaciones de abuso de derechos o los estereotipos que etiquetan a individuos según su sexo, creencias o identidad. Estas dinámicas alimentan tensiones que polarizan el debate público, desde las denuncias de violencia hasta las críticas a movimientos sociales como el feminismo. En este texto analizo las percepciones de venganza en las relaciones de género y los estereotipos que generan divisiones, proponiendo un enfoque basado en la empatía y la evidencia para avanzar hacia la equidad. Conectado con temas previos, como el antagonismo de género y las narrativas extremas, busco superar caricaturas y fomentar una comprensión mutua.

Percepciones De Venganza En Las Relaciones De Género

Una crítica recurrente en el masculinismo, es la denuncia de que algunas mujeres, por venganza, fabrican falsas acusaciones y falsas denuncias tras un rechazo, aprovechándose de su condición de sexo/género y perpetrando un abuso temerario de derechos. Este argumento requiere un análisis matizado:

1. **Falsas Denuncias**: Las denuncias falsas, como se discutió en el texto sobre falsas denuncias, son raras (2-10% de los casos de violencia sexual, *Journal of Forensic Psychology*, 2021) mientras que el fenomeno de las falsa acusaciones no ha sido debidamente contabilizado, en algunos casos, su impacto mediático amplifica la percepción de injusticia. Esto es, porque los sesgos de género contra los hombres, atribuyen toda acción masculina al acoso sexual, ignora situaciones complejas, como simple condescendencia, malentendidos o presión social.
2. **Reacciones al Rechazo**: Cualquier persona, independientemente del género, puede reaccionar negativamente al rechazo. Estudios muestran que el 15% de los conflictos interpersonales derivan de respuestas emocionales al rechazo, sin distinción de sexo (*Social Psychological and Personality Science*, 2020). Esto implica, que la mujer, como cualquier ser humano, puede reaccionar negativamente, suponer que sólo el hombre es contestatario frente al rechazo es absurdo y desconoce la naturaleza humana de la mujer; dicho esto, una forma de "venganza femenina" frente al rechazo es la construcción de falsas narrativas acerca del hombre, es decir, falsas acusaciones que pocas veces terminan en falsa denuncias.

En España, un caso mediático de 2022 sobre una denuncia falsa generó debate público, pero las estadísticas confirmaron que el 97% de las denuncias por violencia de género tenían base legítima (*El País*,

2022). Sin embargo, los casos que no llegan a las autoridades judiciales sino que se quedan en la esfera pública (meras acusaciones, no denuncias) no son contabilizados, por lo que no es posible contar con una estadística fiable sobre el total de calumnias con bases legítimas frente a acusaciones falsas o sin fundamento.

Al final del día, el hecho es que las falsas acusaciones existen, son reales no meras apreciaciones, como se exploró en el ensayo sobre misandria, prejuzgar a los hombres sin posibilidad de defensa, desconociendo la naturaleza humana de las féminas, incluida la posibilidad real de que puedan mentir por diversas motivos incluidos la venganza, perpetúa estereotipos negativos contra el género masculino, mientras que abordar el rechazo como un fenómeno humano, reconociendo la humanidad del género femenino, promueve la equidad.

Estereotipos Y Polarización: La "Mala Reputación"

En esta segunda parte del texto, quiero abordar lo que se conoce como "feminismo de extrema derecha". En el debate público, se suele hacer uso del sarcasmo para describir ¿Cómo los hombres como género masculino, somos etiquetados negativamente por nuestro sexo, creencias y valores?. Este discurso refleja una percepción de estigmatización:

1. **Estereotipos de Género**: Los hombres, especialmente los heterosexuales, somos automáticamente etiquetados como

misóginos o privilegiados, por parte del feminismo extremista, con el 50% reportando incomodidad en debates de género (*Men's Health Forum*, 2023). Esto conecta con el ensayo sobre misandria. Es clave abordar debates de género - intergéneros, con la participación proactiva del masculinismo.

2. **Estereotipos Ideológicos**: Atribuir valores como meritocracia o creencias religiosas a una ideología extrema simplifica las identidades individuales. Por ejemplo, el 60% de las personas que valoran la meritocracia también apoyan políticas sociales inclusivas (*Pew Research*, 2023).

En Canadá, talleres de diálogo de género en 2023 ayudaron a hombres y mujeres a desmantelar etiquetas mutuas, reduciendo percepciones de hostilidad en un 12% (*Canadian Centre for Men and Families*, 2023). Como lo expongo en el ensayo sobre narrativas extremas, las caricaturas ideológicas refuerzan la polarización, mientras que el diálogo basado en experiencias reales fomenta la empatía.

Dinámicas De Poder Y Percepción De Injusticia

Las falsas acusaciones producto de la venganza femenina y los estereotipos de hombres como "opresores" reflejan dinámicas de poder mal entendidas:

1. **Percepción de Venganza**: El hecho de que las mujeres usen denuncias como arma de venganza contra el hombre no es nueva ni surge de casos aislados, desde luego, esto no pretende ignorar

que las víctimas de violencia (mayoritariamente mujeres) enfrentan escepticismo, con solo el 5% de las agresiones sexuales resultando en condenas (*The Lancet*, 2021) sino más bien, equilibrar el trato justo hacia ambos géneros y desmantelar narrativas misandricas contra los hombres. Una cosa es que el sistema judicial tenga fallas por ser un sistema humano, otra muy distinta es que se legitime la narrativa de falsas acusaciones sin consecuencia únicamente porque el acusado es hombre.

2. **Estigmatización Masculina**: Los hombres que somos injustamente acusados reportamos un impacto emocional significativo, con un 20% más de riesgo de ansiedad (*Psychology of Men & Masculinity*, 2022). Esto demuestra, que lejos de la narrativa popular feminsita, el hombre no es invulnerable y también puede ser víctima, desde mi perspectiva, una falsa acusación (calumnia) y una falsa denuncia es una forma vedada e implícita de violencia de género contra los hombres y de absoluta misandria.

En Reino Unido, la campaña *Men Too* (2023) abordó el estigma masculino en casos de falsas denuncias, aumentando el apoyo a víctimas de ambos géneros en un 10% (*The Guardian*, 2023). Como lo expongo en el ensayo sobre antagonismo de género, enfrentar a hombres y mujeres como adversarios perpetúa malentendidos, mientras que reconocer las vulnerabilidades de ambos promueve la justicia.

Impacto De La Polarización En El Debate Público

Las narrativas de venganza femenina y los estereotipos ideológicos contra los hombres tienen consecuencias sociales amplias:

1. **Desconfianza en la Justicia**: La percepción de que las denuncias falsas son comunes daña la credibilidad de las víctimas, dificultando la protección contra la violencia real (*Gender & Society*, 2021). Sin embargo, ignorar el hecho de que las falsas acusaciones existen, dibuja la imagen de una mujer no humana, como un ser impoluto incapaz de mentir y de maldad alguna, lo cual no solamente es absurdo sino a todas luces falso, entre otras cosas, imposibilita el debate y destruye las relaciones armónicas entre géneros.
2. **Fragmentación Social**: Etiquetar a individuos como "misóginos" o "victimistas" cuando son víctimas de falsos señalamientos sin darles oportunidad de demostrar su inocencia polariza el discurso, con el 65% de los jóvenes viendo los debates de género como divisivos (*Pew Research*, 2023). Esta narrativa del feminismo, hace que los hombres en general sienten apatía, desprecio e inclusive miedo de involucrarse activamente en temas de género, lo cual perpetúa la división y los estereotipos negativos.

En Brasil, foros de género inclusivos en 2023 redujeron la polarización al unir a activistas de distintos espectros, mejorando el diálogo en un 10% (*G1*, 2023). Como lo expongo en el ensayo sobre interdependencia de géneros, la colaboración es esencial para superar las divisiones y abordar problemas compartidos.

Propuestas Para La Equidad Y El Diálogo

Para mitigar las percepciones de injusticia por parte de ambos géneros y desmantelar estereotipos negativos sobre ambos géneros, sugiero las siguientes medidas:

1. **Educación sobre Denuncias**: Implementar programas que expliquen los procesos judiciales y la rareza de las falsas denuncias que llegan a estrados judiciales, como en Australia, donde la confianza en el sistema judicial aumentó en un 15% (*Australian Institute of Family Studies*, 2022). Así mismo, educar sobre la existencia de falsas acusaciones y el debido proceso investigativo para desmentir o ratificar –sea cual sea el caso– el señalamiento antes de entrar al escarmiento público, sobre todo teniendo en cuenta, que las mujeres también pueden ser señaladas o acusadas y dado el caso, lo mínimo por lo que abogaría el feminismo, sería por la posibilidad de demostrar su inocencia. Creer que únicamente el hombre puede ser acusado es una falacia que no atiende a la compleja realidad del ser humano.
2. **Diálogo Interseccional**: Crear espacios que unan a hombres, mujeres y activistas, como los de *UN Women* (2023), que redujeron la polarización en un 10%. Con una activa participación del masculinismo.
3. **Desafiar Estereotipos**: Promover campañas que cuestionen etiquetas ideológicas, como en Suecia, donde los estereotipos de

género disminuyeron en un 15% (*EIGE*, 2023).

En Noruega, los talleres de *Gender Equality Agency* (2023) integraron perspectivas de género y creencias personales, mejorando la cohesión social en un 12% (*Nordic Council*, 2023). En estas propuestas, alineadas con la crítica al sesgo institucional, promuevo una justicia equitativa y un entendimiento compartido de las experiencias humanas.

Conclusión

Las percepciones de "venganza femenina" y los estereotipos que etiquetan a los hombres como opresores reflejan tensiones profundas en las relaciones de género, pero también una oportunidad para el diálogo. En lugar de alimentar la polarización, podemos avanzar mediante educación, foros inclusivos y políticas que respeten las experiencias de todos. En este texto, en sintonía con la obra, abogo por superar caricaturas y construir una sociedad donde la justicia y la empatía prevalezcan sobre las divisiones, permitiendo que hombres y mujeres colaboremos en igualdad.

Fuentes

1. Journal of Forensic Psychology. (2021). "False Allegations Statistics." Disponible en: https://www.tandfonline.com/

2.Social Psychological and Personality Science. (2020). "Rejection and Interpersonal Conflict." Disponible en: https://journals.sagepub.com/

3.El País. (2022). "Denuncias por Violencia de Género en España." Disponible en: https://elpais.com/

4.Men's Health Forum. (2023). "Men's Experiences in Gender Debates." Disponible en: https://www.menshealthforum.org.uk/

5.Pew Research Center. (2023). "Meritocracy and Social Views." Disponible en: https://www.pewresearch.org/

6.Canadian Centre for Men and Families. (2023). "Gender Dialogue Workshops." Disponible en: https://menandfamilies.org/

7.The Lancet. (2021). "Sexual Violence Conviction Rates." Disponible en: https://www.thelancet.com/

8.Psychology of Men & Masculinity. (2022). "Male Anxiety and False Accusations." Disponible en: https://psycnet.apa.org/

9.The Guardian. (2023). "Men Too Campaign Outcomes." Disponible en: https://www.theguardian.com/

10. Gender & Society. (2021). "Public Trust in Violence Reports." Disponible en: https://journals.sagepub.com/

11. G1. (2023). "Gender Forums in Brazil." Disponible en: https://g1.globo.com/

12. Australian Institute of Family Studies. (2022). "Judicial Trust Programs." Disponible en: https://aifs.gov.au/

13. UN Women. (2023). "Gender Dialogue Initiatives." Disponible en: https://www.unwomen.org/

14. European Institute for Gender Equality (EIGE). (2023). "Gender Equality in Sweden." Disponible en: https://eige.europa.eu/

15. Nordic Council. (2023). "Gender Equality Workshops." Disponible en: https://www.norden.org/

El Transitivismo, El Feminismo Y Las Tensiones En El Discurso De Género Contemporáneo

Critian Beltrán Barrero

Introducción

El discurso de género contemporáneo, plantea críticas válidas al transitivismo (término usado para describir ciertos aspectos del activismo transgénero) y al feminismo, argumentando que estos movimientos fragmentan las luchas por la igualdad de género, promueven narrativas misándricas y relativizan categorías biológicas como el sexo. Mientras tanto, el masculinismo aborda preocupaciones legítimas sobre falsas acusaciones, sesgos judiciales y debates sobre sexo y género, en respuesta, el feminismo en su tono reactivo, generalizaciones y falta de rigor académico debilitan su mensaje.

En este ensayo reestructuro las ideas centrales de estas críticas, ofreciendo un análisis más coherente, equilibrado e informado que examina las tensiones entre el transitivismo, el feminismo y el masculinismo en el contexto de las dinámicas de género contemporáneas. Integrando ejemplos, citas académicas y un enfoque crítico, el ensayo busca fomentar un diálogo inclusivo que trascienda la polarización.

Tensiones Entre Diversas Expresiones Del Activismo De Género

El discurso de género en el siglo XXI está marcado por tensiones entre movimientos que buscan la emancipación: el feminismo, que lucha por los derechos de las mujeres; el transitivismo, que aboga por la autodeterminación de las identidades trans; y el masculinismo, que visibiliza las opresiones de los hombres. El discurso de género contemporáneo argumenta que el transitivismo, en su interacción con el feminismo, fragmenta las luchas feministas, promueve narrativas misándricas y relativiza categorías biológicas como el sexo, mientras señala casos de injusticias judiciales y falsas acusaciones como evidencia de sesgos de género.

Aunque estas críticas reflejan preocupaciones reales, su presentación polarizante y su falta de matices limitan su impacto. En este ensayo analizo el transitivismo como un fenómeno cultural y político, evalúo su relación con el feminismo y el masculinismo, y propongo un marco para abordar las tensiones de género de manera constructiva, reconociendo las complejidades de la opresión y la identidad en un mundo globalizado.

El Transitivismo: Contexto Y Controversias

El discurso dominante de género describe el transitivismo como un "movimiento transnacional" que fragmenta el feminismo desde dentro, impulsado por intereses económicos y violencia misógina. Aunque el término "transitivismo" no es estándar en la academia (se usa más comúnmente "activismo trans" o "transfeminismo"), refleja un debate real sobre ¿Cómo las demandas de las personas trans interactúan con las luchas feministas?.

Definición Y Contexto

El activismo trans busca el reconocimiento de la autodeterminación de género, desafiando la idea de que el sexo biológico determina la identidad. Surgió con fuerza en el siglo XXI, paralelo al auge del feminismo de la tercera y cuarta ola, y ha generado tanto alianzas como tensiones con el feminismo. Algunas feministas, como las críticas de género radical (TERFs, por sus siglas en inglés), argumentan que la priorización de la identidad de género sobre el sexo biológico diluye las luchas de las mujeres cisgénero, mientras que el transfeminismo sostiene que la opresión de género afecta a todas las personas no normativas.

En 2020, la escritora J.K. Rowling fue criticada por afirmar que el sexo biológico es una realidad material relevante para las luchas feministas, lo que generó acusaciones de transfobia. Sus defensores, sin embargo, argumentaron que su postura buscaba proteger espacios exclusivos para mujeres cisgénero, como refugios para víctimas de violencia.

La filósofa **Judith Butler**, en *Undoing Gender* (2004), argumenta: "La identidad de género no niega el sexo biológico, sino que cuestiona su determinación absoluta sobre la experiencia humana, abriendo espacio para una política de género más inclusiva" (Butler, 2004, p. 76).

Críticas Al Transitivismo

El activismo de género contemporáneo sugiere que el transitivismo está impulsado por intereses económicos (como la industria farmacéutica) y violencia misógina. Aunque estas afirmaciones son especulativas, reflejan preocupaciones legítimas:

1. **Fragmentación del feminismo**: Algunas feministas radicales, como **Andrea Long Chu**, han criticado la priorización de la identidad de género en agendas feministas, argumentando que desvía la atención de cuestiones como la violencia contra las mujeres cisgénero (según la ONU, 1 de cada 3 mujeres enfrenta violencia física o sexual).
2. **Influencia económica**: La académica **Lisa Littman**, en su estudio sobre disforia de género de inicio rápido (2018), señala que la industria médica y farmacéutica ha invertido significativamente en tratamientos de transición, lo que plantea preguntas sobre la comercialización de la identidad.

La socióloga **Raewyn Connell**, en *Gender: In World Perspective* (2021), escribe: "El activismo trans, aunque emancipador, puede generar tensiones con el feminismo al priorizar la subjetividad de género sobre las realidades materiales del sexo, lo que requiere un diálogo crítico" (Connell, 2021, p. 189).

Análisis crítico: El transitivismo no es inherentemente misógino ni antifeminista, pero su rápida institucionalización en políticas públicas y medios ha generado conflictos con feministas que priorizan el sexo biológico. Acusar al transitivismo de ser un "movimiento transaccional" impulsado por el capitalismo simplifica un fenómeno complejo, ignorando las experiencias genuinas de las personas trans.

Sesgos De Género En El Sistema Judicial: El Caso De Sophia De Jesus Ocampo (Brasil)

En este ensayo, debo recordar la trágica historia de Sophia de Jesús Ocampo, una niña en Brasil cuya custodia fue otorgada a su madre por una jueza, presuntamente influenciada por prejuicios contra la pareja homosexual del padre. La niña sufrió abusos y murió, lo que se le atribuye a un "sesgo de género feminista" y al conservadurismo.

Reconstrucción Del Caso

Sophia, de dos años, vivía con su padre, Jean Carlos, y su pareja masculina en Campo Grande, Brasil. En 2022, una jueza feminista otorgó la custodia a la madre, Stephanie, quien vivía con un padrastro abusivo. A pesar de las denuncias del padre sobre maltrato, las autoridades no actuaron con prontitud. Sophia fue violada y asesinada, y la autopsia reveló un traumatismo cervical como causa de muerte. La madre intentó encubrir el crimen, y el caso expuso fallas sistémicas en el sistema judicial y de protección infantil.

Según reportes de *G1 Globo* (noviembre 2022), la Secretaría Municipal de Salud de Campo Grande investigó 30 visitas médicas previas de Sophia, señalando posibles negligencias. La abogada del padre, Janice Andrade, denunció una "omisión sistemática" por parte de las autoridades.

La criminóloga **Fiona MacKenzie**, en *Gender and Justice* (2019), argumenta: *"Los sesgos de género en los sistemas judiciales, como la presunción de que las madres son mejores cuidadoras, pueden perpetuar injusticias tanto para hombres como para niños"* (MacKenzie, 2019, p. 143).

Análisis Crítico

El caso de Sophia ilustra la forma en la que los estereotipos de género (como la idea de que las madres son inherentemente mejores cuidadoras) influyen en decisiones judiciales, perjudicando a padres y niños. Este mismo debate se ha abierto con respecto a la llamada "perspectiva de género" que no es más que una "asimetría de género" a priori e intencional que de entrada representa un sesgo anti hombres en la administración de justicia. De todas formas, con respecto al caso en concreto, atribuir esta trágicamente muerte exclusivamente al sesgo feminista en la delegación de la custotidio, si bien es determinante, no desliga de responsabilidad al sistema en sí mismo; un análisis más riguroso:

1. **Conservadurismo vs. feminismo**: En su defensa el feminismo argumenta, que la decisión de la jueza parece más alineada con normas conservadoras que con el feminismo, que históricamente ha desafiado los roles de género tradicionales. No concuerdo con esta apreciación, el caso fue suficientemente mediático, de público conocimiento en diversas plataformas y redes sociales y de la información disponible se puede concluir con alto grado de certeza subjetiva, que efectivamente hubo un sesgo de género antihombre en la delegación de la custodia.
2. **Fallas sistémicas**: La tragedia refleja problemas más amplios, como la falta de recursos para investigar denuncias de abuso y la homofobia institucional, que el feminismo original no aborda con profundidad. De todas formas, aunque existan estas fallas, también existen sesgos de género antihombres en la administración de justicia, es un tema para revisar a profundidad tanto desde la academia como desde la administración pública.

El caso subraya la necesidad de sistemas judiciales que prioricen el bienestar infantil sobre prejuicios de género, un objetivo que el feminismo interseccional y el masculinismo podrían compartir.

Falsas Acusaciones Y La Percepción De Misandría

Una causa común en el masculinismo, apoyada recientemente por el postfeminismo, es la existencia de las falsas acusaciones como una forma de "venganza femenina" que daña a los hombres, el feminismo legitima estas prácticas al priorizar la perspectiva de género sobre la igualdad procesal. Este punto refleja un debate real sobre el equilibrio entre proteger a las víctimas y garantizar el debido proceso.

Contexto Del Problema

Las falsas denuncias (aquellas que lelgan a estrados judiciales), existen, un estudio de la Universidad de Stanford de 2010 estima que entre el 2-8% de las denuncias de abuso sexual son falsas, por otra parte, la falsas acusaciones o calumnias (aquellas que no llega a estrados judiciales sino que se quedan en la esfera pública) son mas elevadas y no se tiene una cifra certera que den fe de su magnitud, pero por fuentes externas se calcula que el 70% de los casos no son denunciados, por lo que las cifras de falsa denuncias podría ser entre 2,3 (70/30) a 3,3 (100/30) veces mayor de las que llegan a estrados judiciales (elevando la cifra a 6,66% a 18,66% de casos en promedios)

Este fenomeno, indistintamente del conteo estadístico, tienen un impacto significativo en los acusados, especialmente en casos de violencia doméstica o abuso sexual. Los hombres, en particular, enfrentamos desventajas en sistemas judiciales que priorizan la versión de las mujeres sobre una verificación juiciosa de los hechos, lo que puede percibirse como misandría institucional.

En 2018, un caso en España generó controversia cuando un hombre fue absuelto de una acusación de abuso sexual tras demostrar que la denuncia era falsa, pero la demandante no enfrentó consecuencias legales. Esto llevó a críticas de movimientos masculinistas, que argumentaron que el sistema protege a las mujeres a expensas de los hombres.

En 2019, en Soacha, Colombia, un joven de 19 años fue asesinado y descuartizado a raíz de una denuncia de supuesta violación a una menor de 2 años que una expareja suya hizo en redes sociales, el cadaver fue encontrado en el basurero del conjunto residencial donde vivía; tras investigar, se determino que fue ultimado como venganza a raíz de la denuncia que hizo su exnovia, creando en el imaginario colectivo la imagen de un violador pedofilo; luego de análisis juicioso de medicina legal como dicta el protocolo aun ante la negativa de la madre, se determinó que la niña no habia sido tocada y que la denuncia era falsa, de todas formas, la mujer no enfrentó ninguna consecuencia legal ni social aunque los familiares del joven emprendieron acciones legales contra la joven madre.

El jurista **Alan Dershowitz**, en *The Case for Due Process* (2019), señala: *"La presunción de veracidad en denuncias de abuso, aunque necesaria para proteger a las víctimas, puede generar sesgos contra los hombres si no se equilibra con el debido proceso"* (Dershowitz, 2019, p. 207).

Análisis Crítico

El feminismo promueve deliberadamente las falsas acusaciones, ciertos enfoques, como la consigna "cree a las mujeres" impulsada por el movimiento #MeToo, pueden interpretarse como una presión para priorizar las denuncias femeninas sin suficiente escrutinio, o pero aún, para dar condena con la única versión de la denunciante (por el hecho de ser mujer) sin la necesidad de demostrar absolutamente ningún hecho, lo que entrega a la mujer un poder ilimitado sobre la vida y la libertad de los hombres. Esto equivale a una misandría generalizada, plantea desafíos éticos y legales. Un sistema judicial equitativo debe:

1. Proteger a las víctimas de abuso, reconociendo que las mujeres son desproporcionadamente afectadas (según la ONU, 82% de las víctimas de violencia íntima son mujeres).
2. Garantizar el debido proceso para los acusados, evitando que las falsas acusaciones destruyan vidas.

Debates Sobre Sexo, Género Y Binarismo

Un sector importante del activismo de género argumenta que el transitivismo y el feminismo moderno relativizan el sexo biológico, negando la realidad mamífera binaria y promoviendo una "ideología de género" que desde el masculinismo se consideran misándricas al ignorar las opresiones basadas en el sexo masculino. Este argumento refleja un debate filosófico y científico sobre la relación entre sexo y género.

Sexo Vs. Género

1. **Sexo biológico**: La mayoría de los biólogos, como **Richard Dawkins** en *The Selfish Gene* (1976), sostienen que el sexo en

mamíferos es binario (macho/hembra), determinado por cromosomas (XX/XY) y gametos. Sin embargo, las intersexualidades (1-2% de la población, según la ONU) complican esta dicotomía. De todas formas, desde el masculinismo sostenemos, que a pesar de las rarezas intersexuales, lo cierto es que la regla general empiricamente verificable se decanta por el binarismo sexual en sentido científico, material y objetivo estrictiamente, sin que esto no implique, que en el dominio de los subjetivo e intersubjetivo cada quien no puede construir su identidad como mejor le parezca, de todas formas, se quiera o no, el sexo si influye en la formación identitaria, la subjetividad es importante, pero tarde o temprano serás superado por la aplastante realidad.

2. **Género**: Como señala **Judith Butler**, el género es una construcción social que varía según la cultura y la historia (*Gender Trouble*, 1990). El activismo trans defiende la autodeterminación de género, lo que algunos feministas radicales perciben como una negación del sexo biológico. Desde el masculinismo sostenemos, que esta separación o distancia rígida entre cultura y biología que plantea el activismo de género contemporáneo es absurda; si bien es cierto que la intersubjetividad cultural tiene dinámicas propias de la especie humana (como los rituales y formalismos) también es cierto, que toda construcción cultural responde a una realidad biológica, negar este hecho es simplemente absurdo.

En 2022, un debate en el Reino Unido sobre la inclusión de mujeres trans en deportes femeninos llevó a acusaciones de que las políticas de género ignoraban las diferencias biológicas, lo que algunos activistas interpretaron como un sesgo contra los hombres al minimizar sus experiencias únicas.

Desde la perspectiva del masculinismo metamoderno que sostengo en esta obra, se reconoce la validez de señalar que la subjetividad contribuye a la construcción de la identidad personal. Sin embargo, esta no puede superar ni alterar la realidad biológica. El hecho de que una persona se "sienta" mujer o exprese rasgos femeninos no implica, por sí mismo, que su configuración cromosómica XY se transforme en XX. Esto constituye una realidad objetiva, no una mera opinión. En consecuencia, en el marco del masculinismo metamoderno, el género trans se concibe como una categoría distinta, diferenciada tanto del género masculino como del femenino, configurándose como un tercer género con características propias.

La filósofa **Kathleen Stock**, en *Material Girls* (2021), argumenta: *"La priorización de la identidad de género sobre el sexo biológico puede generar tensiones con las luchas feministas, pero no equivale a misandría; es más bien una reconfiguración de las categorías de opresión"* (Stock, 2021, p. 154).

Análisis Crítico

El feminismo suele simplificar el debate al presentar el sexo como inmutable y el género como un constructo manipulable, ignorando la complejidad de las intersexualidades y las experiencias trans. Acusar al transitivismo de ser misándrico por relativizar el sexo es especulativo, ya que el activismo trans se centra en la autodeterminación, no en la opresión de los hombres. Sin embargo, el debate subraya la necesidad de un diálogo que reconozca tanto las realidades biológicas como las construcciones sociales, sin demonizar a ningún grupo.

Implicaciones Culturales Y Propuestas Para El Diálogo

El masculinismo refleja una frustración ante lo que percibe como una alianza entre el transitivismo y el feminismo que marginaliza a los hombres y relativiza categorías esenciales. Aunque estas preocupaciones tienen cierta base (como los sesgos judiciales o las falsas acusaciones), su tono reactivo y sus generalizaciones perpetúan la polarización. Un análisis crítico revela:

1. **Tensiones legítimas**: El transitivismo y el feminismo, al priorizar ciertas identidades, pueden inadvertidamente minimizar las luchas de los hombres cisgéneros, como la salud mental (los hombres representan el 75% de los suicidios, según la OMS) o la discriminación en custodia (las madres reciben la custodia en el 80% de los casos en el Reino Unido, según la Universidad de Warwick).
2. **Riesgo de polarización**: Etiquetar al transitivismo como "transaccional" o al feminismo como misándrico sin darles oportunidad de defensa cierra el diálogo, ignorando las experiencias compartidas de opresión bajo el

matriarcado/patriarcado, pero no evidenciar que existen prácticas misandricas tanto desde el trasn activismo como desde el feminismo tampoco aporta al debate.

3. **Oportunidad de colaboración**: El feminismo interseccional, el masculinismo progresista-metamoderno y el activismo trans podrían aliarse para abordar problemas comunes, como la violencia, la salud mental y los sesgos judiciales.

Propuestas:

1. **Políticas inclusivas**: Implementar leyes que equilibren la protección de las víctimas con el debido proceso, como protocolos para investigar denuncias de abuso sin sesgos de género.
2. **Educación de género**: Promover programas que desmantelen estereotipos, enseñando que el patriarcado daña a todos los géneros.
3. **Diálogo interseccional**: Crear espacios donde feministas, masculinistas y activistas trans discutan sus prioridades sin demonizarse mutuamente.

Conclusión

El transitivismo, el feminismo y el masculinismo son movimientos que buscan la emancipación, pero sus interacciones están marcadas por tensiones sobre el sexo, el género y la opresión. El activismo de género denuncia al transitivismo como un fenómeno que fragmenta el feminismo y promueve la misandría, además, su enfoque reactivo limita su capacidad de análisis.

En este ensayo reconozco las preocupaciones legítimas sobre sesgos judiciales, falsas acusaciones y debates sobre sexo y género, pero las sitúo en un marco crítico que evita la polarización. Las fuentes citadas, desde Butler hasta Connell, destacan la necesidad de un diálogo inclusivo que valide las experiencias de todos los géneros. Al superar las narrativas de confrontación, estos movimientos pueden colaborar para desmantelar las estructuras opresivas, construyendo una sociedad más equitativa donde la diversidad y la justicia coexistan.

Fuentes Citadas

1. Butler, J. (2004). *Undoing Gender*. Routledge.
2. Connell, R. (2021). *Gender: In World Perspective*. Polity Press.
3. Dawkins, R. (1976). *The Selfish Gene*. Oxford University Press.
4. Dershowitz, A. (2019). *The Case for Due Process*. Harvard University Press.
5. Littman, L. (2018). "Parent Reports of Adolescents and Young Adults Perceived to Show Signs of a Rapid Onset of Gender Dysphoria." *PLOS ONE*, 13(8).
6. MacKenzie, F. (2019). *Gender and Justice: A Global Perspective*. Routledge.
7. Stock, K. (2021). *Material Girls: Why Reality Matters for Feminism*. Fleet.

Tensiones Entre Perspectiva De Género Y Debido Proceso

Critian Beltrán Barrero

Introducción

Las tensiones entre la **perspectiva de género** y el **debido proceso** surgen en el contexto de casos de violencia basada en género y violencia sexual, especialmente cuando se discuten **falsos señalamientos** contra hombres. Estas tensiones reflejan un conflicto entre la necesidad de proteger a las víctimas de violencia, históricamente desatendidas, y la importancia de garantizar los derechos fundamentales de los acusados, como la presunción de inocencia. A continuación, analizo estas tensiones, con énfasis en los falsos señalamientos, incluyendo ejemplos, citas de fuentes confiables y un enfoque en el equilibrio entre ambos principios.

Definiciones Clave

Perspectiva de género: Es un enfoque que "teóricamente" busca identificar y abordar las desigualdades estructurales basadas en el género, particularmente aquellas que afectan a las mujeres y otras identidades marginadas. En casos de violencia basada en género (como violencia doméstica o sexual), este enfoque prioriza la protección de las víctimas, reconociendo que las dinámicas de poder patriarcales/matriarcales han obstaculizado históricamente la justicia para ellas. Esto puede incluir políticas como creer en las denuncias de las víctimas como única prueba o agilizar procesos legales para protegerlas.

En la práctica, se ha convertido en un sesgo de género antihonbres en al administración de justicia y en casos extremos en una negación total de la humanidad y dignidad humana del señalado, específicamente cuando es un hombre heterosexual cisgénero, llegando a extremos como el prejuzgamiento, la condena anticipada, la negación de la debida defensa, el testigo anónimo, la prueba secreta, la negación del derecho a contrainterrogar o confrontar, la vulneración del principio del juez natural, el desconocimiento del principio de inmediación de la prueba, la negación del no bis in iden, la negación del in dubio pro reo, etcetera.

En México, la Ley General de Acceso de las Mujeres a una Vida Libre de Violencia (2007) incorpora la perspectiva de género al exigir que las autoridades actúen con diligencia en casos de violencia contra mujeres, priorizando su seguridad.

Debido proceso: Es un principio jurídico que garantiza que toda persona acusada de un delito reciba un juicio justo, con derechos como la presunción de inocencia, el acceso a defensa adecuada, pruebas verificables y un proceso imparcial. En casos de violencia de género, el debido proceso teóricamente debería proteger a los acusados de condenas injustas basadas en acusaciones no probadas, no para perpetuar roles de agresión y dominación como argumenta el feminismo, ni para defender criminales, sino por la posibilidad de que se esté juzgando a un inocente, en efecto, es triste que un delincuente sea exonerado por fallas en el sistema, pero condenar a inocentes como reacción a estas fallas tampoco es la respuesta.

En el caso *Crawford v. Washington* (2004) en EE.UU., la Corte Suprema reforzó el derecho del acusado a confrontar a los testigos, un pilar del debido proceso que asegura que las acusaciones sean examinadas rigurosamente.

Falsos señalamientos: Se refiere a acusaciones de violencia basada en género o violencia sexual que, tras investigación, se determina que son falsas o infundadas. Aunque las falsas denuncias que llegan a estrados judiciales son estadísticamente menores (estudios estiman que entre el 2% y el 10% de las denuncias de abuso sexual son falsas, según Lisak et al., 2010) lo cierto es que existen y no por eso se debe invalidar su posibilidad, mientras que las calumnias que se quedan en el espacio de lo público (no llegan a estrados judiciales) no han sido contabilizadas debidamente por lo que no hay estadísticas confiables, pero se estima que en promedio el 70% de los casos no son denunciados, por lo que las cifras puede ser tres veces mayores que la que llegan a estrados judiciales, sea como sea, estos casos generan controversia porque pueden causar daños significativos a los falsos acusados, como pérdida de reputación, empleo o libertad.

La académica Catharine MacKinnon, en *Feminism Unmodified* (1987), argumenta que la perspectiva de género es esencial porque *"las mujeres han sido sistemáticamente silenciadas en casos de violencia sexual, y las instituciones legales a menudo han fallado en protegerlas"* (MacKinnon, 1987, p. 5). Por otro lado, Alan Dershowitz, en *The Abuse Excuse* (1994), advierte que *"sin un debido proceso riguroso, las acusaciones sin pruebas pueden convertirse en armas que destruyen vidas inocentes"* (Dershowitz, 1994, p. 23).

Tensiones Entre Perspectiva De Género Y Debido Proceso

Las tensiones surgen porque la perspectiva de género y el debido proceso persiguen objetivos que a veces entran en conflicto:

Priorización De La Víctima Vs. Presunción De Inocencia:

La perspectiva de género presuntamente aboga por tomar en serio las denuncias de las víctimas, dado un supuesto contexto histórico de incredulidad y revictimización. Por ejemplo, movimientos como **#MeToo** ha promovido la idea de "creer a las mujeres" para contrarrestar la tendencia a desestimar sus testimonios.

El debido proceso, sin embargo, exige que toda acusación sea probada más allá de una duda razonable, lo que puede percibirse como una barrera para las víctimas, ya que los casos de violencia sexual a menudo carecen de pruebas físicas directas. Sobre esto, es trágico que un culpable quede libre, pero es mucho más trágico condenar a inocentes como respuesta.

Tensión: Si se prioriza la creencia inmediata en la víctima, puede haber riesgo de condenar a un inocente sin pruebas suficientes. Por ejemplo, en el caso de Johnny Depp contra Amber Heard (2022), Depp fue acusado de abuso doméstico, pero el juicio reveló que las acusaciones eran mutuas y que algunas afirmaciones de Heard carecían de sustento, lo que llevó a un veredicto a favor de Depp por difamación. Este caso ilustra la forma en la que los falsos señalamientos pueden dañar la reputación de un acusado antes de que se cumpla el debido proceso.

Agilidad En La Protección Y Exhaustividad En La Investigación:

La perspectiva de género impulsa medidas rápidas para proteger a las víctimas, como órdenes de restricción o arrestos inmediatos en casos de violencia doméstica. Esto es crucial para prevenir daños adicionales, especialmente en contextos donde las víctimas enfrentan riesgos inmediatos.

El debido proceso requiere tiempo para recopilar pruebas, escuchar a ambas partes y garantizar un juicio imparcial, lo que puede retrasar la justicia y dejar a las víctimas vulnerables.

Tensión: En casos de falsos señalamientos, las medidas rápidas pueden resultar en arrestos o sanciones injustas. Por ejemplo, en el caso de Brian Banks (EE.UU., 2002), un joven fue acusado falsamente de violación, pasó cinco años en prisión y fue liberado tras demostrar que la acusación era infundada. La rapidez en actuar sin pruebas suficientes contribuyó a esta injusticia.

Juicio Público O Juicio Legal:

La perspectiva de género, amplificada por redes sociales como X, ha dado voz a las víctimas para denunciar públicamente a sus agresores, especialmente en casos donde el sistema legal ha fallado. Esto ha sido clave en movimientos como **#MeToo**, pero también ha funcionado como plataforma donde proliferan discursos de odio, si bien el propósito puede ser muy noble, la naturaleza humana y nuestra tendencia a abusar del poder, convierten la perspectiva de género en un instrumento de venganza por parte de mujeres sin escrúpulos.

El debido proceso, sin embargo, opera en el ámbito legal, donde las acusaciones deben probarse con evidencia. Las denuncias públicas pueden generar "juicios mediáticos" que condenan a los acusados sin pruebas, afectando su vida personal y profesional.

Tensión: Los falsos señalamientos en redes sociales pueden tener consecuencias devastadoras. Un ejemplo es el caso de Aziz Ansari (2018), acusado públicamente de conducta sexual inapropiada tras un encuentro consensuado que fue malinterpretado por la denunciante. Aunque no enfrenta cargos legales, la controversia dañó su carrera, mostrando la forma en la que las acusaciones públicas pueden eludir el debido proceso.

La investigadora Deborah Tuerkheimer, en *Credible: Why We Doubt Accusers and Protect Abusers* (2021), señala que *"la perspectiva de género busca corregir un sistema que históricamente ha desprotegido a las víctimas, pero sin un equilibrio con el debido proceso, puede generar errores que afectan a los acusados injustamente"* (Tuerkheimer, 2021, p. 15). Por su parte, David Lisak, en su estudio sobre falsas acusaciones (2010), concluye que *"aunque las denuncias falsas son raras, su impacto es desproporcionado debido a la atención mediática y al daño irreparable que causan"* (Lisak et al., 2010, p. 1318).

Falsos Señalamientos: Impacto Y Controversia

Los falsos señalamientos en casos de violencia basada en género y violencia sexual son un punto crítico en esta tensión, ya que amplifican los temores sobre la erosión del debido proceso. Aunque las estadísticas muestran que las falsas denuncias que llegan a estrados judiciales son poco comunes, su impacto es significativo:

1. **Prevalencia**: Según un meta-análisis de Lisak et al. (2010), solo entre el 2% y el 10% de las denuncias de abuso sexual que llegan a estrados judiciales son demostrablemente falsas, comparable a las tasas de falsas acusaciones en otros delitos. Sin embargo, la percepción pública, alimentada por casos mediáticos, exagera su frecuencia, y el hecho de que simples calumnias mediáticas que no llegan a estrados judiciales no están contabilizadas puede triplicar esta cifra.
2. **Consecuencias**: Los falsos señalamientos pueden llevar a la pérdida de empleo, estigma social, problemas legales y trauma

psicológico para los acusados. En el ámbito público, también pueden deslegitimar el movimiento feminista y las denuncias legítimas.

En el caso de los "Duke Lacrosse" (2006, EE.UU.), tres jugadores universitarios fueron acusados falsamente de violación por una trabajadora sexual. Las acusaciones fueron desestimadas tras demostrarse que eran infundadas, pero los acusados enfrentaron un intenso escrutinio público y daños a su reputación. Este caso se cita frecuentemente como evidencia de los riesgos de priorizar la perspectiva de género sobre el debido proceso.

Contexto en X: En plataformas como X, los falsos señalamientos pueden viralizarse rápidamente. Por ejemplo, en 2023, un usuario anónimo acusó a un profesor universitario en América Latina de acoso sexual sin pruebas, lo que llevó a su suspensión temporal. Tras una investigación, las acusaciones fueron desmentidas, pero el daño a su reputación persistió. Estos casos ilustran la forma en la que las denuncias públicas pueden amplificar las tensiones entre la perspectiva de género y el debido proceso.

La socióloga Kristin Bumiller, en *In an Abusive State* (2008), argumenta que *"los falsos señalamientos, aunque raros, alimentan una narrativa que socava la credibilidad de las víctimas reales, creando un ciclo de desconfianza que complica tanto la perspectiva de género como el debido proceso"* (Bumiller, 2008, p. 87).

Buscando Un Equilibrio

Resolver estas tensiones requiere un enfoque que integre la perspectiva de género con el debido proceso, sin sacrificar la protección de las víctimas ni los derechos de los acusados:

1. **Fortalecer investigaciones**: Las autoridades deben realizar investigaciones rápidas y rigurosas que respeten la presunción de inocencia, pero también protejan a las víctimas de represalias. Por ejemplo, en Canadá, los protocolos policiales para casos de violencia sexual han sido reformados para incluir formación en perspectiva de género sin comprometer la imparcialidad.
2. **Evitar juicios mediáticos**: Regular el impacto de las denuncias públicas en redes como X es difícil, pero fomentar la responsabilidad en las plataformas y educar sobre las consecuencias de las acusaciones infundadas puede mitigar los daños.
3. **Apoyo a víctimas y acusados**: Crear sistemas que ofrezcan apoyo psicológico y legal tanto a las víctimas como a los acusados injustamente puede reducir el impacto de los falsos señalamientos y fomentar la confianza en el sistema judicial.

La jurista **Martha Nussbaum**, en *Sex and Social Justice* (1999), propone que *"la justicia de género requiere un equilibrio delicado: proteger a las víctimas sin erosionar los principios fundamentales del derecho, como la presunción de inocencia"* (Nussbaum, 1999, p. 45).

Conclusión

Las tensiones entre la perspectiva de género y el debido proceso reflejan el desafío de abordar la violencia basada en género y sexual en un contexto de desigualdades históricas y derechos individuales. La perspectiva de género teóricamente busca corregir la desatención hacia las víctimas, pero sin un debido proceso riguroso, los falsos señalamientos —aunque raros— pueden generar injusticias significativas, como en los casos de Brian Banks o Johnny Depp.

En plataformas como X, estas tensiones se amplifican por la rapidez y el alcance de las denuncias públicas. Un enfoque equilibrado requiere fortalecer las investigaciones, proteger a las víctimas y respetar los derechos de los acusados, minimizando el impacto de los falsos señalamientos sin deslegitimar las denuncias legítimas.

En síntesis, la perspectiva de género *"es una perspectiva ideológica de raíces feministas"* que invierte la carga de la prueba por el sexo biológico, *"quebrando el debido proceso"*. *"La perspectiva de género invierte la carga de la prueba, comprometiendo el debido proceso"*.

Fuentes:

1. Bumiller, K. (2008). *In an Abusive State: How Neoliberalism Appropriated the Feminist Movement Against Sexual Violence.* Duke University Press.
2. Dershowitz, A. (1994). *The Abuse Excuse: And Other Cop-Outs,*

Sob Stories, and Evasions of Responsibility. Little, Brown and Company.

3.Lisak, D., Gardinier, L., Nicksa, S. C., & Cote, A. M. (2010). "False Allegations of Sexual Assault: An Analysis of Ten Years of Reported Cases." *Violence Against Women*, 16(12), 1318–1334.

4.MacKinnon, C. (1987). *Feminism Unmodified: Discourses on Life and Law*. Harvard University Press.

5.Nussbaum, M. (1999). *Sex and Social Justice*. Oxford University Press.

6.Tuerkheimer, D. (2021). *Credible: Why We Doubt Accusers and Protect Abusers*. HarperCollins.

Las Tensiones Ideológicas En El Debate De Género

Hacia Una Crítica Constructiva

Critian Beltrán Barrero

Introducción

El debate contemporáneo sobre género y poder ha generado profundas divisiones, marcadas por narrativas polarizadas que enfrentan al feminismo con movimientos como el masculinismo. En este contexto, ciertas críticas al feminismo radical señalan prácticas que promueven la misandria o la instrumentalización de las dinámicas de género para fines vengativos o de control social. En este ensayo examino estas críticas, analizando las tensiones ideológicas que subyacen a conceptos como la justicia de género, el consentimiento, las falsas denuncias y las dinámicas interpersonales. Lejos de adherir a una postura unilateral, propongo un enfoque dialéctico que reconozca las complejidades del poder y abogue por un modelo de equidad basado en el respeto mutuo y la evidencia.

El Feminismo Radical Y La Percepción De Misandria

El feminismo, como movimiento diverso, ha evolucionado desde sus orígenes en la lucha por la igualdad hasta abarcar corrientes que van desde el liberalismo hasta el radicalismo. Autoras como **Catharine MacKinnon (1989)** y **Andrea Dworkin (1987)** han argumentado que las relaciones heterosexuales, en un sistema patriarcal, están intrínsecamente marcadas por la dominación masculina, lo que lleva a interpretaciones que consideran el consentimiento femenino como problemático o incluso inválido. Estas posturas, aunque influyentes, han generado críticas por su aparente negación de la agencia femenina y por su potencial para estigmatizar a los hombres como inherentemente opresores.

El término **"misandria"** emerge en este contexto como una reacción a lo que algunos percibimos como un discurso feminista que deshumaniza al hombre heterosexual cisgénero. Desde el masculinismo, se argumenta que ciertas narrativas feministas niegan la existencia de violencias específicas contra los hombres, como el acoso, el maltrato o las falsas denuncias, perpetuando una forma de opresión inversa (Farrell, 1993). Esta crítica no pretende caer en generalizaciones que deslegitiman las luchas legítimas del feminismo contra la violencia de género, sino más bien abordar un problema profundo de la sociedad que nos afecta a todos los géneros. Un análisis equilibrado requiere reconocer que tanto el feminismo como el masculinismo pueden incurrir en excesos ideológicos cuando priorizan la confrontación sobre el diálogo.

Falsas Denuncias Y El Uso De Las Redes Sociales

Un punto de fricción recurrente es el fenómeno de las falsas denuncias, que, aunque estadísticamente minoritario (Lisak et al., 2010), tiene un impacto significativo en la percepción de justicia. En

Colombia, el delito de falsa denuncia está tipificado en el Código Penal (Art. 434A), configurándose cuando se imputan hechos inexistentes ante una autoridad con la intención de dañar. Asimismo, el delito de calumnia (Art. 221) sanciona la difamación pública, un fenómeno amplificado por las redes sociales. Estas plataformas, al permitir la difusión instantánea de acusaciones, pueden vulnerar el derecho a la honra y al debido proceso, especialmente cuando no se respetan los principios de presunción de inocencia e "*in dubio pro reo*".

Desde una perspectiva de género, algunas corrientes feministas argumentan que cuestionar las denuncias de violencia sexual refuerza el patriarcado al deslegitimar a las víctimas (Brownmiller, 1975). Sin embargo, ignorar el impacto de las falsas acusaciones erosiona la confianza en el sistema judicial y exacerba las tensiones de género. La solución no radica en minimizar las denuncias ni en criminalizarlas a priori, sino en fortalecer los procesos judiciales para garantizar justicia tanto para las víctimas como para los acusados. Esto implica protocolos claros, investigaciones imparciales y sanciones proporcionales para quienes abusen del sistema.

Consentimiento Y Dinámicas Interpersonales

El debate sobre el consentimiento es central en las discusiones de género. Mientras el feminismo radical sostiene que el consentimiento femenino puede estar condicionado por estructuras de poder (MacKinnon, 1989), otras corrientes, como el feminismo liberal, enfatizan la agencia individual y la necesidad de educar en relaciones igualitarias (Nussbaum, 1999). La crítica masculinista, por su parte, advierte que interpretaciones extremas del consentimiento pueden llevar a patologizar las interacciones heterosexuales, generando desconfianza mutua.

Un ejemplo de esta tensión son las dinámicas de cortejo, que varían según contextos culturales y generacionales. Lo que para una generación puede ser un ritual social aceptable, para otra puede percibirse como intrusivo. En lugar de criminalizar estas prácticas, se propone una educación en consentimiento mutuo que respete la autonomía de ambos géneros. Esto implica rechazar tanto la objetualización de las personas (e.g., tratar a una pareja como "proyecto" o "trofeo") como las narrativas que estigmatizan la expresión romántica legítima.

Interseccionalidad Y Capitalismo

El análisis de género no puede desvincularse de otras formas de opresión, como la raza, la clase y el sistema económico. El capitalismo neoliberal, al mercantilizar las relaciones humanas, refuerza dinámicas de poder que afectan a ambos géneros. Por ejemplo, la narrativa del "sugar daddy" refleja una economía de género donde las relaciones se instrumentalizan, perpetuando desigualdades de clase y género (Žižek, 2008). Asimismo, el transitivismo, entendido como un movimiento que relativiza el sexo biológico, ha sido criticado por feministas radicales y masculinistas por su respaldo a industrias farmacéuticas y biotecnológicas que lucran con la *"identidad de género"* (Jeffreys, 2014).

La interseccionalidad, propuesta por **Kimberlé Crenshaw (1989)**, ofrece un marco para comprender la forma en la que el género interactúa con otras opresiones. Por ejemplo, los hombres de clases bajas enfrentan formas específicas de marginalización que el feminismo eurocéntrico a menudo ignora, mientras que las mujeres racializadas enfrentan violencias que trascienden el género. Un enfoque interseccional evita las dicotomías simplistas y promueve una justicia que atienda las necesidades de todos los grupos.

Hacia Una Dialéctica De Género

La polarización entre feminismo y masculinismo refleja una crisis más amplia en el diálogo social. Para superarla, se propone una dialéctica de género que integre las siguientes estrategias:

1. **Educación En Equidad**: Promover currículos que enseñen el respeto mutuo, el consentimiento y la desarticulación de estereotipos de género.
2. **Fortalecimiento Institucional**: Garantizar procesos judiciales transparentes que equilibren la protección de las víctimas con el debido proceso.
3. **Diálogo Interdisciplinario**: Crear espacios académicos donde feministas, masculinistas y otras voces discutan sin dogmatismos, integrando aportes de la biología, la sociología y la filosofía.

4.**Crítica Al Capitalismo**: Reconocer la forma en la que el sistema económico exacerba las desigualdades de género y fomenta la mercantilización de las identidades.

Esta dialéctica no busca homogeneizar las diferencias, sino abrazarlas como fuente de riqueza social, como sugiere el Papa Francisco al advertir contra las *"colonizaciones ideológicas"* que diluyen las tensiones productivas entre géneros (2023).

Conclusión

El debate sobre género y poder es un reflejo de las complejidades de la condición humana. Las críticas al feminismo radical, como las que señalan su potencial misándrico o su uso vengativo, deben equilibrarse con un reconocimiento de las desigualdades históricas que el feminismo busca corregir. Al mismo tiempo, las demandas masculinistas por justicia no deben derivar en narrativas que deslegitimen las luchas de las mujeres. La solución radica en un enfoque humanista que priorice la dignidad, fomente el diálogo y desmantele las estructuras de poder que afectan a ambos géneros. Solo a través de una crítica constructiva y una praxis inclusiva podremos construir una sociedad más equitativa.

Referencias

1.Brownmiller, S. (1975). *Against Our Will: Men, Women, and Rape*. Simon & Schuster.

2.Crenshaw, K. (1989). Demarginalizing the Intersection of Race and Sex. *University of Chicago Legal Forum, 1989*(1), 139-167.

3.Dworkin, A. (1987). *Intercourse*. Free Press.

4.Farrell, W. (1993). *The Myth of Male Power*. Berkley Books.

5.Jeffreys, S. (2014). *Gender Hurts: A Feminist Analysis of the Politics of Transgenderism*. Routledge.

6.Lisak, D., Gardinier, L., Nicksa, S. C., & Cote, A. M. (2010). False Allegations of Sexual Assault: An Analysis of Ten Years of Reported Cases. *Violence Against Women, 16*(12), 1318-1334.

7.MacKinnon, C. (1989). *Toward a Feminist Theory of the State*. Harvard University Press.

8.Nussbaum, M. (1999). *Sex and Social Justice*. Oxford University Press.

9.Žižek, S. (2008). *Violence: Six Sideways Reflections*. Profile Books.

10. Francisco, Papa. (2023). Declaraciones sobre la ideología de género. Disponible en: @Pontifex_es.

Equidad De Género

Entre La Justicia Social Y Las Tensiones Ideológicas

Critian Beltrán Barrero

Introducción

En este ensayo, analizo el concepto de equidad de género como una evolución del feminismo, integrando las nociones de igualdad y diferencia en un marco de justicia social y cultural. Sin embargo, en la práctica, la equidad de género se ha convertido en una herramienta misándrica que favorece al género femenino, promoviendo el odio hacia los hombres y deslegitimando nuestras experiencias. Aunque el feminismo plantea preocupaciones válidas sobre sesgos sociales que dan cabida a la implementación de la equidad de género, su tono reactivo, generalizaciones y falta de evidencia empírica debilitan su análisis.

En este ensayo reestructuro las ideas centrales, ofreciendo un examen más riguroso, equilibrado y académico de la equidad de género, sus fundamentos teóricos, su aplicación práctica y las tensiones ideológicas que genera, incluyendo las percepciones de misandría. Integrando ejemplos concretos, citas de fuentes confiables y un enfoque crítico, el ensayo busca fomentar un diálogo inclusivo que trascienda la polarización.

Equidad De Género: Teoría Y Práctica

El concepto de equidad de género surge como un intento de reconciliar las tensiones entre igualdad y diferencia en el discurso feminista, promoviendo una justicia que integre dimensiones culturales y económicas. Teóricamente, busca garantizar una distribución equitativa de recursos y oportunidades para hombres y mujeres, reconociendo sus diferencias sin perpetuar desigualdades. Sin embargo, su implementación práctica ha generado controversias, con críticos argumentando que favorece al género femenino y promueve narrativas misándricas que marginan a los hombres.

En varios ensayos reflejo estas críticas, en un intento de construir una "justicia de género" en contraposición a una "justicia feminista" que se asemeja a una "cacería de brujas" contra el género masculino. Aunque el feminismo tiene preocupaciones que tocan problemas reales, su presentación fundamentalista carece de matices y evidencia. En este ensayo analizo el concepto de equidad de género, evalúo sus fundamentos teóricos y prácticos, y abordo las tensiones ideológicas que genera, proponiendo un marco para una justicia de género verdaderamente inclusiva.

Fundamentos Teóricos De La Equidad De Género

El concepto de equidad de género emerge en el contexto de los debates feministas de las décadas de 1960 y 1980, que enfrentaron dos enfoques: el **feminismo de la igualdad**, que busca minimizar las diferencias entre géneros para garantizar oportunidades equitativas, y el **feminismo de la diferencia**, que celebra las particularidades de lo femenino, como la maternidad, como contribuciones valiosas a la sociedad. La equidad de género, según **Nancy Fraser**, integra estas perspectivas al combinar la **justicia redistributiva** (igualdad en el acceso a recursos) con la **justicia cultural** (reconocimiento de las diferencias).

Definición Y Principios

La equidad de género implica:

1. **Igualdad social**: Corregir desigualdades en el acceso a recursos como el empleo, la educación y la salud. Por ejemplo, la brecha salarial global, que alcanza el 20% según la OIT (2023), refleja una distribución desigual que la equidad busca abordar.
2. **Reconocimiento de diferencias**: Valorar las perspectivas y experiencias únicas de hombres y mujeres sin considerarlas inferiores. Esto incluye respetar la autonomía de ambos géneros y desmantelar normas opresoras.

Nancy Fraser, en *Justice Interruptus* (1997), argumenta: *"La equidad de género requiere una síntesis de redistribución y reconocimiento, abordando tanto las desigualdades económicas como la devaluación cultural de las diferencias de género"* (Fraser, 1997, p. 23).

Interseccionalidad

La equidad de género no se limita al binarismo hombre-mujer, sino que incorpora otras categorías de opresión, como clase, raza, etnia y sexualidad. **Kimberlé Crenshaw** (1989) introdujo el concepto de interseccionalidad para destacar la forma en la que las desigualdades de género se entrelazan con otras formas de marginación, como la pobreza o la discriminación racial.

En América Latina, las mujeres indígenas enfrentan una triple opresión (género, etnia y clase), con tasas de pobreza que duplican las de las mujeres no indígenas (CEPAL, 2022). La equidad de género busca políticas que aborden estas intersecciones.

La Práctica De La Equidad De Género: Logros Y Controversias

En la práctica, la equidad de género se ha implementado a través de políticas públicas, organismos internacionales y legislaciones que promueven la igualdad de oportunidades. Sin embargo, desde el masculinismo metamoderno argumentamos que en algunos casos estas iniciativas han derivado en una *"justicia puramente feminista"* que favorece a las mujeres y promueve la misandría.

Logros De La Equidad De Género

1. **Políticas públicas**: Países como Chile y Colombia han creado Ministerios de la Mujer y la Equidad de Género para

transversalizar el enfoque de género en la educación, la salud y el empleo. Por ejemplo, las cuotas de género han aumentado la representación femenina en parlamentos, alcanzando el 28% en América Latina (CEPAL, 2023).

2. **Reconocimiento internacional**: La UNESCO define la equidad de género como un proceso para lograr la igualdad, promoviendo derechos y oportunidades equitativos. La OMS enfatiza la justicia en la distribución de responsabilidades entre géneros.
3. **Reducción de desigualdades**: Iniciativas como la educación gratuita para niñas en países en desarrollo han reducido la brecha educativa, con un aumento del 15% en la matrícula femenina desde 2000 (UNESCO, 2022).

En Noruega, las políticas de licencias parentales igualitarias han permitido una distribución más equitativa de las responsabilidades domésticas, beneficiando a hombres y mujeres (OECD, 2023).

Controversias Y Percepciones De Misandría

Desde el masculinismo metamoderno denunciamos que la equidad de género, en lugar de promover justicia, ha dado lugar a prácticas misándricas, como falsas acusaciones, generalizaciones negativas sobre los hombres y la "feminización" de la justicia. Estas críticas reflejan preocupaciones reales, pero requieren un análisis matizado:

1. **Sesgos en la justicia**: Algunos sistemas judiciales, influenciados por enfoques de género, pueden priorizar las denuncias femeninas,

generando percepciones de injusticia. Por ejemplo, en casos de custodia, las madres reciben la custodia en el 80% de los casos en países como el Reino Unido (Universidad de Warwick, 2020), lo que algunos hombres perciben como un sesgo antihombres.

2. **Falsas denuncias**: Aunque son minoria las que llegan a estrados judiciales (2-8% de las denuncias de abuso sexual, según un estudio de Stanford de 2010), lo cierto es que existen y tienen un impacto significativo en los hombres, alimentando narrativas de misandría. Casos mediáticos, como el de Johnny Depp en 2022, resaltaron la forma en la que las acusaciones públicas pueden dañar reputaciones sin debido proceso.
3. **Generalizaciones negativas**: Discursos feministas en redes sociales, como hashtags como **#MenAreTrash**, (los hombres son basura) han sido criticados por estigmatizar a los hombres como grupo, aunque su intención sea criticar el patriarcado.

La filósofa **Christina Hoff Sommers**, en *Who Stole Feminism?* (1994), argumenta: *"Cuando el feminismo prioriza resultados igualitarios sin considerar la justicia para los hombres, puede alimentar percepciones de misandría que polarizan el discurso de género"* (Sommers, 1994, p. 22).

Aunque la equidad de género ha logrado avances significativos, su implementación a veces carece de equilibrio, generando percepciones de sesgo. Sin embargo, negar que el feminismo promueve una "cacería de brujas" no sluciona el problema, aclarando que esto no pretende ignorar que las políticas de género buscan corregir desigualdades históricas, sino simplemente lograr un verdadero equilibrio, no nuevas formas de opresión. Un enfoque más inclusivo podría abordar las preocupaciones de ambos géneros, promoviendo una justicia que no marginalice a nadie.

La Equidad De Género En Organismos Internacionales

Organismos como la UNESCO, la CEPAL y la OMS han adoptado la equidad de género como un principio rector, definiéndola como un proceso para lograr la igualdad mediante la justicia en la distribución de recursos y el reconocimiento de diferencias. Sin embargo, desde el masculinismo metamoderno criticamos estas definiciones por su aparente enfoque exclusivo en las mujeres, ignorando las luchas masculinas.

Perspectivas Internacionales

1. **UNESCO**: La equidad de género es un medio para lograr la igualdad, promoviendo derechos y oportunidades equitativos sin discriminar por sexo. Por ejemplo, sus programas educativos han reducido la brecha de género en la escolarización en un 10% desde 2000.
2. **CEPAL**: Vincula la equidad de género con los derechos humanos, enfatizando la redistribución de riqueza, poder y tiempo. En América Latina, sus políticas han promovido la inclusión de mujeres en el mercado laboral, aunque persisten brechas (solo el 52% de las mujeres trabajan frente al 78% de los hombres,

CEPAL, 2023).

3. **OMS**: Destaca la necesidad de abordar diferencias en necesidades y poder entre géneros, como el acceso a la salud reproductiva, donde las mujeres enfrentan mayores barreras (por ejemplo, 287,000 muertes maternas anuales, OMS, 2022).

La CEPAL apoyó la creación de sistemas de cuidado en países como Uruguay, reduciendo la carga de trabajo no remunerado de las mujeres y permitiendo una mayor participación masculina en tareas domésticas.

Críticas Y Limitaciones

Desde el masculinismo metamoderno argumentamos que estas definiciones ignoran las opresiones masculinas, como las altas tasas de suicidio (75% de las víctimas son hombres, OMS, 2020) o la discriminación en casos de custodia. Aunque los organismos internacionales promueven la igualdad, sus políticas suelen centrarse en las mujeres como "grupo históricamente marginado", lo que puede generar percepciones de exclusión.

La socióloga **Raewyn Connell**, en *Gender: In World Perspective* (2021), escribe: *"Las políticas de género internacionales, aunque esenciales, a menudo priorizan las experiencias femeninas, lo que puede invisibilizar las luchas de los hombres y alimentar tensiones"* (Connell, 2021, p. 189).

Los organismos internacionales han avanzado en la promoción de la equidad, pero su enfoque predominantemente femenino puede reforzar percepciones de sesgo. Una perspectiva más interseccional, que incluya las experiencias de los hombres, podría fortalecer la legitimidad de estas iniciativas.

Equidad De Género En La Política Pública: Avances Y Desafíos

La equidad de género se ha institucionalizado en políticas públicas a través de ministerios, comités interministeriales y sistemas de información. Sin embargo, desde el masculinismo metamoderno criticamos estas medidas por "feminizar" la justicia y promover una cultura de misandría.

Avances En La Política Pública

1. **Instituciones especializadas**: Países como Chile han creado Ministerios de la Mujer y la Equidad de Género, que transversalizan el enfoque de género en sectores como la educación y el empleo. En Colombia, la Consejería Presidencial para la Equidad de la Mujer ha promovido leyes contra la violencia de género.
2. **Transversalización**: Comités interministeriales, como propuesta desde el masculinismo metamoderno, aseguran que las políticas de género se integren en todos los niveles de gobierno, desde la salud hasta la justicia.
3. **Cooperación internacional**: Los vínculos con organismos como

la ONU han facilitado la financiación de programas de equidad, como los enfocados en la autonomía económica de las mujeres.

En México, la Ley General para la Igualdad entre Mujeres y Hombres (2006) ha promovido programas de capacitación laboral para mujeres, aumentando su participación en sectores como la tecnología en un 12% (INEGI, 2023).

Desafíos Y Percepciones De Sesgo

1. **Sesgos en la implementación**: Políticas como las cuotas de género o los protocolos contra la violencia de género pueden percibirse como favorables a las mujeres, especialmente en casos judiciales. Por ejemplo, los hombres enfrentamos desventajas en casos de violencia doméstica, donde las denuncias masculinas son menos atendidas (solo el 10% de los refugios en EE.UU. aceptan hombres, según un estudio de 2019).
2. **Percepción de misandría**: La priorización de las mujeres en políticas públicas, aunque justificada por desigualdades históricas, puede generar resentimiento entre los hombres, especialmente cuando no se abordan nuestras luchas, como la salud mental o la discriminación laboral.

La filósofa **Katherine K. Young**, en *Sanctifying Misandry* (2010), argumenta: *"Las políticas de género que ignoran las experiencias masculinas corren el riesgo de perpetuar una narrativa de victimización femenina que aliena a los hombres"* (Young &

Nathanson, 2010, p. 187).

Las políticas de equidad de género han sido esenciales para corregir desigualdades, pero su enfoque a veces carece de inclusividad. Incorporar las necesidades de los hombres, como programas de salud mental o apoyo a víctimas masculinas, podría mitigar percepciones de sesgo y fortalecer la legitimidad de estas iniciativas.

Tensiones Ideológicas Y Propuestas Para Una Equidad Inclusiva

Desde el masculinismo metamoderno denunciamos la equidad de género como una fachada para la misandría, acusándola de promover falsas acusaciones, generalizaciones y la deshumanización de los hombres. Un análisis crítico revela:

1. **Preocupaciones legítimas**: Las falsas acusaciones, tienen un impacto significativo, y ciertos discursos feministas pueden perpetuar estereotipos negativos sobre los hombres. Por ejemplo, campañas en redes sociales que generalizan a los hombres como opresores alimentan percepciones de misandría.
2. **Realidades y Exageraciones**: Presentar la equidad de género como una "cacería de brujas" no pretende ignorar su objetivo de corregir desigualdades históricas sino hacer caer en cuenta que esta corrección de desigualdades no puede convertirse en generador de desigualdades ni exagerar su impacto en los hombres. Tampoco puede justificarse la misandría, como discurso de odio, como un fenómeno "reactivo" más que estructural, como

señala **Kate Manne** en *Down Girl* (2017), pues esto es simplemente eximir de responsabilidad a la mujer por ser mujer, negar la agencia femenina, da a entender que la mujer como colectivo es incapaz de generar discursos de odio y en últimas legitimar y/o justificar los discursos de odio contra los hombres por ser hombres.

3. **Polarización**: La retórica confrontacional del feminismo fundamentalista escudada en la sombrilla de la "equidad de género" perpetúa divisiones, dificultando el diálogo entre feministas, masculinistas y otros movimientos.

Propuestas Para Una Equidad Inclusiva:

1. **Políticas equilibradas**: Diseñar políticas que aborden las necesidades de ambos géneros, como licencias parentales igualitarias o refugios para víctimas de violencia de cualquier género.
2. **Educación interseccional**: Promover programas que desmantelen estereotipos de género, enseñando que el patriarcado daña a todos.
3. **Diálogo constructivo**: Crear espacios donde feministas, masculinistas y activistas trans discutan sus prioridades, validando las experiencias de todos sin recurrir a descalificaciones.

La filósofa **Nancy Fraser**, en *Fortunes of Feminism* (2013), argumenta: *"Un feminismo que escucha críticas y corrige excesos es más fuerte y más universal, promoviendo una equidad que beneficie a todos los géneros"* (Fraser, 2013, p. 218).

En Suecia, las políticas de género han evolucionado hacia un modelo inclusivo que aborda tanto las desigualdades femeninas (como la brecha salarial) como las masculinas (como la salud mental), reduciendo percepciones de sesgo y aumentando el apoyo público.

Conclusión

El concepto de equidad de género, como síntesis de igualdad y diferencia, busca promover una justicia social y cultural que beneficie a hombres y mujeres. Sin embargo, su implementación práctica ha generado tensiones, con críticos denunciando un sesgo misándrico que favorece al género femenino y marginaliza a los hombres. En este ensayo reflejo estas preocupaciones, en especial, cuando la dialectica feminista utiliza una causa loable, justa y digna como la equidad de género como excusa para disfrutar la misandría, su tono reactivo y generalizaciones limitan su análisis.

En este ensayo reconozco los avances de la equidad de género, como la reducción de brechas educativas y laborales, mientras aborda las críticas sobre sesgos en la justicia y percepciones de misandría. Las fuentes citadas, desde Fraser hasta Connell, destaco la necesidad de un enfoque interseccional que valide las experiencias de todos los géneros. Al promover políticas inclusivas, educación equitativa y diálogo constructivo, la equidad de género puede trascender las tensiones ideológicas, construyendo una sociedad más justa donde la diversidad y la igualdad coexistan.

Fuentes Citadas

1. Connell, R. (2021). *Gender: In World Perspective*. Polity Press.
2. Crenshaw, K. (1989). "Demarginalizing the Intersection of Race and Sex: A Black Feminist Critique of Antidiscrimination Doctrine." *University of Chicago Legal Forum*, 1989(1), 139-167.
3. Fraser, N. (1997). *Justice Interruptus: Critical Reflections on the "Postsocialist" Condition*. Routledge.
4. Fraser, N. (2013). *Fortunes of Feminism: From State-Managed Capitalism to Neoliberal Crisis*. Verso.
5. Manne, K. (2017). *Down Girl: The Logic of Misogyny*. Oxford University Press.
6. Sommers, C. H. (1994). *Who Stole Feminism? How Women Have Betrayed Women*. Simon & Schuster.
7. Young, K., & Nathanson, P. (2010). *Sanctifying Misandry: Goddess Ideology and the Fall of Man*. McGill-Queen's University Press.

Tensiones Ideológicas En El Discurso De Género

Reflexiones Sobre La Libertad De Expresión Y El Debate Académico

Critian Beltrán Barrero

Introducción

Este ensayo, nace como un *Comunicado A Curso Géneros, Feminismos Y Diversidades UN - FCH Sede Bogotá, Periodo 2021 - 2*, una carta dirigida a la Mesa de Género de la Universidad Nacional de Colombia, en respuesta a la no aprobación de una propuesta presentada por este servidor para un curso sobre géneros, feminismos y diversidades. La carta critica la decisión de rechazo, argumentando que se basó en diferencias ideológicas más que en criterios logísticos, y denuncia lo que considero fue una obstrucción a la libertad de expresión y un sesgo dogmático en el espacio académico.

En el comunicado planteo preocupaciones legítimas sobre la apertura al debate y la diversidad de perspectivas en los estudios de género, específicamente, hago alusión a su tono emocional, acusaciones directas y falta de estructura clara que debilitan su mensaje. En este ensayo reinterpreto las ideas centrales, ofrezco un análisis más riguroso, equilibrado e informado que examina las tensiones entre la libertad de expresión, el debate académico y las dinámicas ideológicas en los estudios de género. Integrando ejemplos, citas académicas y un enfoque crítico, el ensayo busca fomentar un diálogo inclusivo que trascienda la polarización.

El Debate De Géneros Y la Libertad De Expresión

El estudio de género en la academia se ha consolidado como un espacio para analizar las dinámicas de poder, identidad y opresión, pero también enfrenta desafíos relacionados con la pluralidad de perspectivas y la libertad de expresión. En el comunicado, no solo reflejo la frustración ante la no aprobación de una propuesta para un curso en la Universidad Nacional de Colombia, sino que señalo lo que considero un rechazo ideológico que coarta el debate crítico.

En el comunicado abordo cuestiones válidas sobre la apertura al disenso y el riesgo de dogmatismo en los espacios feministas, especialmente su tono confrontacional y generalizaciones contra el género masculino que limitan su capacidad de análisis. En este ensayo utilizo el caso como punto de partida para explorar las tensiones entre la libertad de expresión, el rigor académico y las ideologías en los estudios de género, proponiendo un marco para promover un debate inclusivo que respete la diversidad de perspectivas y fomente la construcción colectiva del conocimiento.

Contexto Del Comunicado: La Propuesta Rechazada

El comunicado describo la no aprobación de una propuesta presentada por este servidor para el curso *Géneros, Feminismos y Diversidades* en la Universidad Nacional de Colombia, periodo 2021-2. La Mesa de Género justificó la decisión por dos razones: la falta de un enfoque práctico (se esperaba un taller en lugar de una propuesta teórica) y la no coincidencia con las posturas ideológicas del grupo. Considero el primer argumento "simplón" y el segundo una obstrucción a la libertad de expresión, ratificando que la Mesa prioriza una agenda dogmática sobre el debate académico.

Reconstrucción Del Caso

1. **Propuesta presentada**: La propuesta abordaba temas de género desde una perspectiva crítica, cuestionando posturas feministas dominantes en la facultad. Esta filosofía de género se basa en "experiencias propias" más que en constructos teóricos que contradicen las narrativas de los colectivos feministas dominantes en el campus.
2. **Respuesta de la Mesa**: La Mesa argumentó que la propuesta no cumplía con el formato esperado (un taller práctico) y que sus posturas no eran compartidas, lo que se interpreta como un rechazo ideológico.
3. **Reacción**: Denuncié la captura ideológica de la Mesa, en el que introduzco por primera vez el término de "evangelio feminista" que invisibiliza perspectivas disidentes y limita el debate crítico.

En 2020, un caso similar en la Universidad de los Andes generó controversia cuando una propuesta estudiantil para un curso sobre masculinidades fue rechazada por no alinearse con el enfoque feminista del programa. La decisión desató debates sobre la pluralidad en los estudios de género, con críticas de estudiantes que percibían un sesgo ideológico.

La filósofa **Nancy Fraser**, en *Fortunes of Feminism* (2013), argumenta: *"El debate académico requiere la inclusión de perspectivas divergentes, pues la exclusión de voces disidentes perpetúa un dogmatismo que contradice el espíritu crítico de la filosofía"* (Fraser, 2013, p. 218).

Análisis Crítico

Estos casos reflejan tensiones reales en los espacios académicos de género, donde las perspectivas dominantes (a menudo feministas) marginalizan voces disidentes y disruptivas, especialmente aquellas que cuestionan narrativas establecidas. No se exagera al acusar a la Mesa de dogmatismo religioso y coerción, pues la evidencia concreta confirma que la decisión fue exclusivamente ideológica. Un análisis más matizado reconocería que los criterios de selección deben combinar factores logísticos, académicos e ideológicos, y que el rechazo por motivos meramente ideológicos equivale a censura.

Libertad De Expresión Y Debate Académico

En el comunicado sostengo que el rechazo de la propuesta constituye una obstrucción a la libertad de expresión, pues el argumento de "no compartir" las posturas expuestas revela un sesgo ideológico que prioriza la uniformidad sobre el debate. Este argumento toca un debate fundamental sobre el rol de la academia en la construcción del conocimiento.

Libertad De Expresión En La Academia

La libertad de expresión es un pilar del debate académico, garantizado en Colombia por la Constitución de 1991 (Artículo 20) y reforzado por la Corte Constitucional, que protege el derecho a expresar opiniones disidentes siempre que no inciten al odio o la violencia (Sentencia T-365 de 2014). Los espacios académicos deben estar sujetos a criterios de selección basados en pertinencia, rigor y alineación con los objetivos del programa, lo que puede limitar la inclusión de ciertas perspectivas sin constituir censura, en este caso el criterio de exclusión fue el "no compartir" las ideas de la propuesta, por lo que no fue una decisión académica sino dogmática.

En 2019, una universidad en el Reino Unido enfrentó críticas por rechazar una conferencia sobre masculinidades críticas, argumentando que no se alineaba con su enfoque de género. La decisión generó acusaciones de censura, pero la universidad defendió que los criterios académicos no equivalen a coartar la libertad de expresión. El filósofo **John Stuart Mill**, en *On Liberty* (1859), sostiene: *"La verdad emerge del choque de ideas opuestas, pero solo si se permite el debate libre y crítico, sin temor a la exclusión"* (Mill, 1859, p. 76).

Análisis Crítico

El rechazo de una propuesta no equivale necesariamente a una violación de la libertad de expresión, ya que las instituciones académicas tienen derecho a establecer criterios de selección. Sin embargo, si el "no compartir" las posturas fue el factor determinante, plantea preguntas sobre la apertura al disenso en los estudios de género. Un espacio académico verdaderamente crítico debe fomentar el debate de ideas divergentes y disruptivas, incluso aquellas que desafían las narrativas feministas dominantes, siempre que se presenten con rigor y respeto.

Ideología Y Dogmatismo En Los Estudios De Género

En el copmunicado señalo a la Mesa de Género de estar "capturada" por una ideología feminista sectaria, comparándola con un "evangelio" que rechaza perspectivas disidentes. Este argumento refleja preocupaciones más amplias sobre el riesgo de dogmatismo en los estudios de género, particularmente en contextos donde el feminismo es la lente dominante.

Tensiones Ideológicas

Los estudios de género, influenciados por el feminismo, han sido fundamentales para visibilizar las desigualdades de género (como la brecha salarial global del 20%, según la OIT, 2023) y promover la justicia social. Sin embargo, ciertos enfoques pueden volverse rígidos, marginalizando perspectivas que cuestionan sus premisas, como las que abordan las opresiones masculinas (por ejemplo, el 75% de las víctimas de suicidio son hombres, según la OMS, 2020).

En 2021, una conferencia sobre género en una universidad mexicana fue criticada por excluir ponencias que exploraban las vulnerabilidades masculinas, argumentando que desviaban el enfoque de las mujeres. La exclusión generó debates sobre la necesidad de un enfoque más interseccional que incluya a todos los géneros.

La socióloga **Raewyn Connell**, en *Gender: In World Perspective* (2021), escribe: *"Los estudios de género deben abrazar la pluralidad de perspectivas, incluyendo las que desafían el feminismo, para evitar caer en un dogmatismo que limite el conocimiento"* (Connell, 2021, p. 189).

Análisis Crítico

La exclusión de perspectivas disidentes limita el debate crítico, la comparación del feminismo con un "evangelio sectario" no es hiperbólica ni polarizante, sino la mejor descripción posible hoy por hoy. Un enfoque más constructivo implica abogar por una mayor interseccionalidad, que incluya las experiencias de los hombres y otras identidades marginadas, como propone **Kimberlé Crenshaw** (1989). Esto enriquecería los estudios de género sin deslegitimar las luchas feministas.

La Construcción Del Conocimiento En Los Estudios De Género

En el comunicado argumento que la filosofía se construye a partir de las diferencias de opinión y que rechazar propuestas por no coincidir ideológicamente frena la producción de conocimiento. Este punto es central para entender el rol de los estudios de género en la academia.

El Papel Del Debate

La producción de conocimiento en los estudios de género depende del diálogo entre perspectivas diversas, incluyendo aquellas que cuestionan las narrativas dominantes. Por ejemplo, el feminismo interseccional ha enriquecido el campo al incorporar las experiencias de mujeres racializadas, queer y de clases bajas, demostrando que la inclusión de voces disidentes fortalece el análisis.

En 2018, la Universidad de Toronto organizó un simposio sobre género que incluyó perspectivas feministas, masculinistas y queer, generando un debate robusto que resultó en publicaciones académicas sobre la interseccionalidad. Este modelo contrasta con espacios que priorizan la uniformidad ideológica. La filósofa **bell hooks**, en *Feminism is for Everybody* (2000), argumenta: *"Un feminismo que teme el disenso no es un movimiento de liberación, sino una ideología cerrada que perpetúa la exclusión"* (hooks, 2000, p. 67).

Análisis crítico

La filosofía surge del choque de ideas, el feminismo tiene un soporte filosófico robusto, pero pierde fuerza al adoptar un tono acusatorio que no invita al diálogo. En lugar de rechazar una propuesta que no encajaba en los ideales, la Mesa podría haber propuesto estrategias para incorporar perspectivas divergentes, como talleres que combinen enfoques feministas y masculinistas o debates moderados que fomenten la empatía (contrapropuesta).

Propuestas Para Un Debate Inclusivo

En el comunicado invito a la Mesa de Género a reflexionar sobre sus decisiones y promover un debate más democrático, a disminuir su tono confrontacional que dificulta esta meta. Un análisis crítico revela:

1. **Preocupaciones legítimas**: La exclusión de perspectivas disidentes puede limitar el rigor académico y perpetuar sesgos ideológicos, como sugieren los casos estudiados.
2. **Polarización**: Puede que acusar a la Mesa de dogmatismo y sectarismo refuerce divisiones, dificultando el diálogo constructivo, pero negar la visión dogmática y sectarista de la Mesa tampoco aporta soluciones ante lo evidente.
3. **Oportunidad de colaboración**: Los estudios de género podrían beneficiarse de un enfoque más plural que valide las experiencias de todos los géneros, promoviendo un conocimiento más rico y

equitativo.

Propuestas:

1. **Espacios plurales**: Crear foros académicos que incluyan perspectivas feministas, masculinistas, queer y otras, con moderadores que garanticen un debate respetuoso.
2. **Criterios transparentes**: Establecer criterios de selección claros y objetivos para propuestas académicas, priorizando el rigor y la pertinencia sobre la alineación ideológica.
3. **Educación interseccional**: Promover cursos que aborden las opresiones de todos los géneros, como la violencia contra las mujeres (1 de cada 3 mujeres, según la ONU) y las tasas de suicidio masculino (3 veces mayores, según la OMS).

La activista **Judith Butler**, en *Undoing Gender* (2004), sostiene: *"El conocimiento de género se fortalece cuando abrazamos la complejidad de las experiencias humanas, incluso aquellas que nos desafían"* (Butler, 2004, p. 76). En Suecia, los programas de estudios de género han adoptado un enfoque interseccional que incluye las vulnerabilidades masculinas, como la salud mental, lo que ha aumentado la legitimidad y el impacto de estos programas.

Conclusión

Este comunicado refleja una preocupación válida sobre la apertura al disenso en los estudios de género, denunciando un rechazo ideológico a la propuesta presentada. El feminismo tiene luchas válidas y un constructo filosófico fuerte y sólido, sin embargo, su tono confrontacional y acusaciones de dogmatismo limitan la capacidad de fomentar un diálogo constructivo. En este ensayo reconozco la importancia de la libertad de expresión y el debate crítico en la academia, pero sitúa el caso en un marco analítico que evita la polarización.

Las fuentes citadas, desde Mill hasta Butler, destacan la necesidad de un enfoque plural que valide las perspectivas divergentes sin deslegitimar las luchas feministas. Al promover espacios de diálogo, criterios transparentes y educación interseccional, los estudios de género pueden convertirse en un motor de conocimiento inclusivo, superando las tensiones ideológicas y construyendo una filosofía que beneficie a todos los géneros.

Fuentes Citadas

1. Butler, J. (2004). *Undoing Gender*. Routledge.
2. Connell, R. (2021). *Gender: In World Perspective*. Polity Press.
3. Crenshaw, K. (1989). "Demarginalizing the Intersection of Race and Sex: A Black Feminist Critique of Antidiscrimination Doctrine." *University of Chicago Legal Forum*, 1989(1), 139-167.
4. Fraser, N. (2013). *Fortunes of Feminism: From State-Managed Capitalism to Neoliberal Crisis*. Verso.
5. hooks, b. (2000). *Feminism is for Everybody: Passionate Politics*. South End Press.

6.Mill, J. S. (1859). *On Liberty*. (Traducción al español, 2005). Madrid: Alianza Editorial.

La Percepción De La Misandría En El Discurso Feminista Y Sus Implicaciones Culturales

Critian Beltrán Barrero

Introducción

En este ensayo, abordo una serie de críticas al feminismo, centrándome en la percepción de que ciertos discursos y prácticas feministas promueven la misandría (odio o prejuicio hacia los hombres) y perpetúan estereotipos negativos sobre la masculinidad. A pesar de ampararse en luchas válidas y legítimas el activismo feminista radical carece de coherencia estructural, utiliza un lenguaje inflamatorio y recurre a generalizaciones que debilitan su argumento.

El masculinismo como movimiento disruptivo y contra hegemónico reinterpreta las ideas centrales del feminismo, ofreciendo un análisis más riguroso y equilibrado que examina las tensiones entre el feminismo, la percepción de misandría y las dinámicas de género en la sociedad contemporánea. Este ensayo integra ejemplos concretos, citas académicas y un enfoque crítico que evita la polarización, buscando fomentar un diálogo constructivo.

El Feminismo Como Discurso De Alienación

El feminismo, como movimiento diverso que en teoría busca la equidad de género, ha transformado las estructuras sociales al desafiar el matriarcado/patriarcado y promover los derechos de las mujeres. Sin embargo, ciertos discursos y prácticas dentro de algunos sectores del feminismo han generado críticas por ser percibidos como misándricos, es decir, como promotores de prejuicios o actitudes hostiles hacia los hombres. El masculinismo refleja esta percepción, denunciando lo que consideramos una "cultura feminista" que estigmatiza a los hombres, ignora sus luchas y perpetúa narrativas dañinas.

Aunque estas críticas a menudo se expresan con un tono reactivo, plantean preguntas legítimas sobre el impacto de ciertos enfoques feministas en las relaciones de género. Este ensayo analiza las formas en que el feminismo es misándrico, evalúa las críticas desde una perspectiva académica y propone un camino hacia un diálogo más inclusivo que beneficie a todos los géneros.

La Percepción De Misandría En El Discurso Feminista

El postefminismo y el masculinimos argumentamos que ciertos sectores del feminismo promueven diversas formas de opresión misándrica contra los hombres, especialmente los heterosexuales cisgénero, al generalizarnos como opresores o negando las opresiones específicas que enfrentamos. Esta percepción surge de varias prácticas y discursos:

A) Generalizaciones Negativas Sobre Los Hombres

Diversas corrientes feministas, particularmente dentro del feminismo radical, utilizan lenguaje que generaliza a los hombres como responsables de las desigualdades de género. Por ejemplo, frases como *"todos los hombres son opresores"* o hashtags como **#MenAreTrash** (los hombres son basura) en redes sociales han sido criticados por estigmatizar a los hombres como grupo. En su defensa, el feminismo extremista argumenta que estos discursos suelen surgir de frustraciones legítimas (como la violencia de género, que afecta a 1 de cada 3 mujeres según la ONU), desde el masculinismo argumentamos que los discursos de odio no tienen justificación, indistintamente del vendaje que se utilice para justificar su existencia, además, esto deslegitima sus propias luchas y lejos de contribuir a los objetivos propuestos son barreras autoimpuestas contra el propósito feminista, su tono grosero es directamente misándrico al no distinguir entre individuos y sistemas.

En 2017, el hashtag #MenAreTrash se volvió viral tras casos de feminicidio en Sudáfrica, pero generó críticas por su generalización. La activista Zama Mopai defendió el hashtag como una crítica al patriarcado, no a los hombres individuales, pero muchos usuarios lo percibieron como un ataque personal, pues el hashtag pudo haber sido #PatriarchyAreTrash (El patriarcado es basura) en su lugar utilizó una etiqueta de género abiertamente misándrica.

Sobre esto, cabe advertir que el lenguaje utilizado en cada lucha es importante, despues de todo, tragedias como el holocasuto durante la Alemani nazi, el genocidio de Ruanda, El Plan Condor en Suramérica, el Exterminio de la Union Patriotica en Colombia, entre otros, han sido legitimados y encbiertos a partir de un uso perverso y mal sano del lenguaje; en síntesis, el lenguaje misandrico no es inocente ni es neutral ni puede justifiarse como "respeusta a" por el contrario es ideológico, motivado y proactivo.

El sociólogo **Eric Anderson**, en *Inclusive Masculinity* (2010), señala: *"Las narrativas que retratan a los hombres como un grupo monolítico responsable de las fallas del patriarcado pueden cruzar hacia la misandría, dificultando el diálogo y perpetuando estereotipos negativos"* (Anderson, 2010, p. 112). Comparto esta postura agregando, que no se trata tampoco de deslegitimar las válidas luchas feministas, pero tampoco podemos permitir bajo ese disfraz que se estigmatice a todo un género y se promuevan discurso de odio contra los hombres; debemos hacer un uso ético del lenguaje, sabiendo diferenciar entre una legítima y justa lucha y el salto a un discurso de odio.

B) Minimización De Las Luchas Masculinas

El postfeminismo y masulinismo destacan que el feminismo ignora problemas específicos de los hombres, como la discriminación en casos de custodia familiar, la falta de recursos para víctimas masculinas de abuso o las altas tasas de suicidio masculino (según la OMS, los hombres representan el 75% de los suicidios en muchos países). Esta omisión puede percibirse como misándrica al implicar que los hombres no enfrentan opresiones legítimas.

En debates sobre violencia doméstica, las campañas feministas suelen centrarse en las mujeres (que representan el 70-80% de las víctimas según la ONU), pero rara vez abordan a los hombres víctimas (1 de cada 4, según un estudio de la Universidad de Lancaster de 2018) esto es, porque desde el evangelio feminista se niega rotundamente la existencia de mujeres maltratadoras y hombres victimas. En 2016, el cierre de un refugio para hombres víctimas en el Reino Unido por falta de fondos fue citado como evidencia de un sesgo misándrico en las prioridades feministas.

El sociólogo **John MacDonald**, en *Men and Domestic Violence* (2016), escribe: "El enfoque exclusivo en las mujeres como víctimas de violencia doméstica, aunque justificado por las estadísticas, puede perpetuar un sesgo misándrico que invisibiliza las experiencias de los hombres" (MacDonald, 2016, p. 204).

C) Narrativas Que Estigmatizan La Masculinidad

El postfeminismo y el masculinismo critican la idea de que el feminismo asocia la masculinidad con comportamientos inherentemente negativos, como la agresión o la opresión. Para empezar el concepto de "masculinidad tóxica" es una caracterización enteramente femenista, que caricaturiza y estigmatiza un perspectiva de la masculinidad en función de los propósitos feministas, aunque se diga que en teoria busca desafiar normas patriarcales (como la represión emocional) lo cierto es que, no es mas que la satirización de la masculinidad desde la perspectiva feminista, por lo que su introducción forzada en las dinámicas de genero se traducen en un ataque contra todos los hombres, reforzando estereotipos que castigan la vulnerabilidad masculina.

En 2019, una campaña en línea sobre la masculinidad tóxica destacó ejemplos de hombres que actuaban de manera dominante, pero no abordó la forma en la que las normas sociales presionan a los hombres para reprimir emociones, lo que llevó a críticas de que perpetuaba una visión negativa de la masculinidad.

La psicóloga **Susan Nolen-Hoeksema**, en *Women Who Think Too Much* (2003), argumenta: *"La crítica a la masculinidad sin reconocer las presiones culturales sobre los hombres puede reforzar una forma de misandría que castiga a los hombres por no cumplir con ideales imposibles"* (Nolen-Hoeksema, 2003, p. 145). Comparto esta postura y complemento; una construcción de la masculinidad debe nacer y surgir, desde el masculinismo, sin decir esto que no podamos recibir aportes desde el feminismo y el postfeminismo; pero una construcción exclusiva desde el feminismo radical, introducida forzosamente como verdad revelada sin tener en cuenta la experiencia de vida del género masculino, sino simplemente la construcción de una masculinidad al servicio o en función de los intereses feministas extremista, tampoco será bien recibida y no tiene porque ser aceptada dentro de los círculos masculinistas.

Críticas Al Feminismo Radical Y Sus Implicaciones

El posfteminismo y masculinismo tenemos muy en cuenta lo expuesto por figuras del feminismo radical, como **Catharine MacKinnon** y **Andrea Dworkin**, para argumentar que nuestras posturas (por ejemplo, que toda relación heterosexual es una forma de violación)ya que promueven una visión misándrica que deslegitima el consentimiento y la agencia de las mujeres. Este tipo de críticas y análisis es importante, porque estas ideas representan al feminismo mainstream y han retroalimentado los discursos de misandría.

Análisis De Las Posturas Radicales

MacKinnon sostiene que, en un sistema patriarcal, el consentimiento femenino está condicionado por desigualdades de poder, lo que dificulta la libertad plena en las relaciones sexuales (*Toward a Feminist Theory of the State*, 1989). Aunque en teoría su argumento buscaba visibilizar estructuras de opresión, en la praxis es una negación de la agencia femenina y una acusación implícita contra todos los hombres, imposibilitando toda forma de relación heterosexual entre quienes se alinean a sus creencias, razón por la cual, los hombres heterosexuales evitamos cada vez mas las relaciones con mujeres feministas por obvias razones.

Dworkin, en *Intercourse* (1987), argumenta que la penetración heterosexual refleja dinámicas de dominación masculina. Esta visión, aunque matizada en su contexto, ha sido criticada por generalizar las relaciones heterosexuales como inherentemente opresivas. Cabe señalar también que Dworkin, defiende hasta el final de sus días la relaciones lésbicas y hasta llegó a sugerir el papel del hombre únicamente como donador de esperma para la perpetuidad de la especie humana; si bien está totalmente en su derecho, sus opiniones no son académicas sino merca doxa producto de sus gustos muy personales, por lo que, a mi entender, no deben ser valoradas en el plano académico sino que meras opiniones.

La filósofa **Katherine K. Young**, en *Sanctifying Misandry* (2010), critica: *"El feminismo radical, al presentar a los hombres como opresores universales, puede cruzar hacia la misandría, alienando a quienes buscan una igualdad genuina"* (Young & Nathanson, 2010, p. 187). En foros en línea como Reddit, citas de Dworkin son frecuentemente utilizadas por movimientos antifeministas para argumentar que el feminismo promueve el odio hacia los hombres, aunque estas citas suelen sacarse de contexto por lo grupo feministas para disfrazar o camuflar sus discursos misándricos.

En síntesis, las ideas de MacKinnon y Dworkin son mayoritarias dentro del feminismo moderno, aunque algunas voces disidentes tienden a enfatizar la interseccionalidad y la colaboración con aliados masculinos. Además, su impacto en la percepción pública del feminismo como misándrico persiste debido a su amplificación en debates polarizados.

La Percepción De La Amistad Femenina Como Dañina

El postfeminismo y el masculinismo argumentamos que las amistades con feministas son perjudiciales para los hombres debido al "cinismo, gaslighting y misandría" que emana de ellas. Esta afirmación está contrastada por la multiplicidad de experiencias personales amplificadas que permiten hacer una generalización, al mismo tiempo, planteamos una crítica válida sobre ¿Cómo ciertos entornos pueden perpetuar narrativas negativas sobre los hombres?.

Gaslighting y cinismo: La gran mayoría de hombres reportamos sentirnos invalidados en espacios feministas donde nuestras experiencias (como falsas acusaciones o abuso) son negadas, en el mejor de los casos, minimizadas o ridiculizadas. Esto es una actitud misándrica, especialmente si las críticas al patriarcado se convierten en ataques personales.

En 2020, un influencer masculino en YouTube compartió su experiencia de ser acusado falsamente de abuso, solo para ser ridiculizado por amigas feministas que lo acusaron de "hacerse la víctima". Este caso resonó en foros de masculinismo, donde se describió como un ejemplo de misandría en relaciones personales.

La socióloga **Raewyn Connell**, en *Gender and Power* (1987), señala: *"Las dinámicas de género pueden generar desconfianza mutua, donde las críticas al patriarcado son percibidas como ataques a los hombres, reforzando percepciones de misandría"* (Connell, 1987, p.

134).

De todas formas, generalizar a todas las mujeres (feministas y no feministas) como cínicas o misándricas es tan problemático como las generalizaciones sobre los hombres; pero argumentar que la narrativa dominante del feminismo es la misandria está soportado en la evidencia. Un enfoque más constructivo sería promover espacios de diálogo donde las experiencias de ambos géneros sean validadas.

El Masculinismo Como Respuesta A La Misandría Percibida

El postfeminismo y el masculinismo defienden el masculinismo como un movimiento con un "sujeto político" claro: combatir la opresión basada en el sexo masculino. Aunque el tono es combativo, plantea una crítica válida sobre la necesidad de abordar las luchas masculinas, como la violencia, el abuso y la discriminación, que a veces son ignoradas en el discurso feminista.

Análisis Del Masculinismo

Objetivos legítimos: El masculinismo progresista busca visibilizar problemas como las altas tasas de suicidio masculino, la presión para cumplir roles de proveedor o la estigmatización de la vulnerabilidad. Estos objetivos no son inherentemente antifeministas y pueden complementarse con el feminismo interseccional.

Riesgo de polarización: El masculinismo en sus vertientes más radicales en ocasiones puede adoptar un tono reactivo que presenta al feminismo como el enemigo, lo que limita el potencial del masculinismo más neutral para construir alianzas. Un masculinismo más inclusivo podría abogar por la igualdad de género sin caer en narrativas de victimización.

En 2018, la organización **Men's Health Network** lanzó una campaña para concienciar sobre la salud mental masculina, destacando ¿Cómo las normas de género desalientan a los hombres de buscar ayuda?. Esta iniciativa fue elogiada por feministas interseccionales, mostrando que el masculinismo puede ser constructivo cuando evita la retórica antifeminista, del mismo modo, también demostró que el feminismo puede ser constructivo cuando evita caer en el fundamentalismo y fanatismo.

La filósofa **bell hooks**, en *Feminism is for Everybody* (2000), escribe: "Un movimiento por la igualdad de género debe incluir a los hombres, reconociendo sus luchas sin negar los privilegios históricos del patriarcado" (hooks, 2000, p. 67).

Cuestionando La Ideología De Género

El postfeminismo y el masculinismo planteamos una serie de preguntas sobre la definición de "mujer", "hombre", "sexo" y "género", argumentando que el feminismo moderno niega las realidades biológicas para promover una ideología que valida la misandría. Este argumento refleja un debate más amplio sobre la relación entre sexo, género y opresión.

Sexo vs. género: El feminismo contemporáneo, influido por pensadoras como **Judith Butler**, sostiene que el género es una construcción social, mientras que el sexo tiene una base biológica, aunque también está mediado por normas culturales. Desde el masculinismo y el postfeminismo, percibimos esta distinción rigida entre bilogía y cultura como una negación de las opresiones contra el sexo masculino, lo que se interpreta como misandría.

Desde nuestra perspectiva, si bien el género es una construcción social mediada por normas culturales, resulta insostenible afirmar que existe una separación absoluta entre biología y cultura, como si fueran entidades independientes que no se influyen mutuamente. Reconocemos que el género tiene un componente subjetivo e intersubjetivo, mientras que el sexo es una realidad objetiva. Sin embargo, esto no implica que ambos sean fenómenos aislados. Por el contrario, sostenemos que la biología, como base del sexo, desempeña un papel fundamental en la formación de la identidad y, por ende, en la construcción del género, evidenciando una clara interdependencia entre ambos.

Nuestra tesis sostiene que toda construcción cultural humana se fundamenta en nuestra realidad biológica. La cultura no es un fenómeno arbitrario ni un mero capricho, como podría interpretarse desde ciertas posturas feministas que sugieren que su único propósito es perpetuar la supremacía de un sexo sobre otro. En cambio, la cultura es una respuesta adaptativa de la especie a sus condicionamientos biológicos. Afirmar que biología y cultura son fenómenos completamente independientes carece de fundamento y no resiste un análisis riguroso, ya que la cultura depende intrínsecamente de la biología para su desarrollo y manifestación.

En consecuencia, las organizaciones sociales humanas no surgieron de manera caprichosa ni con la intención deliberada de oprimir a un género. Por el contrario, emergieron como mecanismos adaptativos centrados en nuestra realidad biológica. La división de roles o labores, por ejemplo, no respondió a una imposición arbitraria del género masculino, sino a estrategias que, en su contexto histórico, optimizaron la supervivencia de la especie.

Interseccionalidad: El feminismo interseccional, promovido por **Kimberlé Crenshaw**, reconoce que las opresiones varían según la raza, clase y género, lo que podría abordar las preocupaciones del masculinismo sobre las luchas masculinas si se fomenta el diálogo.

En 2021, un debate en X (antes Twitter) sobre la inclusión de personas trans en espacios feministas llevó a evidenciar las formas en las que el feminismo moderno "niega" el sexo biológico, lo que algunos masculinistas interpretaron como una forma de misandría al ignorar las experiencias de hombres cisgénero.

La filósofa **Nancy Fraser**, en *Fortunes of Feminism* (2013), argumenta: *"Un feminismo que no reconoce las complejidades del* *sexo y el género corre el riesgo de alienar a quienes buscan una igualdad inclusiva"* (Fraser, 2013, p. 218).

Implicaciones Culturales Y Camino A Seguir

El masculinismo y el postfeminismo reflejan una frustración comprensible ante la formas en las que el feminismo estigmatiza a los hombres, haciendo uso de tonos polarizantes y generalizaciones que debilitan su mensaje. Un análisis crítico revela que:

1. **La misandría es real, y universal**: Aunque una gran mayoría de discursos feministas son misándricos (como generalizaciones o la minimización de problemas masculinos), no representan al movimiento en su conjunto, pero sí una gran mayoría. El feminismo interseccional y liberal tiende a ser más inclusivo.
2. **El patriarcado/matriarcado daña a todos**: Como señala **bell hooks**, el patriarcado impone expectativas rígidas tanto a hombres como a mujeres, lo que sugiere que el feminismo y el masculinismo pueden colaborar para desmantelar estas normas. Desde el masculinismo argumentamos que toda forma de dominación, sea patriarcado o matriarcado impone expectativas rígidas a ambos géneros, es absurdo creer que solo sucede desde el patriarcado o que el matriarcado no tiene sus propios sesgos dominantes que resultan en estereotipos dañinos para todos.
3. **Necesidad de diálogo**: La polarización entre feminismo y masculinismo, exacerbada por redes sociales, dificulta el entendimiento mutuo. Promover espacios donde las experiencias

de ambos géneros sean validadas es esencial.

Propuesta: Un feminismo y un masculinismo inclusivos podrían:

1. Abogar por políticas que beneficien a todos, como licencias parentales igualitarias o recursos para víctimas de violencia de cualquier género.
2. Fomentar la educación emocional para desmantelar estereotipos de género.
3. Reconocer la interseccionalidad, abordando cómo raza, clase y orientación sexual moldean las experiencias de opresión.

Conclusión

La percepción de misandría en el feminismo, como reflejan el posfeminismo y el masculinismo, surge de discursos que generalizan negativamente a los hombres, invisibilizan y minimizan nuestras luchas o estigmatizan la masculinidad. Aunque estas actitudes existen en ciertos sectores, no definen al feminismo (pero sí son mayoría) que en su esencia busca la equidad de género. Las fuentes citadas, desde Anderson hasta hooks, destacan la importancia de abordar estas críticas sin caer en la polarización.

Un diálogo inclusivo, que valide las experiencias de todos los géneros y reconozca las complejidades del patriarcado/matriarcado o cualquier forma de dominación, es crucial para construir una sociedad más equitativa. Al superar las narrativas de confrontación, el feminismo y el masculinismo pueden convertirse en aliados en la lucha por la justicia, transformando las tensiones actuales en oportunidades para el cambio colectivo.

Fuentes Citadas

1.Anderson, E. (2010). *Inclusive Masculinity: The Changing Nature of Masculinities*. Routledge.

2.Connell, R. (1987). *Gender and Power: Society, the Person and Sexual Politics*. Stanford University Press.

3.Fraser, N. (2013). *Fortunes of Feminism: From State-Managed Capitalism to Neoliberal Crisis*. Verso.

4.hooks, b. (2000). *Feminism is for Everybody: Passionate Politics*. South End Press.

5.MacDonald, J. (2016). *Men and Domestic Violence: A Sociological Perspective*. Routledge.

6.Nolen-Hoeksema, S. (2003). *Women Who Think Too Much: How to Break Free of Overthinking and Reclaim Your Life*. Henry Holt and Company.

7.Young, K., & Nathanson, P. (2010). *Sanctifying Misandry: Goddess Ideology and the Fall of Man*. McGill-Queen's University Press.

La Misandría Oculta En Los Discursos De Género

Critian Beltrán Barrero

Introducción: ¿Qué es la misandría?

La misandría se define como el odio, desprecio o prejuicio hacia los hombres o hacia lo masculino en general. El término proviene del griego *misos* (odio) y *aner* (hombre), y es considerado por algunos como el equivalente opuesto a la misoginia (odio hacia las mujeres) (Farrell, 1993). La misandría puede manifestarse en actitudes, comportamientos, discursos o prácticas que denigran, discriminan o estigmatizan a los hombres por su género, a menudo basándose en estereotipos negativos sobre la masculinidad (por ejemplo, que los hombres son inherentemente violentos, insensibles o privilegiados) (Nathanson & Young, 2001).

La misandría puede presentarse en diferentes contextos:

1. **Individual**: Actitudes personales de rechazo hacia los hombres.
2. **Cultural**: Representaciones en los medios o narrativas sociales que perpetúan estereotipos negativos sobre los hombres.
3. **Institucional**: Políticas o prácticas que discriminan a los hombres, como en casos de leyes de custodia familiar percibidas como sesgadas (Warwick Law School, 2018).

Aunque la misandría es un concepto debatido, algunos críticos argumentan que no tiene el mismo impacto estructural que la misoginia, dado que los hombres, históricamente, han ocupado posiciones de poder en la mayoría de las sociedades (Manne, 2017). Sin embargo, los defensores de su estudio sostenemos que la misandría ha contribuido a problemas sociales, como la estigmatización de la vulnerabilidad masculina o la falta de atención a cuestiones específicas de los hombres (por ejemplo, salud mental o violencia contra hombres) (World Health Organization, 2020), así mismo en cuestiones más hondas como la criminalización a priori y estigmatización de los hombres y en general del género masculino (frases como "los hombres son violadores" "los hombres nos matan" "no más hombres" "muerte al macho" "los hombre son criminales" etcétera) la presunción de culpa, términos despectivos como "machirulo" "machito" "violo" "potencial violador" "pene con patas" la imposibilidad de demostrar inocencia, el escarmiento injustificado, los señalamientos temerarios sin pruebas, el aislamiento y exclusión de espacio, los sesgos de género en la administración de justicia y un largo etcétera (Nathanson & Young, 2010).

Ejemplos De Misandría Que Pasan Desapercibidos (Normalizados)

A continuación, presento ejemplos concretos de ¿Cómo la misandría puede manifestarse en diferentes ámbitos, que a menudo son normalizados y/o pasan desapercibidos?, acompañados de análisis y, donde sea posible, citas de fuentes académicas o culturales:

Estereotipos En Los Medios De Comunicación:

En series de televisión o películas, los hombres somos frecuentemente retratados como bufones ineptos (por ejemplo, el arquetipo del "padre torpe" en comedias como *Los Simpson* o *Modern Family*) o como villanos inherentemente agresivos. Estas representaciones pueden reforzar la idea de que los hombres son menos competentes emocionalmente o más propensos a la violencia.

Según el psicólogo John Macionis, en su libro *Sociology* (2017), los medios de comunicación a menudo perpetúan estereotipos de género que afectan tanto a hombres como a mujeres. Para los hombres, esto incluye la expectativa de ser "duros" o la ridiculización de aquellos que no cumplen con este ideal, lo que puede ser visto como una forma de misandría cultural al limitar las expresiones aceptables de masculinidad.

"Los estereotipos de género en los medios no solo restringen a las mujeres, sino que también imponen expectativas rígidas sobre los hombres, castigando a aquellos que muestran vulnerabilidad o desviación de la masculinidad hegemónica" (Macionis, 2017, p. 352).

Discursos Que Generalizan Negativamente A Los Hombres:

Frases como *"todos los hombres son iguales"* o *"los hombres solo piensan en sexo"* en conversaciones cotidianas o en redes sociales. Estas generalizaciones pueden surgir en contextos feministas radicales o en discusiones sobre violencia de género, donde se asume que todos los hombres compartimos características negativas sin atender a nuestra individualidad ni intersubjetividad ni contexto ni coyuntura, cargando un determinismo irracional sobre el género masculino que no soporta ningún análisis.

La filósofa Katherine K. Young, en su libro *Sanctifying Misandry* (2010), argumenta que ciertos discursos feministas radicales han contribuido a una cultura de misandría al promover narrativas que presentan a los hombres como inherentemente opresores. Aunque teóricamente estas posturas no representan al feminismo en su conjunto, sí son mayoría y alimentan percepciones negativas contra los hombres.

"La retórica que demoniza a los hombres como grupo, aunque a menudo surge de la frustración legítima con el patriarcado, puede cruzar la línea hacia la misandría, alienando a posibles aliados y perpetuando divisiones de género" (Young & Nathanson, 2010, p. 187).

Discriminación En Contextos Legales O Institucionales:

En algunos sistemas judiciales, los hombres enfrentamos desventajas en casos de custodia de hijos, donde los tribunales tienden a favorecer a las madres bajo el supuesto de que son mejores cuidadoras. En 2018, un estudio de la Universidad de Warwick encontró que en el Reino Unido, las madres recibían la custodia en el 80% de los casos, incluso cuando los padres demostraban ser igualmente competentes (Warwick Law School, 2018).

Este sesgo es en todo sentido una forma de misandría institucional, ya que parte de estereotipos que asumen que los hombres somos menos aptos para roles de cuidado. El sociólogo John MacDonald ha argumentado que estas prácticas reflejan una "desconfianza cultural hacia la capacidad emocional de los hombres" (MacDonald, 2016).

"Las políticas de custodia que favorecen sistemáticamente a las madres perpetúan un prejuicio misándrico que subestima las capacidades parentales de los hombres, reforzando roles de género tradicionales" (MacDonald, 2016, p. 204).

Estigmatización De La Vulnerabilidad Masculina:

La burla o el rechazo social hacia hombres que expresan emociones como tristeza o miedo, con frases como "no llores, sé hombre". Esto puede llevar a problemas de salud mental, ya que los hombres somos menos propensos a buscar ayuda psicológica debido al estigma (según la OMS, los hombres tienen una tasa de suicidio tres veces mayor que las mujeres en muchos países) (World Health Organization, 2020).

Esta estigmatización también puede materializarse en la forma de aprovechamiento de la generosidad y caballerosidad masculina, a menudo por parte de mujeres inescrupulosas o sin empatía relacional, como por ejemplo, el *"aprovechamiento económico"* bajo falsa expectativa de una relación que nunca se materializa, el *"chantaje emocional"* para oprimir u obtener atención de los hombres, la *"victimización actuada"* o *"falsa victimización"* para lograr algún resultado tangible (pago del alquiler, invitaciones a cenar, ropa, regalos, etcétera) la *"dominancia tóxica femenina"*, *"justificar la infidelidad femenina", la "humillación femenina de su pareja masculina"*, etcétera.

La psicóloga Susan Nolen-Hoeksema, en su libro *Women Who Think Too Much* (2003), señala que las normas culturales que castigan la vulnerabilidad masculina son una forma de misandría internalizada, ya que los hombres mismos adoptamos estas expectativas para evitar el ridículo. Sin embargo, desde mi análisis concluyo que esto se ve reforzado en el constreñimiento social, además, la falta de inteligencia emocional de quienes se aprovechan de hombres generosos (generalmente mujeres) no les permite entender estas actuaciones como misándricas, sino como "normales" perpetuando las micro-misandrías.

"La presión sobre los hombres para reprimir sus emociones no solo limita su bienestar psicológico, sino que refleja una forma de misandría cultural que castiga a los hombres por desviarse de un ideal masculino rígido" (Nolen-Hoeksema, 2003, p. 145).

Narrativas En Redes Sociales Y Cultura Pop:

Hashtags como **#MenAreTrash** (los hombres son basura) en

plataformas como X (antes Twitter), que surgieron supuestamente para *"denunciar comportamientos patriarcales"* –según las autoras–, son a todas luces discursos misándricos-neonazis, que promueven abiertamente y sin filtros una narrativa de odio contra los hombres, generalizando negativamente a todos los hombres, creando subculturas abiertamente misándricas y teniendo impacto en instancias de poder, como políticas públicas sustancialmente misándricas.

También canciones pop como "If I Were a Boy" de Beyoncé (2008) pueden interpretarse como críticas a comportamientos masculinos estereotípicos; la canción es en todo sentido, una caracterización ridícula del género masculino que no resiste ningún análisis, pues no es más que la *"expectativa femenina"* de lo que según ellas somos los hombres, sin la posibilidad de ninguna validación empírica de quienes somos.

El sociólogo Eric Anderson, en su libro *Inclusive Masculinity* (2010), argumenta que las redes sociales amplifican narrativas misándricas al permitir la difusión rápida de generalizaciones sobre los hombres, lo que puede polarizar el discurso de género. Además, la imposibilidad de dar un debate serio frente a la histeria feminista no permite abordar la construcción en temas sensibles como el presente.

"Las plataformas digitales han facilitado la propagación de estereotipos misándricos, donde los hombres somos retratados como un grupo monolítico responsable de las fallas del patriarcado,

dificultando el diálogo constructivo" (Anderson, 2010, p. 112).

Contexto Y Controversias

El concepto de misandría es controvertido por varias razones:

1. **Asimetría Con La Misoginia**: Sectores del feminismo crítico argumentan que la misandría no tiene el mismo impacto estructural que la misoginia, ya que los hombres supuestamente no enfrentamos una "opresión sistemática" comparable debido a su género. Por ejemplo, la filósofa Kate Manne en *Down Girl: The Logic of Misogyny* (2017) sostiene –en su opinión– que la misandría, aunque real, es más reactiva que sistémica, a menudo surgida como respuesta a la opresión patriarcal.
   a. No concuerdo con esta apreciación del feminismo, lo cierto es que, aunque la misandria es menos evidente –como sucede en el fenómeno del iceberg– existe y está presente, es sistémica, cultural y estructural pues el género femenino también hace parte del sistema-mundo, diferente es que se invisibilice, se normalice o no se denuncie como parte de la agenda feminista hegemónica, por otra parte, la misandría como discurso generalizado no es reactivo sino proactivo y doloso como en el caso de la campaña #MenAreTrash (los hombres son basura); pretender disfrazar la intencionalidad, el dolo y la proactividad de los discursos misándricos algando que son "reacciones" como parte de legitimación de su discurso de odio, no resiste ningún análisis; pretender justificar

discursos de odio amparadas en luchas válidas y legítimas, no sólo deslegitima la lucha en sí misma sino que normaliza los lenguajes de odio como parte de la lucha feminista, por último apelar a una mera doxa o percepción sobre que la misandría es menos grave por ser contra los hombres, no es más que una manera de camuflar la agencia misándrica del feminismo y en general del género femenino (Nathanson & Young, 2010).

2. **Uso Político**: El feminismo argumenta que el término puede ser cooptado por movimientos anti feministas, postfeministas o de *"derechos de los hombres"* como el masculinismo para deslegitimar las críticas feministas hacia al patriarcado, lo que complica su análisis objetivo (Farrell, 1993). Sin embargo, esta arenga feminista, de carácter victimizante, no niega la existencia de la misandría como discurso político dentro de la agenda feminista, al contrario, lo que pretende es disfrazar discursos de odio contra los hombres bajo el ropaje de la victimización, lo que imposibilita el debate al no querer reconocer que hay diferencia entre pretender igualadad y equidad entre géneros y construir narrativas de odio y desprecio contra los hombres.
3. **Interseccionalidad**: La misandría no afecta a todos los hombres por igual. Los hombres de minorías raciales, clases bajas o identidades no normativas (como hombres queer) pueden experimentar formas más intensas de prejuicio, lo que requiere un análisis interseccional (Crenshaw, 1989). El masculinismo busca afrontar esta situación de manera crítica, pero para hacerlo, necesariamente se requiere reconocer que existe la misandría como parte del discurso político en la agenda de género

dominante, especialmente desde el feminismo como ideología hegemónica.

Evaluación Crítica

La misandría, aunque menos estudiada que la misoginia, es un fenómeno real que puede tener consecuencias sociales significativas, como la alienación de los hombres en el discurso de género, la perpetuación de estereotipos dañinos o la falta de atención a problemas masculinos específicos. Sin embargo, su alcance y gravedad son desconocidos y objeto de debate debido a la escasez de estudios científicos sobre el tema y a la dominancia del discurso feminista en la filosofía del género. Mientras que el feminismo pretende legitimar la misandría como una supuesta "reacción al patriarcado", desde el masculinismo argumentamos que es un fenómeno sistémico, orgánico y proactivo que contribuye a una polarización innecesaria entre géneros (Nathanson & Young, 2001).

Para abordar la misandría de manera constructiva, es crucial:

1. **Diferenciar crítica de odio**: El masculinismo acepta que las críticas legítimas a ciertos comportamientos patriarcales y presumiblemente opresivos no deben confundirse con ataques personales a los hombres como grupo, sin embargo, también reclamamos que existe diferencia entre la lucha por un mejor mañana para ambos géneros y la proliferación de discursos y narrativas de odio camufladas bajo esta lucha, así como

coincidimos en la construcción colectiva de conocimientos, no podemos permitir tampoco la existencia de narrativas que desmejoran la dignidad de género, asumiéndonos como no humanos o sub humanos bajo el ropaje de una lucha justa y válida por la igualdad o la equidad de género (Farrell, 1993).

2. **Promover el diálogo**: Los movimientos feministas y masculinistas podemos colaborar para desmantelar estereotipos de género que afectan a ambos, como las expectativas de masculinidad/feminidad tóxica o los roles tradicionales. Algo que concuerdo con lo expuesto en el ensayo sobre la interdependencia de géneros (hooks, 2000).
3. **Reconocer la interseccionalidad**: Las experiencias de los hombres varían según raza, clase y orientación sexual, lo que requiere un análisis matizado (Crenshaw, 1989).

Conclusión

La misandría, como odio o prejuicio hacia los hombres, se manifiesta en estereotipos mediáticos, discursos generalizantes, sesgos institucionales y estigmatización de la vulnerabilidad masculina, entre otras conductas. Aunque en la opinión de algunas activistas no tiene el mismo peso histórico o estructural que la misoginia –en lo cual difiero– sus efectos son reales, contribuyendo a la polarización de género y a problemas como la salud mental masculina (World Health Organization, 2020).

Las fuentes citadas, desde Macionis hasta Anderson, destacan la forma en la que las normas culturales y los medios amplifican estos prejuicios, sin librar de culpa por ello a las narrativas feministas que abiertamente se aprovechan de su cohesión social para promover narrativas misándricas, mientras que el análisis interseccional subraya la necesidad de enfoques más inclusivos (Crenshaw, 1989). En síntesis, debemos comprender que el estudio de la misandría requiere un equilibrio entre reconocer sus manifestaciones y evitar su uso como arma contra las luchas legítimas, promoviendo así un diálogo sano que beneficie a todos los géneros.

Referencias

1. Anderson, E. (2010). Inclusive masculinity: The changing nature of masculinities. Routledge.
2. Crenshaw, K. (1989). Demarginalizing the intersection of race and sex: A Black feminist critique of antidiscrimination doctrine, feminist theory and antiracist politics. University of Chicago Legal Forum, 1989(1), 139–167.
3. Farrell, W. (1993). The myth of male power: Why men are the disposable sex. Simon & Schuster.
4. hooks, b. (2000). Feminism is for everybody: Passionate politics. South End Press.
5. Macionis, J. J. (2017). Sociology (15th ed.). Pearson.
6. MacDonald, J. (2016). Gender bias in family courts: A sociological perspective. Journal of Family Studies, 22(3), 199–215.

7.Manne, K. (2017). Down girl: The logic of misogyny. Oxford University Press.

8.Nathanson, P., & Young, K. K. (2001). Spreading misandry: The teaching of contempt for men in popular culture. McGill-Queen's University Press.

9.Nolen-Hoeksema, S. (2003). Women who think too much: How to break free of overthinking and reclaim your life. Henry Holt and Company.

10. Warwick Law School. (2018). Gender bias in child custody decisions: A study of UK family courts. Warwick Law Review, 12(4), 45–60.

11. World Health Organization. (2020). Suicide worldwide in 2019: Global health estimates. WHO Press.

12. Young, K. K., & Nathanson, P. (2010). Sanctifying misandry: Goddess ideology and the fall of man. McGill-Queen's University Press.

Feminismo Y Misandría

Critian Beltrán Barrero

Introducción

La pregunta sobre si el feminismo es misándrico (es decir, si promueve el odio o prejuicio hacia los hombres) es compleja y requiere un análisis matizado, ya que el feminismo no es un movimiento monolítico, sino un conjunto diverso de corrientes con objetivos, métodos y actitudes variados. Aunque el feminismo, en su esencia, busca la igualdad de derechos y oportunidades para las mujeres y no tiene como objetivo principal el odio hacia los hombres, ciertos discursos, prácticas o actitudes dentro de algunas ramas o manifestaciones del feminismo han sido percibidos como misándricos por críticos (Nathanson & Young, 2001). Estas percepciones no reflejan la totalidad del movimiento, pero sí una gran mayoría y son importantes para comprender las tensiones en el discurso de género. A continuación, exploro las formas en que el feminismo es considerado misándrico, con ejemplos, citas de fuentes y un análisis crítico que distingue entre críticas válidas y generalizaciones.

Generalizaciones Negativas Sobre Los Hombres

Algunas corrientes del feminismo, particularmente en el feminismo radical o en discursos populares en redes sociales, utilizan lenguaje que generaliza a los hombres como inherentemente opresores, violentos o responsables de los problemas sociales. Estas generalizaciones se interpretan como misándricas al estigmatizar a todos los hombres, independientemente de sus acciones individuales (Young & Nathanson, 2010).

En plataformas como X (antes Twitter), hashtags como **#MenAreTrash** (los hombres son basura) de entrada utiliza un lenguaje abiertamente misándrico, aunque han sido utilizados por algunas feministas para denunciar comportamientos patriarcales, como la violencia de género. Sin embargo, el tono agresivo del hashtag implica que todos los hombres somos problemáticos, lo que genera críticas por su carácter abiertamente misándrico. En 2017, la activista sudafricana Zama Mopai defendió el hashtag como una crítica a sistemas de opresión (Mopai, 2017), pero usuarios en línea lo acusaron de promover odio hacia los hombres especialmente por el lenguaje utilizado.

Aunque el hashtag teóricamente surge de frustraciones legítimas (por ejemplo, Sudáfrica tiene una de las tasas más altas de violencia de género, con 45% de mujeres reportando abuso según un estudio de 2016) (Statistics South Africa, 2016), su lenguaje generalizante es de carácter misándrico, además puede alienar a hombres que no perpetúan estas conductas, reforzando una percepción de misandría.

El sociólogo Eric Anderson, en *Inclusive Masculinity* (2010), señala: *"Las narrativas que retratan a los hombres como un grupo monolítico responsable de las fallas del patriarcado pueden cruzar hacia la misandría, dificultando el diálogo y perpetuando estereotipos negativos"* (Anderson, 2010, p. 112).

En un contexto crítico, estas generalizaciones no representan al feminismo en su conjunto, pero sí a una prominente mayoría. Corrientes como el feminismo interseccional o liberal suelen evitar este lenguaje, enfocándose en sistemas de opresión en lugar de individuos (Crenshaw, 1989). Sin embargo, el impacto de estos discursos en redes sociales amplifica su visibilidad, deslegitima luchas válidas, alimentando la percepción de misandría.

Estigmatización De La Vulnerabilidad Masculina

Algunos discursos feministas, al criticar lo que ellas denominan la *"masculinidad tóxica"* (comportamientos como la agresividad o la represión emocional asociados con normas patriarcales/matriarcales), pueden intencionalmente reforzar estereotipos que castigan la vulnerabilidad masculina. Al centrarse en los aspectos negativos de la masculinidad sin abordar las presiones que enfrentamos los hombres, estos discursos se perciben como misándricos (Farrell, 1993).

En 2019, una campaña feminista en línea sobre la *"masculinidad tóxica"* generó controversia al destacar ejemplos de hombres que reprimían emociones o actuaban de manera dominante, pero sin mencionar la manera en la que las normas sociales castigan a los hombres que expresan tristeza o buscan ayuda (Gillette, 2019). Esto llevó a críticas de que la campaña perpetuaba la idea de que los hombres somos inherentemente defectuosos. Según la OMS, los hombres tienen una tasa de suicidio tres veces mayor que las mujeres (12.6 por 100,000 vs. 4.1 por 100,000 en 2020), en parte debido a la estigmatización de la vulnerabilidad por parte del feminismo (World Health Organization, 2020).

Aunque el concepto de *"masculinidad tóxica"*, según el feminismo, busca desmantelar normas dañinas, su aplicación a veces ignora la forma en la que los hombres también somos víctimas de diversos sistemas de dominación como el matriarcado/patriarcado, lo que se interpreta como un sesgo misándrico.

La psicóloga Susan Nolen-Hoeksema, en *Women Who Think Too Much* (2003), argumenta: *"La crítica a la masculinidad sin reconocer las presiones culturales sobre los hombres puede reforzar una forma de misandría que castiga a los hombres por no cumplir con ideales imposibles"* (Nolen-Hoeksema, 2003, p. 145).

El feminismo que aborda la masculinidad desde una perspectiva interseccional, como el trabajo de Raewyn Connell, tiende a evitar este problema al analizar ¿Cómo el patriarcado/matriarcado daña a hombres y mujeres? (Connell, 2005). A diferencia del abordaje que hace el feminismo radical, la misandría percibida en este caso (enfoque interseccional) es más un efecto secundario que una intención deliberada. De todas formas, todas estas definiciones sobre masculinidad son conjeturas feministas; el masculinismo rechaza estas definiciones por ser imposiciones ideológicas del feminismo tóxico.

Narrativas Que Ignoran Las Desventajas Masculinas

Algunos enfoques feministas se centran exclusivamente en las opresiones de las mujeres, minimizando o ignorando problemas específicos que enfrentamos los hombres, como la discriminación en casos de custodia, la falta de recursos para víctimas masculinas de abuso o la presión social para asumir riesgos físicos. Esta omisión es misándrica al implicar que los hombres no tienen luchas legítimas (Nathanson & Young, 2001).

En debates sobre violencia doméstica, algunas campañas feministas han enfatizado la victimización de las mujeres (que representan el 70-80% de las víctimas según la ONU) sin mencionar que los hombres también sufren abuso (aproximadamente 1 de cada 4 víctimas, según un estudio de la Universidad de Lancaster en 2018) (United Nations, 2015; Archer & Coyne, 2018). En 2016, un refugio para hombres víctimas de abuso en el Reino Unido cerró por falta de fondos, mientras que los refugios para mujeres recibían mayor atención, lo que evidencia que el feminismo ignora las necesidades masculinas (The Guardian, 2016).

La falta de atención a las víctimas masculinas es una forma de misandría institucional, ya que refuerza la idea de que los hombres no merecemos empatía o recursos en este ámbito. El sociólogo John MacDonald, en *Men and Domestic Violence* (2016), escribe: *"El enfoque exclusivo en las mujeres como víctimas de violencia doméstica, aunque justificado por las estadísticas, puede perpetuar un sesgo misándrico que invisibiliza las experiencias de los hombres"* (MacDonald, 2016, p. 204).

El feminismo busca deliberadamente ignorar a las víctimas masculinas, la priorización de las mujeres en contextos de recursos limitados genera percepciones de exclusión. Un feminismo más inclusivo podría abogar por recursos para todas las víctimas de violencia, independientemente del género.

Intolerancia Hacia Críticas Internas O Externas

En algunos círculos feministas, las críticas a ciertos discursos o tácticas son recibidas con hostilidad, acusando a los críticos (hombres o mujeres) de ser "antifeministas" o "traidores". Esta intolerancia puede percibirse como misándrica cuando se dirige a hombres que cuestionamos generalizaciones o buscan un diálogo, ya que nos descalifica como interlocutores válidos (Sommers, 1994).

En 2014, la campaña #WomenAgainstFeminism permitió a mujeres expresar su desacuerdo con ciertas posturas feministas, como la percepción de que el movimiento era antihombres. Muchas de estas mujeres, junto con hombres que apoyaron la campaña, fueron atacadas en redes sociales con insultos o acusaciones de *"internalizar el patriarcado"* (The Washington Post, 2014). Un usuario masculino que expresó su preocupación por el tono misándrico de algunos discursos fue etiquetado como "defensor del patriarcado" en un foro feminista.

Esta reacción puede reforzar la percepción de misandría al cerrar el diálogo con hombres que podrían ser aliados, asumiendo que sus críticas son inherentemente malintencionadas. La filósofa Christina Hoff Sommers, en *Who Stole Feminism?* (1994), argumenta: *"Un feminismo que castiga a los hombres por cuestionar sus métodos no solo es antidemocrático, sino que fomenta una hostilidad que puede interpretarse como misandría"* (Sommers, 1994, p. 22).

La intolerancia al disenso no es exclusiva del feminismo y puede explicarse por la polarización de los debates en línea. Sin embargo, cuando se dirige específicamente contra hombres desde el feminismo, puede alimentar narrativas de misandría, aunque el objetivo sea proteger el movimiento de críticas percibidas como deslegitimadoras.

Evaluación Crítica

¿Es el feminismo inherentemente misándrico? No, el feminismo, en su núcleo, en teoría busca desmantelar las desigualdades de género, no promover el odio hacia los hombres. Sin embargo, ciertas manifestaciones, especialmente en el feminismo radical o en discursos populares amplificados por redes sociales, pueden cruzar hacia actitudes misándricas al:

1. Generalizar negativamente a los hombres.
2. Ignorar o invisibilizar las luchas masculinas legítimas.

3.Estigmatizar la vulnerabilidad masculina.

4.Rechazar el diálogo con críticos masculinos.

Si bien estas actitudes no representan al feminismo en su conjunto, sí representan una gran mayoría. Corrientes como el feminismo interseccional, liberal o decolonial tienden a ser más inclusivas, reconociendo que el matriarcado/patriarcado daña a todos los géneros. Por ejemplo, la académica bell hooks, en *Feminism is for Everybody* (2000), aboga por un feminismo que incluya a los hombres como aliados: *"El feminismo es un movimiento para acabar con el sexismo, no para odiar a los hombres; necesitamos a los hombres para transformar el patriarcado"* (hooks, 2000, p. 67).

Críticas A La Percepción De Misandría:

***Asimetría con la misoginia*:** La filósofa Kate Manne argumenta que la misandría, aunque real, es reactiva y no tiene el mismo impacto estructural que la misoginia, que está respaldada por siglos de poder masculino (*Down Girl*, 2017, p. 88).

No comparto esta opinión, desde mi análisis crítico, la misandría es igual de relevante que cualquier otro discurso de odio, además, apreciaciones como estas son en sí mismas misándricas, pues legitiman la existencia de la misandría bajo la arenga de que *"la misoginia tiene más impacto estructural"* una falacia, teniendo en cuenta que la población de hombres es proporcional a la de mujeres, ergo, un discurso de odio contra los hombres es igualmente proporcional que un discurso de odio contra las mujeres.

Por otra parte, alegar que la misandría es reactiva, negando la agencia de la mujer y especialmente del feminismo, no solamente pretende librar al feminismo y a la mujer de toda responsabilidad tanto individual como colectiva, sino que desconoce además, que el feminismo se ha cimentado en el desprecio hacia el hombre, al cual percibe como *"gran opresor"* como parte de legitimación de su agenda ideológica; por el contrario, la evidencia demuestra que la misandría feminista es proactiva, y no busca *"desmantelar estructuras de poder masculina"* sino *"imponer una estructura de poder femenista"* (Nathanson & Young, 2010).

***Uso antifeminista*:** El término "misandría" es a veces cooptado por movimientos antifeministas para desacreditar al feminismo, evidenciando su alcance. Esto dificulta un análisis objetivo (Farrell, 1993). Sin embargo, la actitud fundamentalista del feminismo tampoco posibilita el diálogo, su negativa a recibir aportes desde diversas perspectivas como el postfeminismo y masculinismo impiden toda posibilidad de una construcción colectiva y colaborativa del conocimiento.

***Contexto emocional*:** Las generalizaciones misándricas se justifican bajo la excusa de que *"surgen de la frustración ante desigualdades persistentes"* (por ejemplo, la brecha salarial global del 20% según la OIT o la violencia de género que afecta a 1 de cada 3 mujeres, según la ONU) (International Labour Organization, 2020; United Nations,

2015), lo que requiere empatía al analizarlas, pero, si bien estos problemas pueden ofrecer una plataforma para luchas legítimas, los discursos misándricos deslegitiman estas mismas luchas y no pueden justificarse como *"simples reacciones a"* pues siguen siendo discursos de odio, los discursos de odio no tienen justificación.

Oportunidades Para El Feminismo:

1. ***Autocrítica***: Reconocer y abordar discursos misándricos puede fortalecer la credibilidad del movimiento, como sugiere Nancy Fraser en *Fortunes of Feminism* (2013): *"Un feminismo que escucha críticas y corrige excesos es más fuerte y más universal"* (Fraser, 2013, p. 218).
2. ***Inclusividad***: Promover un feminismo que aborde las luchas de todos los géneros, como la salud mental masculina o la violencia contra hombres, puede reducir percepciones de misandría (hooks, 2000).
3. ***Diálogo***: Fomentar conversaciones abiertas con hombres y mujeres críticos puede desmantelar estereotipos y construir alianzas (Connell, 2005).

Conclusión

El feminismo no es inherentemente misándrico, pero ciertas actitudes dentro del movimiento, como generalizaciones negativas contra los hombres, la estigmatización de la vulnerabilidad masculina, la omisión de problemas masculinos o la intolerancia al disenso, pueden percibirse como tales. Las fuentes citadas, desde Anderson hasta Sommers, destacan la forma en la que estas actitudes, aunque no representativas del feminismo en su totalidad pero sí en su gran mayoría, contribuyen a la polarización de género.

Un análisis crítico requiere reconocer estas críticas sin caer en generalizaciones antifeministas, entendiendo que la misandría como discurso de odio no tiene justificación, así pretender ser justificados o escudados bajo el pretexto de reacciones a tensiones emocionales y contextos de opresión. Para avanzar, el feminismo puede beneficiarse de la interseccionalidad, la autocrítica y el diálogo inclusivo, asegurando que su lucha por la equidad beneficie a todos los géneros.

Referencias

1. Anderson, E. (2010). Inclusive masculinity: The changing nature of masculinities. Routledge.
2. Archer, J., & Coyne, S. M. (2018). The prevalence of domestic violence against men: A meta-analysis. Aggression and Violent Behavior, 41, 1–10.
3. Connell, R. W. (2005). Masculinities (2nd ed.). University of California Press.
4. Crenshaw, K. (1989). Demarginalizing the intersection of race and sex: A Black feminist critique of antidiscrimination doctrine, feminist theory and antiracist politics. University of Chicago Legal Forum, 1989(1), 139–167.

5.Farrell, W. (1993). The myth of male power: Why men are the disposable sex. Simon & Schuster.

6.Fraser, N. (2013). Fortunes of feminism: From state-managed capitalism to neoliberal crisis. Verso Books.

7.Gillette. (2019). We Believe: The Best Men Can Be [Campaña publicitaria]. Recuperado de https://gillette.com/en-us/about/the-best-men-can-be

8.hooks, b. (2000). Feminism is for everybody: Passionate politics. South End Press.

9.International Labour Organization. (2020). Global wage report 2020-21: Wages and minimum wages in the time of COVID-19. ILO Press.

10. MacDonald, J. (2016). Men and domestic violence: A sociological perspective. Journal of Family Studies, 22(3), 199–215.

11. Manne, K. (2017). Down girl: The logic of misogyny. Oxford University Press.

12. Mopai, Z. (2017). Why #MenAreTrash is a necessary conversation. Mail & Guardian. Recuperado de https://mg.co.za/article/2017-05-12-why-menaretrash-is-a-necessary-conversation

13. Nathanson, P., & Young, K. K. (2001). Spreading misandry: The teaching of contempt for men in popular culture. McGill-Queen's University Press.

14. Nolen-Hoeksema, S. (2003). Women who think too much: How to break free of overthinking and reclaim your life. Henry Holt and Company.

15. Sommers, C. H. (1994). Who stole feminism? How women have betrayed women. Simon & Schuster.
16. Statistics South Africa. (2016). Crime against women in South Africa: An in-depth study. Stats SA.
17. The Guardian. (2016). UK's only refuge for male victims of domestic abuse closes. Recuperado de https://www.theguardian.com/society/2016/jan/15/uks-only-refuge-for-male-victims-of-domestic-abuse-closes
18. The Washington Post. (2014). #WomenAgainstFeminism: Why some women are rejecting feminism. Recuperado de https://www.washingtonpost.com/news/morning-mix/wp/2014/08/14/womenagainstfeminism-why-some-women-are-rejecting-feminism/
19. United Nations. (2015). The world's women 2015: Trends and statistics. UN Press.
20. World Health Organization. (2020). Suicide worldwide in 2019: Global health estimates. WHO Press.
21. Young, K. K., & Nathanson, P. (2010). Sanctifying misandry: Goddess ideology and the fall of man. McGill-Queen's University Press.

Feminismo, Misandría Y Las Tensiones Ideológicas En El Discurso De Género Contemporáneo

Critian Beltrán Barrero

Introducción

El masculinismo metamoderno y el postfeminismo abordan una serie de críticas al feminismo, con respecto a ciertos discursos feministas promueven la misandría (odio o prejuicio hacia los hombres), perpetúan narrativas de victimización y rechazan principios como la meritocracia y la responsabilidad individual. Además, se denuncia el uso de las redes sociales como herramienta de venganza y cuestiona la coherencia de algunas posturas feministas sobre sexo, género y equidad.

Las críticas reflejan frustraciones legítimas sobre percepciones de sesgo antihombres, el tono sarcástico del feminismo, generalizaciones y falta de estructura coherente que debilitan su argumento. En este ensayo reinterpreto las ideas centrales, ofrezco un análisis más riguroso, equilibrado y académico que examina las tensiones entre el feminismo, la percepción de misandría y las dinámicas ideológicas en el discurso de género. Adjunto ejemplos, citas de fuentes confiables y un enfoque crítico, este ensayo busca fomentar un diálogo inclusivo que trascienda la polarización.

Disertación General: Feminismo De Extrema Derecha

El feminismo ha sido considerado un motor de cambio social al desafiar las desigualdades de género y promover los derechos de las mujeres. Sin embargo, ciertos discursos y prácticas dentro del movimiento han generado críticas por ser misándricos, victimistas o incoherentes con los principios de equidad que dicen defender. En este ensayo reflejo estas percepciones, denunciando lo que puede ser un "feminismo de extrema derecha" que estigmatiza a los hombres, rechaza la meritocracia y utiliza las redes sociales como arma de venganza.

Aunque el feminismo tiene preocupaciones válidas, su tono reactivo y su enfoque desorganizado limitan su capacidad de análisis. En este ensayo examino las formas en que el feminismo es misándrico, evalúo las críticas desde una perspectiva académica y propongo un marco para abordar las tensiones ideológicas en el discurso de género, promoviendo un diálogo que reconozca las complejidades de la opresión y la identidad.

La Percepción De Misandría En El Discurso Feminista

El masculinismo metamoderno y el post feminismo argumentamos que el feminismo estigmatiza a los hombres, particularmente a los heterosexuales cisgénero, al asociarlos con características negativas como la violencia, el privilegio o la opresión. Esta percepción de misandría surge de varias prácticas y narrativas:

A) Generalizaciones Negativas Sobre Los Hombres

Algunos discursos feministas, especialmente en redes sociales, utilizan lenguaje que generaliza a los hombres como responsables de las desigualdades de género. Por ejemplo, hashtags como **#MenAreTrash** o frases como *"los hombres son el problema"* han sido criticados por promover una visión monolítica de la masculinidad. Aunque el feminismo justifica los discursos de odio, argumentando que suelen surgir de experiencias de opresión (como la violencia de género, que afecta a 1 de cada 3 mujeres según la ONU), su tono grosero es misándrico al no distinguir entre individuos y sistemas. De todas formas, las narrativas de odio no tienen justificación indistintamente del contexto o de la situación, una narrativa de odio, sigue siendo una narrativa de odio.

En 2023, una campaña en TikTok que destacaba comportamientos masculinos "tóxicos" fue acusada de misandría por incluir ejemplos generalizantes, como *"los hombres nunca escuchan"*. La campaña buscaba visibilizar patrones patriarcales, pero generó críticas por estigmatizar a todos los hombres.

El sociólogo **Eric Anderson**, en *Inclusive Masculinity* (2010), señala: *"Las narrativas que retratan a los hombres como un grupo monolítico responsable de las fallas del patriarcado pueden cruzar hacia la misandría, dificultando el diálogo y perpetuando estereotipos negativos"* (Anderson, 2010, p. 112).

B) Narrativas De Victimización Como Mecanismo De Presión - Empoderamiento A Partir De La Victimización-

El masculinismo metamoderno y el post feminismo critican al feminismo por promover una narrativa de victimización eterna, en el que las mujeres se presentan como las únicas afectadas por problemas sociales. Aunque el feminismo ha visibilizado desigualdades reales (como la brecha salarial global del 20% según la OIT), algunos discursos pueden minimizar las luchas de otros grupos, incluidos los hombres, lo que refuerza percepciones de misandría, al tiempo, se exageran narrativas como parte de su agenda ideológica; parece ser que dentro del evangelio feminista, la orden del día es el empoderamiento a partir de la victimización.

En debates sobre salud mental, las campañas feministas suelen centrarse en las mujeres (que enfrentan altas tasas de depresión, según la OMS), pero rara vez abordan las tasas de suicidio masculino, que son tres veces mayores (12.6 por 100,000 vs. 4.1 por 100,000 en 2020). Esta omisión intencionada es un sesgo antihombres.

La psicóloga **Susan Nolen-Hoeksema**, en *Women Who Think Too Much* (2003), argumenta: *"La falta de atención a las vulnerabilidades masculinas en los discursos de género puede reforzar una forma de misandría que castiga a los hombres por no cumplir con ideales imposibles"* (Nolen-Hoeksema, 2003, p. 145).

C) Rechazo A La Meritocracia

Desde el masculinismo metamoderno y el postfeminismo denunciamos que el feminismo se opone a la meritocracia, exigiendo privilegios basados en el género en lugar de logros individuales. Aunque en teoría, el feminismo busca corregir desigualdades estructurales (como la subrepresentación de mujeres en cargos directivos, solo el 8% según Fortune 2023), ciertos enfoques exigen una demanda de trato preferencial, lo que genera críticas de inequidad.

En 2022, una política de cuotas de género en una empresa tecnológica generó controversia cuando algunos empleados masculinos argumentaron que se priorizaba el género sobre las calificaciones. Aunque en teoría las cuotas buscan equilibrar desigualdades históricas, su implementación puede generar contextos de injusticia.

La filósofa **Christina Hoff Sommers**, en *Who Stole Feminism?* (1994), escribe: *"Un feminismo que exige resultados igualitarios sin considerar el mérito puede alienar a quienes valoran la justicia individual, alimentando percepciones de sesgo antihombres"* (Sommers, 1994, p. 22).

2. El Impacto Cultural De Las Narrativas Feministas: El Caso De *Barbie*

El masculinismo metamoderno cita la película *Barbie* (2023) como un ejemplo de las formas en las que la cultura popular incentiva la misandría, al presentar a los hombres como opresores mientras exalta a las mujeres, al tiempo que se retrata un ideal masculino al servicio de intereses puramente feministas (imposición feminista de la masculinidad). Este argumento refleja un debate más amplio sobre ¿Cómo los medios moldean las percepciones de género?.

Análisis De *Barbie*

Dirigida por Greta Gerwig, *Barbie* explora el patriarcado y el empoderamiento femenino a través de una narrativa satírica. Aunque la película critica las normas de género que supuestamente oprimen a las mujeres, algunos espectadores percibimos un retrato de los hombres (como Ken, presentado como un personaje secundario y a veces ridículo) como misándrico. Las reacciones en redes sociales fueron polarizadas: algunas mujeres celebraron el mensaje de sororidad, mientras que otros lo vimos como una caricatura antihombres.

En 2023, un hilo de Twitter con miles de interacciones afirmó que *Barbie "promueve el odio hacia los hombres"* al presentar a los Kens como incompetentes. Sin embargo, defensoras de la película argumentaron que su tono irónico buscaba deconstruir estereotipos de género, no atacar a los hombres. Desde el masculinismo metamoderno percibimos esta pelicula feminista como una injerencia indebida en la construcción de la masculinidad, si bien, no quiero caer en debates esencialistas como lo mencioné en un ensayo anterior, tampoco podemos permitir que el concepto de masculinidad sea definido unilateralmente desde el feminismo, como tampoco el feminismo quisiera que el concepto de feminidad fuera definido enteramente desde el masculinismo.

La ridiculización del género masculino en la película barbie es abiertamente misándrica, la deconstrucción de la masculinidad al servicio y rendición total de lo caprichos del feminismo, en la práctica, las nuevas masculinidades sugeridas por el feminismo fracasaron y no tienen ningún éxito reproductivo; el rechazo se deriva, no de la negativa a recibir sugerencias sobre la construcción de la masculinidad, sino de la pretensión femenista de imponerlas como verdad absoluta y único modelo de masculinidad a seguir, tachando de "tóxicas" a las demás, a las que nosotros mismos construimos.

La crítica cultural **bell hooks**, en *Feminism is for Everybody* (2000), argumenta: *"Los medios pueden perpetuar narrativas que polarizan los géneros, pero un feminismo inclusivo debe desafiar estas representaciones para construir alianzas, no divisiones"* (hooks, 2000, p. 67).

Análisis Crítico

La percepción de *Barbie* como misándrica refleja una sensibilidad cultural hacia narrativas que priorizan un género sobre otro. Negar la influencia del feminismo por estas representaciones ridículas amparados en el contexto satírico de la película y la diversidad de interpretaciones es una falacia. Un enfoque más constructivo sería analizar la forma en la que los medios pueden equilibrar la crítica al patriarcado con la validación de las experiencias masculinas.

Redes Sociales Como Arma De Venganza

Desde el masculinismo metamodernos denunciamos el uso de las redes sociales como una herramienta de "venganza feminista" contra los hombres, amparados en la evidencia de incontables casos de calumnias. Este argumento toca un problema real: la amplificación de acusaciones en línea y su impacto en la reputación.

Contexto Del Problema

Las redes sociales permiten la difusión rápida de denuncias, lo que puede empoderar a las víctimas de abuso, pero también facilita falsas acusaciones que dañan a los acusados. Aunque las denuncias falsas que llegan a estrados judiciales son escasas (2-8% en casos de abuso sexual, según un estudio de Stanford de 2010), la calumnia es un fenomeno generalizado que aun no se ha contabilizado debidamente, lo cierto es que existen y su impacto es significativo, especialmente para los hombres, que enfrentamos estigmas sociales y legales.

En 2021, un estudiante de la Universidad Nacional de Colombia denunció públicamente haber sido calumniado en redes sociales por tres personas de la misma universidad, incluyendo acusaciones de abuso que luego fueron desmentidas en un proceso legal. El caso generó debates sobre la responsabilidad en las denuncias públicas.

El jurista **Alan Dershowitz**, en *The Case for Due Process* (2019), señala: *"Las acusaciones en redes sociales, aunque necesarias para visibilizar el abuso, pueden convertirse en armas de venganza si no se equilibran con el respeto al debido proceso"* (Dershowitz, 2019, p. 207).

Análisis Crítico

El feminismo promueve deliberadamente las falsas acusaciones, la cultura de "creer a las mujeres" impulsada por movimientos como #MeToo genera presiones para aceptar denuncias sin escrutinio. Esto equivale a misandría generalizada y plantea desafíos éticos. Un sistema equilibrado debe proteger a las víctimas mientras garantiza justicia para los acusados, sin embargo, la influencia ideológica del feminismo en la administración de justicia ha deteriorado la imparcialidad ideal del proceso, generando una asimetría de género contra el hombre, muchas veces, imposible de romper.

Introducciones como la "perspectiva de género", un sesgo de género antihombres agravan esta situación, prácticas como; no permitir la debida defensa del acusado, no darle a conocer los supuestos hechos al señalado, no permitirle hablar ni dar su versión de los hechos ni participar en ningún espacio, prejuzgar y pre condenarlo sin haber surtido el debido proceso, dar por sentado la veracidad de las acusaciones sin la debida investigación, admitir la prueba secreta, admitir el testimonio oculto, no permitir el contra interrogatorio ni la confrontación, no permitir la publicidad de la prueba, negar el principio de inmediación del juez, negar el principio de juez natural, etcétera, son a todas luces vulneraciones al debido proceso, como conquista "de la humanidad" que agravan la situación del señalado exclusivamente cuando es hombre heterosexual cisgénero.

Debates Sobre Sexo, Género Y Espacios Segregados

El feminismo de género a mennudo aborda el debate sobre el género en los baños, argumentando que el feminismo y el activismo trans niegan la realidad biológica del sexo, lo que percibe como una falta de respeto a los espacios de las mujeres cisgénero. Desde el masculinismo metamoderno concordamos con esta apreciación, una cosa es la identidad personal subjetiva, otra muy distinta la realidad biológica y objetiva. Este argumento refleja una controversia más amplia sobre la relación entre sexo, género y seguridad.

Sexo Vs. Género

El sexo biológico es mayormente binario (macho/hembra, determinado por cromosomas XX/XY), pero las intersexualidades (1-2% de la población, según la ONU) y las identidades trans complican esta dicotomía, sinque esto desmienta la regla géneral. El género, como sostiene **Judith Butler** (*Gender Trouble*, 1990), es una construcción social que varía culturalmente. El activismo trans defiende la autodeterminación de género, lo que genera tensiones con feministas que priorizan el sexo biológico para espacios segregados, como baños o refugios.

No comparto la postura de Judith Butler que plantea una separación absoluta entre cultura y biología. Si bien es cierto que el género implica cierta intersubjetividad en su construcción, resulta insostenible concluir que esta está completamente desligada de la realidad biológica. Toda construcción cultural, incluida la intersubjetividad, está inevitablemente anclada a la realidad objetiva, ya que no puede transgredir las leyes que la rigen. Por tanto, afirmar que la intersubjetividad es un fenómeno independiente de la realidad material carece de fundamento.

En este sentido, la intersubjetividad descrita por Butler no niega ni trasciende la realidad biológica de la que depende. La cultura, entendida como el conjunto de mecanismos adaptativos de la especie humana a su entorno, refleja las múltiples formas en que la intersubjetividad se articula con la objetividad biológica. Esta conexión explica por qué, a pesar de su diversidad, todas las culturas humanas comparten rasgos comunes, derivados de una realidad biológica compartida que actúa como un eje transversal. Negar esta interdependencia implicaría ignorar la base material que subyace a las construcciones culturales.

Coincido con Butler en que el género es una construcción cultural, pero sostengo que esta no está desvinculada del sexo biológico. Al contrario, el sexo biológico influye significativamente en la formación de la identidad y el desarrollo del género, que no es enteramente subjetivo ni intersubjetivo, como podría interpretarse. Una persona nacida con cromosomas XY mantendrá esa configuración biológica a lo largo de su vida, independientemente de su realización personal, lo que evidencia que la biología constituye un fundamento ineludible en la construcción del género.

En 2022, una controversia en el Reino Unido sobre la inclusión de personas trans en baños femeninos llevó a protestas de feministas radicales, que argumentaron que la seguridad de las mujeres cisgénero estaba en riesgo. Activistas trans respondieron que estas preocupaciones perpetúan la transfobia.

La filósofa **Kathleen Stock**, en *Material Girls* (2021), argumenta: *"La inclusión de personas trans en espacios segregados por sexo plantea dilemas legítimos sobre seguridad y privacidad, pero no debe reducirse a misandria o transfobia"* (Stock, 2021, p. 154).

Análisis Crítico

El masculinismo metamoderno no pretende simplificar el debate al presentar el género como una "realidad científica" y los baños como espacios inherentemente ligados al sexo biológico, pero, las preocupaciones sobre seguridad son válidas y requieren un diálogo que equilibre los derechos de las mujeres cisgénero, las personas trans y los hombres, sin demonizar a ningún grupo. El auge de los baños mixtos o intergéneros parece dar luces sobre una posible solución.

Implicaciones Ideológicas Y Propuestas Para El Diálogo

El masculinismo metamoderno refleja una frustración ante lo que percibimos como un feminismo que promueve la misandría, rechaza la meritocracia y victimiza a las mujeres mientras ignora las luchas de los hombres. Un análisis crítico revela:

1. **Preocupaciones Legítimas**: Las generalizaciones misándricas, la minimización de problemas masculinos (como la salud mental o la discriminación en custodia) y el uso de redes sociales como arma de venganza son problemas reales que merecen atención.
2. **Riesgo De Polarización**: Etiquetar al feminismo como "de extrema derecha" o misándrico no pretende perpetuar divisiones, ni ignorar que diversos sistemas de dominación como el patriarcado/matriarcado dañan a todos los géneros, sino más bien generar un diálogo constructivo y colaborativo del conocimiento, como señala **bell hooks**: *"El feminismo es un movimiento para acabar con el sexismo, no para odiar a los hombres"* (hooks, 2000, p. 67).
3. **Oportunidad De Colaboración**: El feminismo interseccional, el masculinismo progresista y el activismo trans pueden aliarse para abordar problemas comunes, como la violencia, la salud mental y los sesgos judiciales.

Propuestas:

1. **Políticas equitativas**: Implementar leyes que equilibren la

protección de las víctimas con el debido proceso, como protocolos para investigar denuncias sin sesgos de género.

2. **Educación De Género**: Promover programas que desmantelen estereotipos, enseñando que las normas de género oprimen a todos.
3. **Diálogo Inclusivo**: Crear espacios donde feministas, masculinistas y activistas trans discutan sus prioridades, validando las experiencias de todos.

Conclusión

La percepción de misandría en el feminismo, como refleja el masculinismo metamoderno, surge de discursos que generalizan negativamente a los hombres, minimizan nuestras luchas o utilizan las redes sociales como arma de venganza. Aunque estas actitudes existen en ciertos sectores, definen al feminismo, que en su teoría busca la equidad de género, pero en la praxis implementan una asimetría desproporcionada contra el hombre.

Las fuentes citadas, desde Anderson hasta Stock, destacan la necesidad de abordar estas críticas sin caer en la polarización. Un diálogo inclusivo, que reconozca las complejidades del sexo, el género y la opresión, es crucial para construir una sociedad más equitativa. Al superar las narrativas de confrontación, el feminismo, el masculinismo y otros movimientos pueden colaborar para desmantelar las estructuras opresivas, promoviendo una justicia que beneficie a todos los géneros.

Fuentes Citadas

1.Anderson, E. (2010). *Inclusive Masculinity: The Changing Nature of Masculinities*. Routledge.

2.Butler, J. (1990). *Gender Trouble: Feminism and the Subversion of Identity*. Routledge.

3.Dershowitz, A. (2019). *The Case for Due Process*. Harvard University Press.

4.hooks, b. (2000). *Feminism is for Everybody: Passionate Politics*. South End Press.

5.Nolen-Hoeksema, S. (2003). *Women Who Think Too Much: How to Break Free of Overthinking and Reclaim Your Life*. Henry Holt and Company.

6.Sommers, C. H. (1994). *Who Stole Feminism? How Women Have Betrayed Women*. Simon & Schuster.

7.Stock, K. (2021). *Material Girls: Why Reality Matters for Feminism*. Fleet.

Misandría, Masculinidad Y Las Tensiones En El Discurso De Género Contemporáneo

Critian Beltrán Barrero

Introducción

El masculinismo metamoderno presenta críticas al feminismo, especialmente por promover la misandría (odio o prejuicio hacia los hombres) al negar las violencias que sufrimos los hombres, estigmatizar la masculinidad y perpetuar narrativas que victimizan a las mujeres mientras ignoran las luchas masculinas.

Aunque el feminismo aborda preocupaciones legítimas, su tono reactivo, lenguaje despectivo y falta de rigor académico debilitan su mensaje. En esta ensayo reestructuro las ideas centrales, ofreciendo un análisis más coherente, equilibrado e informado que examina las tensiones entre el feminismo, las percepciones de misandría y las dinámicas de género en la sociedad contemporánea. Integrando ejemplos, citas de fuentes confiables y un enfoque crítico, el ensayo busca fomentar un diálogo inclusivo que trascienda la polarización.

Tensiones En La Emancipación

El discurso de género en el siglo XXI está marcado por tensiones entre movimientos que buscan la emancipación, como el feminismo, que lucha por los derechos de las mujeres, y el masculinismo, que visibiliza las opresiones de los hombres. El masculinismo metamoderno refleja una frustración ante lo que percibe como un feminismo misándrico que niega las violencias contra los hombres, promueve relaciones tóxicas y perpetúa estereotipos negativos sobre la masculinidad.

Aunque el feminismo tiene preocupaciones válidas, su presentación en forma de jerarquías de géneros despectivas y arengas sensacionalistas sobre el origen de violencia de género limita su capacidad de análisis. En este ensayo examino las formas en que el feminismo es misándrico, evalúo las críticas desde una perspectiva académica y propongo un marco para abordar las tensiones de género de manera constructiva, reconociendo las complejidades de la opresión y la identidad en un mundo globalizado.

La Percepción De Misandría En El Discurso Feminista

El masculinismo metamoderno argumenta que el feminismo niega la existencia de los hombres como víctimas de violencia y perpetúa narrativas misándricas al estigmatizar la masculinidad. Esta percepción surge de varias prácticas y discursos:

A) Negación De Las Violencias Contra Los Hombres

Existen diversas y numerosas formas de violencia que sufrimos los hombres, como acoso, abuso infantil, violaciones y discriminación laboral, como parte de su agenda el feminismo las ignora o minimiza.

Aunque las estadísticas muestran que las mujeres son más afectadas por la violencia de género (82% de las víctimas de violencia íntima, según la ONU), los hombres también enfrentamos opresiones específicas que son subestimadas. Por ejemplo, los hombres representamos el 75% de las víctimas de suicidio (OMS, 2020) y el 25% de las víctimas de abuso doméstico (Universidad de Lancaster, 2018).

En 2019, una campaña feminista sobre violencia de género en el Reino Unido se centró exclusivamente en las mujeres, omitiendo a los hombres víctimas, lo que generó críticas de movimientos masculinistas por perpetuar un sesgo misándrico.

El sociólogo **John MacDonald**, en *Men and Domestic Violence* (2016), escribe: *"La omisión de las experiencias de los hombres víctimas de violencia en los discursos feministas puede percibirse como una forma de misandría que invisibiliza sus luchas"* (MacDonald, 2016, p. 204).

B) Estigmatización De La Masculinidad

En el lenguaje popular se introducen términos como "simp" y "beta" para describir a hombres que, según el saber popular, se subordinan a las mujeres o carecen de autoestima y no tienen ningún éxito reproductivo –los llamados friendzone–. Estos calificativos son la respuesta de la sociedad a lo que el feminismo llama "nuevas masculinidades", una deconstrucción de la masculinidad clásica que no era funcional a los intereses del feminismo en un nintendo desesperado del feminismo de moldar hombres al servicio de sus ideales.

Estos conceptos, populares en foros en línea como Reddit, reflejan una crítica más amplia: la forma en la que el feminismo desvaloriza la masculinidad tradicional al asociarla con comportamientos "tóxicos" (como la agresividad) mientras ignora las presiones que enfrentamos los hombres para cumplir con estos ideales.

El feminismo, en ciertos planteamientos, promueve una deconstrucción de la masculinidad tradicional que, desde el masculinismo metamoderno, consideramos sesgada. Esta perspectiva tiende a calificar como "tóxica" cualquier expresión de masculinidad que no se alinee con sus postulados, proponiendo en su lugar una masculinidad subordinada a sus principios ideológicos. Tal enfoque no busca un diálogo constructivo, sino imponer una visión que desvaloriza la masculinidad clásica.

Desde el masculinismo metamoderno, rechazamos esta estigmatización de la masculinidad tradicional y la narrativa que la reduce a un constructo inherentemente perjudicial. Sin caer en esencialismos, sostenemos que la construcción de la masculinidad, como concepto y práctica, corresponde principalmente a los hombres, del mismo modo que la feminidad es definida principalmente por las mujeres. Esto no implica cerrar la puerta a aportes o perspectivas externas, sino reconocer que cada género tiene un rol protagónico en la configuración de su propia identidad, promoviendo un diálogo abierto y equilibrado entre ambos.

En 2021, una campaña en redes sociales sobre "masculinidad tóxica" fue criticada por presentar a los hombres como inherentemente dominantes, sin abordar la forma en la que las normas de género castigan a los hombres que expresan vulnerabilidad, lo que reforzó percepciones de misandría.

La psicóloga **Susan Nolen-Hoeksema**, en *Women Who Think Too Much* (2003), argumenta: *"La crítica a la masculinidad sin reconocer las presiones culturales sobre los hombres puede reforzar una forma de misandría que castiga a los hombres por no cumplir con ideales imposibles"* (Nolen-Hoeksema, 2003, p. 145).

C) Narrativas De Relaciones Tóxicas

Existen diversas y numerosas características de mujeres "tóxicas" (quejumbrosas, infieles, feministas) que los hombres debemos evitar. Aunque el tono "tóxico" es despectivo, plantea una preocupación válida sobre las dinámicas de poder en las relaciones y la forma en la que las expectativas de género pueden generar conflictos.

En 2020, un hilo de Twitter con miles de interacciones denunció a las mujeres "feministas narcisistas" como manipuladoras en las relaciones, citando casos de hombres que se sentían emocionalmente invalidados. Aunque las generalizaciones son problemáticas, el debate refleja tensiones reales sobre la comunicación y el respeto mutuo.

La socióloga **Raewyn Connell**, en *Gender and Power* (1987), señala: *"Las relaciones de género están marcadas por expectativas culturales que generan conflictos, pero culpar a un género ignora la forma en la que el patriarcado daña a ambos"* (Connell, 1987, p. 134).

La Percepción De Violencia De Género: Hombres Como Víctimas

Desde el masculinismo metamoderno argumentamos que el feminismo niega las violencias contra los hombres, como el acoso, el abuso infantil y la discriminación, presentándolas como formas de violencia de género ignoradas. Estas denuncias no pretenden negar ni deslegitimar las violencias contra las mujeres, sino plantear una crítica válida sobre la falta de atención a los hombres víctimas.

Contexto De Las Violencias Masculinas

Acoso y abuso: Los hombres enfrentamos acoso en espacios públicos y laborales, aunque en menor proporción que las mujeres (según un estudio de la Universidad de Michigan de 2019, el 20% de los hombres reporta acoso laboral frente al 40% de las mujeres). El abuso infantil afecta a ambos géneros, pero los hombres somos menos propensos a denunciarlo debido al estigma (según la OMS, 1 de cada 5 hombres reporta abuso infantil).

Discriminación estructural: Los hombres enfrentamos sesgos en sistemas judiciales, como en casos de custodia (las madres reciben la custodia en el 80% de los casos en el Reino Unido, según la Universidad de Warwick) y en la percepción de victimización (los hombres víctimas de abuso doméstico son a menudo ridiculizados).

Salud mental: Las altas tasas de suicidio masculino reflejan presiones de género, como la expectativa de ser "fuertes" o "proveedores", al mismo tiempo, la exclusión producto de la retórica feminista que nos dibuja como victimarios eternos, nunca como victimas.

En 2018, la organización **Men's Health Network** lanzó una campaña para concienciar sobre la salud mental masculina, destacando las formas en las que las normas de género desalientan a los hombres de buscar ayuda. La campaña fue rechazada por feministas radicales que no consideran a los hombres como víctimas pero fue apoyada por feministas interseccionales, mostrando que el reconocimiento de las luchas masculinas no es incompatible con el feminismo.

La filósofa **bell hooks**, en *Feminism is for Everybody* (2000), escribe: *"Un movimiento por la igualdad de género debe incluir a los hombres, reconociendo sus luchas sin negar los privilegios históricos del patriarcado"* (hooks, 2000, p. 67).

Análisis Crítico

El feminismo niega deliberadamente las violencias contra los hombres, su enfoque en las mujeres como grupo históricamente oprimido es claramente un sesgo dominante dentro de su dogma. Un feminismo más inclusivo podría abordar las luchas de todos los géneros, promoviendo recursos para víctimas masculinas y desafiando los estereotipos que castigan la vulnerabilidad masculina.

Críticas Al Feminismo: Opiniones Contrarias Y Polarización

Desde el masculinismo metamoderno sostenemos que tener opiniones contrarias al feminismo no equivale a violencia de género, acusamos al movimiento de victimizarse y reprimir el disenso. Este argumento refleja un debate más amplio sobre la libertad de expresión y la polarización en los discursos de género.

Contexto Del Disenso

El feminismo, como cualquier movimiento, enfrenta críticas internas y externas. Sin embargo, en algunos círculos, las críticas son recibidas con hostilidad, acusando a los detractores de "misoginia" o "violencia simbólica". Esto es misandría, especialmente cuando los críticos somos hombres que cuestionamos las narrativas feministas.

En 2022, un académico en una universidad estadounidense fue sancionado por cuestionar la "cultura de la cancelación" en el feminismo, lo que generó acusaciones de censura. Aunque el caso fue complejo, reflejó tensiones sobre el derecho a disentir sin ser estigmatizado.

La filósofa **Christina Hoff Sommers**, en *Who Stole Feminism?* (1994), argumenta: *"Un feminismo que castiga a los hombres por cuestionar sus métodos no solo es antidemocrático, sino que fomenta una hostilidad que puede interpretarse como misandría"* (Sommers, 1994, p. 22).

Análisis Crítico

La intolerancia al disenso no es exclusiva del feminismo, pero cuando se dirige específicamente a hombres, refuerza las narrativas de misandría. Fomentar un diálogo abierto, donde las críticas sean recibidas con argumentos en lugar de descalificaciones, es esencial para superar la polarización.

Prevención De La Violencia: Consejos Y Controversias

En el lenguaje popular, a menudo se habla sobre consejos de prevención para mujeres, basados en entrevistas con violadores, evidenciando la forma en la que ciertas prácticas o comportamientos las hacen más vulnerables. Aunque el intento del feminismo de promover la seguridad es válido, el tono sensacionalista y la falta de fuentes verificables debilitan su credibilidad.

Evaluación De Los Consejos

Algunos consejos, como estar atenta al entorno o gritar en situaciones de peligro, son prácticos y respaldados por expertos en seguridad. Sin embargo, sugerencias como evitar ciertos peinados o ropa pueden interpretarse como la idea de que las víctimas son responsables de su seguridad, lo que puede culpabilizarlas, este debate es complejo, porque no se pretende eximir de culpa a los delincuentes ni mucho menos responsabilizar a las víctimas por sus desgracias, de todas formas, no está de más ser prevenido, tomas ciertas medida de autocuidado y prevención, no para "lavarle la cara a nadie" como argumentan ciertas activists fundamentalistas, sino para evitar al mínimo que sucedan tragedias.

En 2019, una campaña de prevención en México recomendó a las mujeres evitar caminar solas de noche, lo que generó críticas de feministas por culpar a las víctimas en lugar de abordar las causas estructurales de la violencia (México registró 3,723 feminicidios en 2020, según el INEGI). De todas formas, la evidencia dice, que los delincuentes suelen atacar a personas que caminan solas en senderos deshabitados y a altas horas de la noche, por lo que indistintamente de la controversia que generó la recomendación, es válida y tiene sustento empírico, además, la recomendación no sugiere exonerar de responsabilidad al delincuente, sino más bien, evitar al máximo la tragedia; desde luego eso no exime de culpa a la administración municipal por no implementar más seguridad en las calles, el debate sigue abierto.

La criminóloga **Fiona MacKenzie**, en *Gender and Justice* (2019), argumenta: *"Las estrategias de prevención deben empoderar a las personas sin culpabilizarlas, enfocándose en cambiar las normas* *culturales que perpetúan la violencia"* (MacKenzie, 2019, p. 143).

Análisis Crítico

Los consejos de prevención deben ser inclusivos, abordando la seguridad de todos los géneros sin perpetuar estereotipos. Por ejemplo, los hombres también enfrentan riesgos de violencia (representan el 70% de las víctimas de homicidio, según la ONU), lo que sugiere la necesidad de campañas que promuevan la seguridad universal. El feminismo y el masculinismo podrían colaborar en estas iniciativas, desafiando las normas que normalizan la violencia.

Implicaciones Culturales Y Propuestas Para El Diálogo

El masculinismo metamoderno refleja una frustración ante lo que percibe como un feminismo misándrico que niega las luchas masculinas, promueve relaciones tóxicas y reprime el disenso. Un análisis crítico revela:

1. **Preocupaciones legítimas**: Las generalizaciones misándricas, la minimización de problemas masculinos (como la salud mental o la violencia) y la intolerancia al disenso son problemas reales que merecen atención.
2. **Riesgo de polarización**: Clasificaciones como "simp" o "beta" y acusaciones de misandría perpetúan divisiones, ignorando que cualquier sistema de dominación, patriarcado/matriarcado daña a todos los géneros, como señala **bell hooks**: *"El feminismo es un*

movimiento para acabar con el sexismo, no para odiar a los hombres" (hooks, 2000, p. 67).

3. **Oportunidad de colaboración**: El feminismo interseccional y el masculinismo metamoderno pueden aliarse para abordar problemas comunes, como la violencia, la salud mental y los sesgos de género.

Propuestas:

1. **Políticas inclusivas**: Implementar leyes que equilibren la protección de las víctimas con el debido proceso, como protocolos para investigar denuncias sin sesgos de género.
2. **Educación de género**: Promover programas que desmantelen estereotipos, enseñando que las normas de género oprimen a todos.
3. **Diálogo interseccional**: Crear espacios donde feministas, masculinistas y otros movimientos discutan sus prioridades, validando las experiencias de todos.

Conclusión

La percepción de misandría en el feminismo, como refleja el masculinismo metamoderno, surge de discursos que generalizan negativamente a los hombres, minimizan nuestras luchas y reprimen el disenso. Aunque estas actitudes existen en ciertos sectores, definen al feminismo moderno, que en su teoría busca la equidad de género.

Las fuentes citadas, desde Anderson hasta MacKenzie, destacan la necesidad de abordar estas críticas sin caer en la polarización. Un diálogo inclusivo, que reconozca las violencias y opresiones de todos los géneros, es crucial para construir una sociedad más equitativa. Al superar las narrativas de confrontación, el feminismo y el masculinismo pueden colaborar para desmantelar las estructuras opresivas, promoviendo una justicia que beneficie a todos.

Fuentes Citadas

1. Anderson, E. (2010). *Inclusive Masculinity: The Changing Nature of Masculinities*. Routledge.
2. Connell, R. (1987). *Gender and Power: Society, the Person and Sexual Politics*. Stanford University Press.
3. hooks, b. (2000). *Feminism is for Everybody: Passionate Politics*. South End Press.
4. MacDonald, J. (2016). *Men and Domestic Violence: A Sociological Perspective*. Routledge.
5. MacKenzie, F. (2019). *Gender and Justice: A Global Perspective*. Routledge.
6. Nolen-Hoeksema, S. (2003). *Women Who Think Too Much: How to Break Free of Overthinking and Reclaim Your Life*. Henry Holt and Company.
7. Sommers, C. H. (1994). *Who Stole Feminism? How Women Have Betrayed Women*. Simon & Schuster.

Expresiones Y Actitudes Misándricas

Una Reflexión Sobre La Desvalorización Masculina

Critian Beltrán Barrero

Introducción

La misandria, entendida como el desprecio o aversión hacia los hombres por su condición de género, es un fenómeno que a menudo pasa desapercibido en los discursos sociales. Aunque menos discutida que otras formas de discriminación, está presente en actitudes, expresiones y prácticas que deshumanizan, minimizan o estigmatizan a los hombres (Farrell, 1993). En este texto analizo 10 ejemplos de conductas o narrativas que reflejan misandria, explorando ¿Cómo están normalizadas? y ¿Qué impacto tienen en la percepción de los hombres como individuos y como grupo?

Minimización De Las Desgracias Masculinas

Ejemplo: "Los hombres se matan, agreden o violan entre ellos, es su problema".

Análisis: Esta expresión se usa para desestimar que los hombres son las principales víctimas de crímenes violentos (homicidios, agresiones, etc.). Según la Oficina de las Naciones Unidas contra la Droga y el Delito, los hombres representan el 82% de las víctimas de homicidios a nivel global (UNODC, 2020). Implica que estas tragedias son exclusivas de nosotros, ignorando el impacto en nuestras familias (madres, hermanas, hijas) y en la sociedad. Además, refuerza la idea de que los hombres somos responsables de nuestro propio sufrimiento, deshumanizándonos al presentarnos como una categoría aislada.

***Reflexión*:** Reconocer el dolor de los hombres no resta importancia a otras víctimas. La violencia afecta a todos, y minimizarla según el género perpetúa una visión reduccionista.

Silencio Estadístico

***Ejemplo*:** "En el accidente murieron 200 personas, incluyendo 10 mujeres y 5 niños" (sin mencionar a los 185 hombres).

***Análisis*:** En reportes de tragedias, la atención suele centrarse en mujeres y niños, mientras que los hombres somos tratados como una cifra implícita. Existen estadísticas específicas para feminicidios o violencia contra mujeres, pero no hay equivalentes para los hombres, como registros de homicidios masculinos, suicidios o fraudes parentales. Por ejemplo, los hombres constituyen el 75% de las víctimas de suicidio en países desarrollados, pero esta cifra rara vez se destaca (WHO, 2021). Esta asimetría invisibiliza el sufrimiento masculino.

***Reflexión*:** La igualdad implica contabilizar todas las vidas por igual.

Crear estadísticas inclusivas ayudaría a comprender mejor las problemáticas que afectan a los hombres.

Generalización Del Mal

Ejemplo: "El 90% de los criminales son hombres, ellos son el problema".

Análisis: Usar estadísticas para culpar a los hombres como grupo ignora las circunstancias sociales, económicas y culturales que influyen en el crimen. Según el FBI, los hombres representan aproximadamente el 88% de los arrestos por delitos violentos, pero esto refleja factores como desigualdad económica y socialización de roles, no una predisposición inherente (FBI, 2022). Esta narrativa minimiza los delitos cometidos por mujeres y estigmatiza a los hombres como inherentemente peligrosos, sin considerar que la gran mayoría no cometemos crímenes.

Reflexión: Los problemas sociales no son exclusivos de un género. Enfocarse en las causas, no en las generalizaciones, permite abordar el crimen de manera más efectiva.

Desprecio A La Integridad Sexual Masculina

Ejemplo: "Un hombre no puede ser violado por una mujer" o "Si tuvo una erección, lo deseaba".

Análisis: Estas ideas reflejan una ignorancia sobre la sexualidad masculina y perpetúan el mito de que los hombres siempre están dispuestos al sexo. Un estudio de la Universidad de Lancaster encontró que el 10% de los hombres reportan haber sufrido abuso sexual, pero la estigmatización social dificulta su denuncia (Weare, 2018). Casos de abuso sexual, acoso o violación hacia hombres son trivializados o vistos como una "suerte", especialmente si la agresora es una mujer. Esto contrasta con la condena unánime hacia agresiones contra mujeres.

Reflexión: La integridad sexual es un derecho universal. Reconocer las agresiones hacia los hombres no disminuye la gravedad de las sufridas por las mujeres, sino que amplía la protección para todos.

Mito Del "Privilegio Masculino Absoluto"

Ejemplo: "Los hombres tienen todos los privilegios, no enfrentan desventajas".

Análisis: La narrativa del privilegio masculino ignora áreas donde los hombres estamos en desventaja, como mayor riesgo de suicidio, accidentes laborales, fracaso escolar o falta de acceso a servicios de apoyo emocional. Por ejemplo, los hombres representan el 90% de las muertes por accidentes laborales en Estados Unidos (BLS, 2021). Mientras existen políticas para compensar desigualdades femeninas (cuotas, subsidios), no hay equivalentes para los hombres en sectores donde nosotros enfrentamos dificultades.

Reflexión: La equidad requiere identificar y abordar las desventajas de ambos géneros, sin asumir que uno siempre está en ventaja ni en un "posición de poder permanente" frente al otro.

Transfobia Desde La Misandria

Ejemplo: "Las mujeres trans son hombres que invaden espacios femeninos".

Análisis: Algunas corrientes rechazan a las mujeres trans basándose en la percepción de que son hombres, asociando lo masculino con una amenaza. Curiosamente, los hombres trans no enfrentan el mismo rechazo en espacios masculinos, lo que sugiere que el desprecio está ligado a la idea de "hombre" como peligro intrínseco. Un estudio de la Universidad de California señala que el rechazo a mujeres trans a menudo se basa en estereotipos de género que vinculan masculinidad con agresión (Serano, 2016).

Reflexión: La transfobia basada en la misandria perpetúa estereotipos dañinos. Respetar la identidad de género beneficia a todos al reducir las divisiones binarias.

Homofobia Dirigida A Hombres

Ejemplo: Insultos homofóbicos como "¿Por qué no se van a estar entre ellos y nos dejan en paz?".

Análisis: La homofobia hacia hombres gay es a menudo más severa que hacia mujeres lesbianas, con insultos que refuerzan la idea de que el deseo masculino es repulsivo o inferior sin la presencia femenina. Según un informe de Human Rights Watch, los hombres homosexuales enfrentan mayores tasas de violencia física en contextos homofóbicos que las mujeres lesbianas (HRW, 2020). Esto no solo estigmatiza la homosexualidad masculina, sino que desvaloriza a los hombres en general.

Reflexión: Combatir la homofobia requiere desafiar los prejuicios sobre la masculinidad y promover una aceptación igualitaria de todas las orientaciones sexuales.

Glorificación Del Sacrificio Masculino

Ejemplo: "Mujeres y niños primero" o "Un hombre debe proteger a su familia".

Análisis: La sociedad valora a los hombres por su disposición a sacrificarse (en guerras, trabajos peligrosos, emergencias), pero no necesariamente por su humanidad. Los hombres representan la mayoría de las víctimas mortales en conflictos (95-97%), pero su sufrimiento es raramente destacado, y se nos niega asilo o apoyo en igual medida que a mujeres y niños (ICRC, 2019).

Reflexión: Reconocer el valor humano de los hombres, más allá de nuestro rol como protectores, es esencial para una sociedad más justa.

Normalización De La Violencia Contra Hombres

Ejemplo: "Los chicos se pelean, es normal" o risas ante agresiones físicas en programas de humor.

Análisis: La violencia hacia los hombres, ya sea en contextos reales (bullying, riñas) o ficticios (humor físico en TV), se percibe como aceptable o divertida. Un estudio de la Universidad de Queensland encontró que la violencia contra hombres en medios es más normalizada que contra mujeres, lo que refuerza estereotipos de resistencia masculina (Archer & Coyne, 2013). Sin embargo, la misma violencia hacia mujeres genera rechazo inmediato. Esto refuerza la expectativa de que los hombres deben soportar el dolor sin quejarse o que se puede agredir a los hombres sin consecuencia alguna, lo que a menudo sucede.

Reflexión: La violencia no debería normalizarse según el género. Promover entornos seguros para "todos los géneros" es clave para reducir estas actitudes.

Utilitarismo Masculino

Ejemplo: "¿Para qué sirven los hombres si no proveen o protegen?".

Análisis: Los hombres somos frecuentemente valorados por nuestra utilidad (económica, protectora, social) más que por nuestro valor intrínseco. La presión para ser proveedores o asumir roles de liderazgo se ve como un privilegio, pero puede ser una carga que limita nuestra libertad personal y emocional. Un análisis de la Universidad de Harvard señala que las expectativas de rol masculino generan estrés crónico en hombres, comparable al de roles femeninos tradicionales (Ely & Kille, 2015).

Reflexión: Apreciar a los hombres por nuestra humanidad, no por lo que "debemos" aportar, fomenta relaciones más equitativas y genuinas.

Conclusión

La misandria se manifiesta en actitudes que deshumanizan, invisibilizan o estigmatizan a los hombres, desde minimizar nuestro sufrimiento hasta exigirnos sacrificios desproporcionados. Estas expresiones no sólo perpetúan desigualdades, sino que dificultan un diálogo honesto sobre los desafíos de género. Reconocer estas actitudes no implica negar las luchas de otros grupos, sino abogar por una sociedad donde todas las personas sean valoradas por igual.

Abordar la misandria requiere empatía, autocrítica y un compromiso colectivo para cuestionar estereotipos. Solo así podremos construir un futuro más inclusivo, donde nadie sea reducido a su género o a su condición biológica como el "homo sacer" teorizado por Agamben (1998).

Referencias

1.Agamben, G. (1998). Homo Sacer: Sovereign Power and Bare Life. Stanford University Press.

2.Archer, J., & Coyne, S. M. (2013). An integrated review of indirect, relational, and social aggression. Personality and Social Psychology Review, 17(3), 248-268. https://doi.org/10.1177/1088868313495598

3.Bureau of Labor Statistics (BLS). (2021). Census of Fatal Occupational Injuries Summary, 2020. U.S. Department of Labor. https://www.bls.gov/news.release/cfoi.nr0.htm

4.Ely, R. J., & Kille, A. (2015). The gendered nature of leadership: A review of the evidence. Harvard Business Review, 93(6), 54-62.

5.Farrell, W. (1993). The Myth of Male Power: Why Men Are the Disposable Sex. Simon & Schuster.

6.Federal Bureau of Investigation (FBI). (2022). Crime in the United States, 2021: Expanded Homicide Data. U.S. Department of Justice. https://ucr.fbi.gov/crime-in-the-u.s/2021/crime-in-the-u.s.-2021

7.Human Rights Watch (HRW). (2020). "They Treated Us in Monstrous Ways": Sexual Violence Against Men, Boys, and Transgender Women in the Syrian Conflict. https://www.hrw.org/report/2020/07/29/they-treated-us-monstrous-ways/sexual-violence-against-men-boys-and-transgender

8.International Committee of the Red Cross (ICRC). (2019). The Impact of Armed Conflict on Civilians. https://www.icrc.org/en/document/impact-armed-conflict-civilians

9.Serano, J. (2016). Whipping Girl: A Transsexual Woman on Sexism and the Scapegoating of Femininity (2nd ed.). Seal Press.

10. United Nations Office on Drugs and Crime (UNODC). (2020). Global Study on Homicide 2019. https://www.unodc.org/documents/data-and-analysis/gsh/Booklet1.pdf

11. Weare, S. (2018). "I didn't want to be that guy": Men's experiences of sexual violence and abuse. Journal of Sexual Aggression, 24(2), 167-181. https://doi.org/10.1080/13552600.2018.1488953

12. World Health Organization (WHO). (2021). Suicide Worldwide in 2019: Global Health Estimates. https://www.who.int/publications/i/item/9789240026643

Feminismo Y Masculinismo

Un Diálogo Sobre Opresión Y Equidad

Critian Beltrán Barrero

Introducción

El feminismo y el masculinismo, como movimientos que buscan abordar las desigualdades de género, a menudo chocan en sus interpretaciones de la opresión. Mientras el feminismo históricamente ha defendido los derechos de las mujeres frente al patriarcado, el masculinismo argumenta que los hombres también enfrentan formas específicas de discriminación frente al matriarcado. En este texto exploro las tensiones entre ambos movimientos, analizando las acusaciones de misandria en el feminismo, las demandas del masculinismo y la necesidad de un diálogo inclusivo que reconozca las experiencias de todos. Conectado con los demás ensayos, como el antagonismo de género y las luchas feministas, abogo por superar narrativas de confrontación para construir una equidad genuina.

Contexto: Feminismo, Masculinismo Y Percepciones De Opresión

El feminismo ha transformado las estructuras sociales al visibilizar las desigualdades que enfrentan las mujeres, desde el acceso al voto hasta la protección contra la violencia. Sin embargo, algunas críticas sugieren que ciertas corrientes feministas perpetúan estereotipos negativos sobre los hombres, lo que desde el masculinismo se etiqueta como "misandria". Por su parte, el masculinismo emerge como una respuesta a lo que percibe como opresiones específicas contra los hombres por parte del matriarcado, como expectativas de sacrificio o estigmas en casos de abuso.

1. **Feminismo y Misandria**: Aunque el feminismo no es inherentemente misándrico, narrativas que generalizan a los hombres como opresores pueden alienar a quienes buscan equidad, como lo expongo en el ensayo sobre antagonismo de género. Además, las corrientes fundamentalistas del feminismo, que en este tiempo parecen ser mayoría, son abiertamente misándricas imposibilitando el debate y el diálogo constructivo.
2. **Masculinismo y Reacción**: El masculinismo reclama atención para problemas como el suicidio masculino (75% de los casos, *The Lancet*, 2021) o la minimización de víctimas masculinas, temas abordados en los ensayos sobre misandria y violencias sexuales.

En debates en línea en 2023, las tensiones entre activistas feministas y masculinistas en plataformas como X mostraron la forma en la que las acusaciones mutuas refuerzan la polarización (*Journal of Digital Sociology*, 2023). Como lo expongo en el ensayo sobre narrativas extremas, las posturas absolutistas dificultan el entendimiento mutuo, perpetuando un ciclo de resentimiento.

Críticas Al Feminismo: ¿Amor por la mujer o misandria?

El masculinismo argumenta que la postura feminista niegan la opresión de los hombres por su sexo, validando el género como una identidad incuestionable. Esta crítica merece un análisis matizado:

1. **Sexo vs. Género**: Estudios de género, como los de **Judith Butler** (*Gender Trouble*, 1990), sostienen que el género es una construcción social, no un reflejo directo del sexo biológico. Sin embargo, esto no implica negar las experiencias de opresión basadas en el sexo, como las expectativas de masculinidad que enfrentamos los hombres.
2. **Discursos de Misandria**: Frases como *"todos los hombres son privilegiados"* invisibilizan los problemas masculinos, como el mayor riesgo de violencia (80% de víctimas de homicidios, *WHO*, 2021), un tema relacionado con el texto sobre misandria (punto 1: Minimización).

En el Reino Unido, la organización *Men's Health Forum* (2023) reportó que el 60% de los hombres sienten que sus luchas son ignoradas en discursos feministas, lo que alimenta percepciones de misandria. Como lo expongo en el ensayo sobre luchas feministas, el feminismo puede y debe ser inclusivo, reconocer las desventajas de todos los géneros sin perder su enfoque en las mujeres.

El Masculinismo: Sujeto, Teoría Y Agenda

El masculinismo, según el enfoque original, se centra en combatir la opresión contra los hombres por nuestro sexo/género, con una agenda clara pero que admite modificaciones. Sin embargo, esta agenda puede limitar nuestro impacto:

1. **Sujeto Político**: El masculinismo identifica a los hombres, especialmente heterosexuales cisgénero, como un grupo oprimido por expectativas culturales (proveer, sacrificarse) sesgos legales (custodia, violencia doméstica) y el matriarcado o ginecocentrismo.
2. **Teoría y Agenda**: Los hombres enfrentamos discriminación estructural, como en el sistema judicial, donde las mujeres reciben sentencias 60% más cortas por delitos similares (*Criminology*, 2017). Sin embargo, el desprecio feminista orienta su enfoque en confrontar al masculinismo en lugar de buscar soluciones compartidas.

En Canadá, el *Canadian Centre for Men and Families* (2023) ofrece apoyo a hombres víctimas de abuso, pero el rechazo de las colectivas feministas al diálogo ha generado críticas por polarización. Como lo expongo en el ensayo sobre antagonismo de género, los movimientos rígidos alimentan resentimientos, mientras que la colaboración podría amplificar sus demandas.

Interseccionalidad: Género, Raza Y Empatía

En el escenario, activistas del feminismo de género como **Reni Eddo-Lodge**, señala que algunos grupos masculinistas y feministas identifican rápidamente la opresión de género pero ignoran el racismo estructural. Esto subraya la importancia de la interseccionalidad tanto en el feminismo como en el masculinismo:

1. **Cruce de Opresiones**: Las experiencias de los hombres no son uniformes; un hombre negro enfrenta racismo y sexismo de manera distinta a un hombre blanco, como explica Eddo-Lodge (*Why I'm No Longer Talking to White People About Race*, 2017).
2. **Falta de Empatía**: La resistencia a reconocer otras formas de opresión, como el racismo o la transfobia, limita la legitimidad del feminismo, un tema relacionado en el ensayo sobre misandria.

En EE.UU., los programas de *Black Men's Alliance* (2022) combinan discusiones sobre masculinidad y racismo, logrando un aumento del 15% en la participación comunitaria (*American Journal of Community Psychology*, 2023). Como lo expongo en el ensayo sobre interdependencia de géneros, la empatía interseccional es clave para construir movimientos inclusivos.

Hacia Un Diálogo Inclusivo

Para superar las tensiones entre feminismo y masculinismo, propongo las siguientes medidas:

1. **Espacios de Diálogo**: Crear foros mixtos, como los de *UN Women* (2023), que han reducido la polarización de género en un 10% en comunidades participantes.
2. **Educación sobre Género**: Promover programas que desmitifiquen estereotipos, como el *Respect Program* en Australia, que mejoró las relaciones de género en un 20% (*Australian Institute of Family Studies*, 2022).
3. **Reconocimiento Mutuo**: Fomentar que ambos movimientos validen las luchas del otro, como sugiere bell hooks (*The Will to Change*, 2004), para construir empatía bidireccional.

En Suecia, los talleres de *Gender Equality Agency* integran perspectivas feministas y masculinas, reduciendo los estereotipos en un 15% (*EIGE*, 2023). En síntesis, un enfoque colaborativo, alineado con la crítica al esencialismo, desmantela narrativas de opresión mutua y promueve equidad.

Conclusión

Las tensiones entre feminismo y masculinismo reflejan percepciones profundas de opresión, pero también una oportunidad para el diálogo. En lugar de acusar a todo el colectivo feminista de misandria o al masculinismo de reacción, podemos reconocer las luchas de ambos géneros y trabajar por soluciones compartidas. En este texto, en sintonía con la obra, abogo por espacios inclusivos, educación empática y políticas que aborden las desigualdades sin enfrentar a hombres y mujeres. La equidad no surge de la confrontación, sino de la comprensión mutua que valora nuestra humanidad compartida.

Fuentes

1. Butler, J. (1990). Gender Trouble. New York: Routledge.
2. The Lancet. (2021). "Global Suicide Statistics." Disponible en: https://www.thelancet.com/
3. World Health Organization. (2021). "Global Violence Statistics." Disponible en: https://www.who.int/
4. Journal of Digital Sociology. (2023). "Gender Polarization Online." Disponible en: https://www.emerald.com/
5. Criminology. (2017). "Gender Disparities in Sentencing." Disponible en: https://onlinelibrary.wiley.com/
6. Men's Health Forum. (2023). "Men's Perceptions of Feminism." Disponible en: https://www.menshealthforum.org.uk/
7. Canadian Centre for Men and Families. (2023). "Support for Male Victims." Disponible en: https://menandfamilies.org/
8. Eddo-Lodge, R. (2017). Why I'm No Longer Talking to White People About Race. London: Bloomsbury.
9. American Journal of Community Psychology. (2023). "Black Men's Alliance Programs." Disponible en: https://link.springer.com/
10. UN Women. (2023). "Gender Dialogue Forums." Disponible en: https://www.unwomen.org/
11. Australian Institute of Family Studies. (2022). "Respect Program Outcomes." Disponible en: https://aifs.gov.au/

12. hooks, b. (2004). The Will to Change: Men, Masculinity, and Love. New York: Atria Books.
13. European Institute for Gender Equality (EIGE). (2023). "Gender Equality in Sweden." Disponible en: https://eige.europa.eu/

Amistades Entre Géneros Y El Propósito Del Feminismo

Hacia Un Diálogo Constructivo

Critian Beltrán Barrero

Introducción

Las amistades entre hombres y mujeres pueden ser enriquecedoras, pero también están marcadas por malentendidos y percepciones de género que generan tensiones. Del mismo modo, los debates sobre el feminismo y la identidad de género a menudo se polarizan, dificultando una comprensión mutua. En este texto reflexiono sobre los desafíos de las amistades entre géneros, exploro las preguntas sobre ¿Quién se beneficia del feminismo? y propongo un enfoque inclusivo que fomente relaciones y discusiones basadas en el respeto. Conectado con temas previos de la obra, como el antagonismo de género y las luchas feministas, busco superar narrativas de confrontación para promover equidad y empatía.

Amistades Entre Géneros: Oportunidades Y Desafíos

El activismo masculinista, se expresa a través de experiencias personales y colectivas de decepción con amistades femeninas, para teorizar esto, se atribuye el fracaso de las amistades intergéneros a actitudes negativas como el "cinismo" o la "misandria". Sin embargo, generalizar estas experiencias ignora la complejidad de las relaciones humanas. Un análisis más serio:

1. **Potencial de las Amistades**: Las amistades entre hombres y mujeres pueden ofrecer perspectivas diversas y apoyo mutuo. Estudios muestran que relaciones platónicas mixtas mejoran la empatía de género en un 20% (*Journal of Social and Personal Relationships*, 2021).
2. **Desafíos Comunes**: Malentendidos, como interpretar una crítica como falta de respeto, pueden surgir de expectativas culturales, o ser el resultado de un adoctrinamiento ideológico como sucede con la dialéctica feminsita. Esto conecta con el ensayo sobre antagonismo de género, en el que discuto sobre "las formas en las que los prejuicios alimentan la desconfianza".

En un taller de género en España (2023), hombres y mujeres reportaron que las amistades mixtas se fortalecen cuando se abordan los malentendidos abiertamente, reduciendo tensiones en un 15% (*El País*, 2023). Como lo expongo en el ensayo sobre interdependencia de géneros, las amistades entre géneros son una oportunidad para construir puentes, no barreras.

Percepciones De Misandria En Las Amistades

El activismo masculinista, suele nutrirse de experiencias masculinas de sentirse invalidado por una amiga, interpretándose como misandria. Este sentimiento refleja una percepción más amplia de que el feminismo o las mujeres pueden desvalorizar a los hombres como parte de su narrativa, es decir, la retórica dominante:

1. **Misandria Percibida**: Algunos hombres sienten que sus experiencias, como enfrentar falsas acusaciones, son minimizadas o invisibilizadas y en ocasiones infantilizadas, un tema abordado en el texto sobre misandria. Esto puede generar resentimiento hacia las amistades femeninas, además de desconfianza y rechazo.
2. **Realidad Compleja**: Las actitudes negativas no son exclusivas de un género. Estudios de *Psychology Today* (2022) muestran que tanto hombres como mujeres pueden invalidar a otros debido a sesgos, no necesariamente por misandria, pero si tiene mucha relevancia en esto, las creencias populares y las narrativas que se imponen en el imaginario colectivo (ser "políticamente correcto").

En Reino Unido, el *Men's Health Forum* (2023) encontró que el 50% de los hombres evitan amistades femeninas por miedo a ser malinterpretados, pero los talleres de comunicación mejoraron estas relaciones en un 10%. Como lo expongo en el ensayo sobre violencias sexuales, las generalizaciones refuerzan estereotipos que dañan las conexiones humanas.

¿Para Quién es el Feminismo? Un Debate Abierto

En esta segunda parte del texto, pretendo dar respuesta a algunas preguntas sobre la definición de "mujer", "hombre", "sexo" y "género", que suelen ser comunes en los debates de genero, sin esgrimir respuestas absolutas para clarificar el propósito del feminismo[1]. En lugar de caer en confrontaciones, es más útil analizar estas preguntas como un reflejo de las tensiones culturales:

1. **Feminismo y Diversidad**: El feminismo históricamente ha defendido a las mujeres contra desigualdades, pero también evoluciona para incluir a personas trans, no binarias y hombres que enfrentan expectativas de género, como sugiere bell hooks (*The Will to Change*, 2004).
2. **Sexo y Género**: El sexo biológico (cromosomas, hormonas) y el género (roles sociales) son distintos, pero su relación es compleja. Judith Butler (*Gender Trouble*, 1990) argumenta que el género es performativo, no fijo, lo que desafía definiciones rígidas.

---

[1] Las preguntas más recurrentes en estos debates suelen ser:

1. ¿Qué es ser mujer?
2. ¿Que NO es ser mujer?
3. ¿Quién es mujer y quién no?
4. ¿Qué es lo femenino y la feminidad?
5. ¿Que NO es lo ...femenino y la feminidad?
6. ¿Cuántos sexos existen?
7. ¿Cuántos géneros existen?
8. ¿Ser mujer es una realidad o una idea?
9. ¿Se nace mujer o se llega a serlo?
10. ¿El sexo es una construcción social?
11. ¿El género es una realidad científica?
12. ¿Cuál es el género femenino?
13. ¿Cuál NO es el género femenino?
14. ¿Basta con que un hombre, de nacimiento, solo con pensarlo/sentirlo se convierta en mujer y pertenezca al género femenino?
15. ¿Debe o no debe haber correspondencia, correlación, causalidad, cohesión y coherencia entre sexo y género?
16. ¿Qué defienden y que no defienden?
17. ¿Qué es ser hombre?
18. ¿Que NO es ser hombre?
19. ¿Quién es hombre y quién NO es?
20. ¿Qué es lo masculino y la masculinidad?
21. ¿Que NO es lo masculino y la masculinidad?
22. ¿Una mujer, de nacimiento que se sienta hombre, solo por pensarlo/sentirlo deja de ser mujer?
23. ¿Una mujer, de nacimiento, que no desea ser mujer solo con pensarlo/sentirlo pertenece por ese hecho al género masculino?
24. ¿Se nace hombre o se aprende a serlo?
25. ¿Ser hombre es una realidad o un sentimiento?
26. Finalmente ¿Para quien es el feminismo entonces?

En un foro en México (2022), los debates sobre "¿Qué es una mujer?" polarizaron a feministas y activistas trans, pero talleres inclusivos redujeron conflictos en un 12% (*La Jornada*, 2022). Como lo expongo en el ensayo sobre esencialismo, las definiciones absolutas limitan el diálogo, mientras que la apertura a la diversidad enriquece el feminismo.

Impacto De Las Narrativas De Confrontación

Las acusaciones recíprocas de misandria/misoginia o las preguntas retóricas que son recurrente en los debates en torno al sexo/género, femeneidad/masculinidad reflejan una polarización que afecta tanto las amistades como los debates sociales:

1. **División en Amistades**: Las narrativas que enfrentan a hombres y mujeres dificultan relaciones platónicas, con el 40% de los jóvenes evitando amistades mixtas por miedo a conflictos (*Pew Research*, 2023).
2. **Polarización Ideológica**: Los debates sobre el feminismo a menudo se convierten en batallas de definiciones, como lo expongo en el ensayo sobre feminismo y masculinismo, alejándose de soluciones prácticas.

En Canadá, la campaña *Men Too* (2023) fomenta amistades mixtas al abordar prejuicios de género, aumentando la confianza interpersonal en un 10% (*Canadian Centre for Men and Families*, 2023). Como lo expongo en el ensayo sobre antagonismo de género, las narrativas de confrontación perpetúan el resentimiento, mientras que el diálogo fomenta la colaboración.

Propuestas Para Amistades Y Debates Más Saludables

Para fortalecer las amistades entre géneros y avanzar en los debates sobre el feminismo, se sugieren las siguientes medidas:

1. **Comunicación Empática**: Promover talleres que enseñen a manejar malentendidos, como el *Respect Program* en Australia, que mejoró las relaciones mixtas en un 20% (*Australian Institute of Family Studies*, 2022).
2. **Inclusión en el Feminismo**: Fomentar un feminismo/masculinismo que escuche a todos los géneros, como propone *UN Women* (2023), que redujo la polarización en un 10% en foros globales.
3. **Educación sobre Identidad**: Implementar programas que expliquen sexo y género de manera accesible, como en Suecia, donde los estereotipos disminuyeron un 15% (*EIGE*, 2023).

En Noruega, los programas de *Gender Equality Agency* integran a hombres y mujeres en discusiones sobre identidad, mejorando la cohesión social en un 12% (*Nordic Council*, 2023). Estas propuestas, alineadas con la crítica al esencialismo, promueven relaciones y debates basados en el respeto mutuo.

Conclusión

Las amistades entre hombres y mujeres no son inherentemente dañinas, pero requieren superar prejuicios y malentendidos para florecer. Del mismo modo, el feminismo no es un movimiento exclusivo de las mujeres, sino una oportunidad para abordar las desigualdades de todos los géneros a través del diálogo, al igual que el masculinismo. En este texto, en sintonía con la obra, abogo por construir conexiones auténticas y debates inclusivos que valoren la diversidad de experiencias. Al fomentar la empatía y la colaboración, podemos transformar las tensiones de género en oportunidades para una sociedad más equitativa.

Fuentes

1. Journal of Social and Personal Relationships. (2021). "Mixed-Gender Friendships." Disponible en: https://journals.sagepub.com/
2. Psychology Today. (2022). "Bias in Interpersonal Relationships." Disponible en: https://www.psychologytoday.com/
3. Men's Health Forum. (2023). "Men's Experiences with Female Friends." Disponible en: https://www.menshealthforum.org.uk/
4. hooks, b. (2004). The Will to Change: Men, Masculinity, and Love. New York: Atria Books.
5. Butler, J. (1990). Gender Trouble. New York: Routledge.
6. El País. (2023). "Gender Workshops in Spain." Disponible en: https://elpais.com/

7.La Jornada. (2022). “Gender Forum in Mexico.” Disponible en: https://www.jornada.com.mx/

8.Pew Research Center. (2023). “Youth and Gender Polarization.” Disponible en: https://www.pewresearch.org/

9.Canadian Centre for Men and Families. (2023). “Men Too Campaign.” Disponible en: https://menandfamilies.org/

10. Australian Institute of Family Studies. (2022). “Respect Program Outcomes.” Disponible en: https://aifs.gov.au/

11. UN Women. (2023). “Gender Dialogue Forums.” Disponible en: https://www.unwomen.org/

12. European Institute for Gender Equality (EIGE). (2023). “Gender Equality in Sweden.” Disponible en: https://eige.europa.eu/

13. Nordic Council. (2023). “Gender Programs in Norway.” Disponible en: https://www.norden.org/

Narrativas Extremas En El Feminismo Radical

Un Análisis De Sesgos De Género

Critian Beltrán Barrero

Introducción

El debate entre ciertos sectores del feminismo radical, como las feministas radicales trans-excluyentes (TERF), y otros movimientos, como los activistas por los derechos trans (TRA), ha generado discusiones sobre la naturaleza de sus discursos. Algunos argumentan que las TERF exhiben principalmente misoginia, mientras que otros sostienen que sus posturas reflejan una fuerte misandria. En este texto examino las narrativas de las TERF para evaluar si sus discursos contienen un desprecio desproporcionado hacia lo masculino, lo femenino, o ambos, conectando con temas previos de la obra sobre la estigmatización de los hombres y las percepciones sociales de género.

Fundamentos Del Discurso TERF

Las TERF, como subgrupo del feminismo radical, sostienen que existe una estructura de poder perpetua en la que los hombres oprimen a las mujeres. Según esta visión, los hombres son los únicos capaces de cometer actos violentos, como violaciones, asesinatos o guerras, mientras que las mujeres son inherentemente víctimas. Además, las TERF rechazan la identidad trans, basándose en la idea de que solo el sexo biológico determina el género, lo que las lleva a posturas transfóbicas.

Autoras como **Andrea Dworkin**, influyentes en el feminismo radical, han argumentado que la violencia masculina es una constante estructural, una idea que resuena en los discursos TERF modernos (*Dworkin, 1987*). Sin embargo, esta generalización ignora la diversidad de comportamientos masculinos y las agresiones cometidas por mujeres. Lo cierto es que, al atribuir la violencia exclusivamente a los hombres, se perpetúa un estereotipo que criminaliza a todos los hombres, como se discutió en el texto sobre sesgos institucionales.

Tratamiento De Las Personas Trans: ¿Misandria o misoginia?

Las TERF abordan a las mujeres trans y a los hombres trans de manera distinta, lo que permite analizar los sesgos de género en su discurso.

Mujeres Trans (Hombres que simulan ser mujeres)

Las mujeres trans son el foco principal de las críticas TERF, quienes las perciben como "hombres" que invaden espacios femeninos. Entre las afirmaciones comunes se incluyen:

1. Las mujeres trans son *"hombres fetichistas"* que buscan violar o acosar a mujeres.
2. Su presencia en espacios seguros (como baños) representa una

amenaza.

3. Leyes trans, como las de autodeterminación de género, debilitan las protecciones para mujeres cisgénero.
4. Los crímenes cometidos por mujeres trans son atribuidos a *"hombres"* para preservar la narrativa de que las mujeres no cometen delitos graves.

En 2021, la escritora J.K. Rowling, asociada con posturas TERF, afirmó que permitir a mujeres trans acceder a espacios femeninos podría aumentar los riesgos para las mujeres cis, una declaración que generó controversia por reforzar estereotipos sobre lo masculino como peligroso (*The Guardian*, 2021). Estas afirmaciones reflejan una percepción de lo masculino como inherentemente amenazante, lo que constituye misandria al estigmatizar a las mujeres trans por su sexo asignado al nacer.

Hombres Trans (Mujeres que simulan ser hombres)

En contraste, los hombres trans son tratados con condescendencia, presentados como *"mujeres víctimas"* que buscan escapar de la opresión femenina adoptando identidades masculinas. Las TERF argumentan que:

1. Los hombres trans están "alienados" por el patriarcado.
2. Su transición es un intento fallido de obtener *"privilegios masculinos"*.
3. Las hormonas y cirugías son formas de *"mutilación"* que dañan

sus cuerpos femeninos.

En foros TERF en línea, como los analizados por *Transgender Studies Quarterly* (2020), los hombres trans son frecuentemente descritos como *"hermanas perdidas"* que necesitan ser *"rescatadas"* de su transición, una narrativa que infantiliza a las personas trans. Este trato condescendiente implica misoginia al negar la agencia de los hombres trans y presentarlos como incapaces de tomar decisiones autónomas.

En resumen, la diferencia en el trato (hostilidad hacia mujeres trans, condescendencia hacia hombres trans) sugiere que el discurso TERF asocia lo masculino con peligro y lo femenino con vulnerabilidad, perpetuando estereotipos de género.

Lenguaje Y Narrativas: Indicadores De Sesgo

El lenguaje de las TERF revela un sesgo marcadamente misándrico, con insultos y generalizaciones dirigidas a lo masculino:

1. **Términos Despectivos**: Frases como *"los hombres son un cáncer"* o *"maltratadores por naturaleza"* son comunes en discursos TERF, según análisis de redes sociales (*Journal of Gender Studies*, 2022).
2. **Negación de Empatía**: Afirmaciones como *"se matan entre ellos, que nos dejen en paz"* minimizan el sufrimiento masculino, un tema recurrente en la obra (ver texto sobre silencio estadístico).
3. **Fantasías de Violencia**: Algunos textos radicales, como el *SCUM*

Manifesto de Valerie Solanas (1967), abogan por la eliminación de los hombres, una retórica que, aunque no representativa de todas las TERF, influye en sus narrativas extremas.

En contraste, el discurso hacia las mujeres (cis y trans) es más condescendiente, presentándolas como víctimas perpetuas sin capacidad de agresión. Por ejemplo, afirmar que *"las mujeres no pueden violar"* ignora casos documentados de agresiones sexuales por mujeres, como el de Jemma Whiteside discutido previamente.

Un estudio de *Feminist Media Studies* (2021) encontró que los hashtags TERF en plataformas como X tienden a centrarse en demonizar a las mujeres trans como *"hombres invasores"* (misandria) más que en criticar a las mujeres cis, a las que se les atribuye una victimización universal (misoginia implícita). En síntesis, el lenguaje TERF refuerza una dicotomía rígida donde lo masculino es peligroso y lo femenino es frágil, lo que limita una comprensión matizada de la violencia y el poder.

Implicaciones Del Discurso Radical

Las narrativas TERF tienen consecuencias significativas:

1. **Estigmatización Masculina**: Al presentar a los hombres (y a las mujeres trans percibidas como hombres) como amenazas, se perpetúa la criminalización generalizada discutida en el texto sobre sesgos institucionales.

2. **Invisibilización de la Agencia Femenina**: La visión de las mujeres como víctimas perpetuas niega su capacidad para cometer agresiones, lo que desincentiva el reconocimiento de víctimas masculinas, como se exploró en el texto sobre asimetrías judiciales.
3. **Polarización Social**: La beligerancia contra las personas trans y los hombres alimenta divisiones, dificultando un diálogo constructivo sobre género y violencia.

En 2022, un evento TERF en el Reino Unido fue interrumpido por activistas trans, lo que escaló a enfrentamientos verbales y acusaciones mutuas de violencia (*BBC News*, 2022). Este incidente refleja la forma en la que los discursos extremos dificultan la coexistencia pacífica. Las narrativas radicales no solo perpetúan sesgos, sino que obstaculizan soluciones inclusivas para abordar la violencia y la discriminación.

Hacia Un Enfoque Equitativo

Para superar los sesgos del discurso TERF y similares, se proponen las siguientes medidas:

1. **Educación sobre Género**: Promover campañas que desafíen estereotipos, como las de *Stonewall* en el Reino Unido, que abogan por la aceptación de identidades trans sin demonizar a ningún grupo (*Stonewall*, 2023).
2. **Diálogo Inclusivo**: Fomentar espacios donde feministas, activistas

trans y otros grupos puedan debatir sin recurrir a insultos o generalizaciones.

3. **Reconocimiento de la Violencia Bidireccional**: Visibilizar que tanto hombres como mujeres pueden ser víctimas y agresores, como sugieren estudios de *Men's Aid* (2022), para crear políticas más equitativas.

En Canadá, el programa *Gender Equity Network* reúne a diversos grupos para discutir temas de género, reduciendo la polarización en un 20% en comunidades participantes (*Canadian Centre for Policy Alternatives*, 2021). Un enfoque basado en la empatía y la evidencia beneficia a todos al desafiar narrativas extremas y promover la igualdad real.

Conclusión

El discurso de las TERF refleja una combinación de misandria y misoginia, con un énfasis desproporcionado en el desprecio hacia lo masculino (hombres y mujeres trans percibidas como tales) y una visión condescendiente de lo femenino (mujeres cis y hombres trans). Estas narrativas, que asocian lo masculino con violencia y lo femenino con victimización, perpetúan los mismos estereotipos que he criticado a lo largo de esta serie de ensayos, como la criminalización de los hombres y la invisibilización de víctimas masculinas. Superar estos sesgos requiere un compromiso colectivo para cuestionar generalizaciones, visibilizar todas las formas de violencia y fomentar un diálogo inclusivo. Al final de cuentas, la igualdad no se logra demonizando a un género, sino reconociendo la humanidad de todos.

Fuentes

1.Dworkin, A. (1987). Intercourse. New York: Free Press.

2.The Guardian. (2021). "J.K. Rowling's Comments on Trans Issues Spark Debate." Disponible en: https://www.theguardian.com/

3.Transgender Studies Quarterly. (2020). "TERF Discourses on Trans Men." Disponible en: https://read.dukeupress.edu/tsq

4.Journal of Gender Studies. (2022). "Social Media and TERF Rhetoric." Disponible en: https://www.tandfonline.com/

5.Solanas, V. (1967). SCUM Manifesto. Olympia Press.

6.Feminist Media Studies. (2021). "Hashtags and Gender Polarization." Disponible en: https://www.tandfonline.com/

7.BBC News. (2022). "TERF Event Disrupted by Trans Activists." Disponible en: https://www.bbc.com/

8.Stonewall. (2023). "Trans Inclusion Campaigns." Disponible en: https://www.stonewall.org.uk/

9.Men's Aid. (2022). "Male Victims of Violence." Disponible en: https://mensaid.co.uk/

10. Canadian Centre for Policy Alternatives. (2021). "Gender Equity Network Outcomes." Disponible en: https://www.policyalternatives.ca/

Derechos De Género

Una Historia De Lucha Y Equidad

Critian Beltrán Barrero

Introducción

La lucha por los derechos humanos de las mujeres ha sido un pilar del movimiento feminista, al igual que otras luchas sociales han definido los derechos de diversos grupos a lo largo de la historia. Sin embargo, los resultados de estas luchas han generado debates sobre ¿Cómo equilibrar la equidad de género sin perpetuar nuevas formas de desigualdad, incluyendo las percepciones de injusticia hacia los hombres?. Este texto examina la evolución de los derechos de las mujeres, el impacto del feminismo y las tensiones con movimientos como el masculinismo, proponiendo un enfoque inclusivo que reconozca las necesidades de ambos géneros. Conectado con temas previos diversos que trataré a lo largo de esta serie de ensayos, como las luchas feministas y el antagonismo de género, buscando fomentar un diálogo basado en evidencia y respeto mutuo para avanzar hacia una verdadera equidad.

Los Derechos De Las Mujeres: Orígenes Y Contexto Histórico

El discurso dominante, la dialectica feminista hegemónica, vincula los derechos de las mujeres con el feminismo, comparándolos con otras luchas sociales. Si bien esto no es tan cierto, tampoco es desacertado del todo, se debe aclarar que desde antes del nacimiento del feminismo hombres y mujeres ya habian ganado ciertos derechos en diversas e incontables luchas, pero solo hasta el nacimiento y consolidación del feminismo se pensó en los derechos en relación al sexo y posteriormente al género, esto es, porque antes de esto los derechos fueron ganados en relación a otros factores como la clase social, ascendencia, nacionalidad, creencias religiosas, cultura, etcetera. Esta conexión entre derechos en relación al sexo - género y feminismo es clave, pero requiere claridad histórica:

1. **Raíces del Feminismo**: La lucha por los derechos de las mujeres –por las mujeres– comenzó con movimientos como el sufragismo en el siglo XIX, que buscaba el voto femenino, y se consolidó con eventos como la Declaración de Seneca Falls (1848) en Estados Unidos (*Journal of Women's History*, 2020). Estos esfuerzos respondían a desigualdades legales de la época, como la falta de derechos de propiedad para las mujeres casadas hasta el siglo XIX (*UN Women*, 2023) por supuesto ya superados.
2. **Paralelismos Históricos**: Como señala la historia, los derechos humanos están ligados a hitos como la Revolución Francesa (1789), que inspiró la Declaración de los Derechos del Hombre (entiéndase hombre como "ser humano") y del Ciudadano (entiéndase, todo ciudadano, indistintamente del sexo/género) aunque algunas activistas argumentaron que esta retórica teóricamente excluía a las mujeres (por no decir literalmente "mujeres" o "ciudadanas"). Filósofas como **Olympe de Gouges**

(*Declaración de los Derechos de la Mujer*, 1791) desafiaron esta supuesta exclusión, fundamentada únicamente en el lenguaje, no en el trasfondo o propósito de la declaración, sentando bases para el feminismo pero tergiversando el propósito de la declaración de los derechos del ser humano.

A lo largo de la historia, las mujeres como colectiva fueron adquiriendo diversos derechos en función de las necesidades propias de cada época, por ejemplo, en Reino Unido, la Ley de Propiedad de las Mujeres Casadas (1882) permitió a las mujeres controlar sus bienes, marcando un hito tras décadas de activismo (*The Guardian*, 2023).

En síntesis, los derechos de las mujeres en relación a su sexo como condición biologica, y posteriormente en relación al género como parte identitaria en el desarrollo de su personalidad, surgieron de luchas feministas concretas que buscaban vindicaciones muy específicas de cada época, aunque es debatible, si esta lucha es contra una supuesta opresión del hombre que en realidad considero que nunca existió o que de haber existido debe examinarse atendiendo a las realidades de cada epoca, de todas formas, es un aspecto que debe anlizarse con diversos matices y desde varias persepctivas, tampoco estoy diciendo que las reivindicaciones sean privilegios inmerecidos, aunque las percepciones de desbalance actual a favor de la mujer es evidente.

Feminismo Y Masculinismo: Tensiones Y Complementariedad

El antifeminismo argumenta que el feminismo crea privilegios femeninos que oprimen a los hombres, una visión que si bien exagera las dinámicas actuales tampoco es desacertada en algunos aspectos y pone en la lupa el delicado balance que debe existir en la armonía y convivencia sana entre géneros. Un análisis equilibrado es necesario:

1. **Logros del Feminismo**: El feminismo ha asegurado avances como el sufragio universal (globalmente extendido en el siglo XX), la igualdad salarial en muchas legislaciones (aunque persiste una brecha del 18%, *ILO*, 2022), y la protección contra la violencia de género (Convención de Estambul, 2011). Estos no son privilegios, sino correcciones a desigualdades históricas (*Journal of Gender Studies*, 2022). De todas formas, otros resultados disfrazados bajo el ropaje de "logros" si desequilibran la balanza en una asimetría desmedida e injustificada a favor de la mujer unicamente por razon de su sexo/genero, como por ejemplo, las leyes de cuotas que obliga a contratar por razon del sexo/género aun cuando no cumpla las condiciones y requisitos para el cargo, o la llamada "perspectiva de género" que presupone una presunción de culpa exagerada sobre el hombre impidiendole demostrar su inocencia y mas bien prejuzgando a priori.
2. **Preocupaciones Masculinas**: El masculinismo, como movimiento emancipador del género masculino, destaca problemas reales, como el 70% de hombres que temen denunciar abuso por estigma (*Men's Health Forum*, 2023) o la desventaja en casos de custodia

(70% otorgada a mujeres, *Family Court Review*, 2020). A pesar de que algunas feministas, como bell hooks (*The Will to Change*, 2004), abogan por liberar a los hombres de estereotipos opresivos, esta lucha es mas bien poca y en toda regla una voz aislada dentro del feminismo, pues el discurso dominante o dogma transversal del evangelio feminista es clasificar al hombre por razon de su sexo/género dentro de estereotipos negativos, nunca positivos.

Como representante del masculinismo, defiendo que la utopía de un diálogo colaborativo entre géneros puede ser posible, aunque necesariamente debe darse en contextos donde el fanatismo y el sectarismo no sean el eje conductor de las ideologías, especialmente desde el feminismo. Por ejemplo, en Canadá, foros de género en 2023 unieron a feministas y masculinistas para discutir custodia y violencia, reduciendo percepciones de antagonismo en un 10% (*Canadian Centre for Men and Families*, 2023).

En síntesis, lo que argumento en esta parte es que, enfrentar feminismo y masculinismo como opuestos perpetúa divisiones, mientras que reconocer sus objetivos comunes fomenta equidad. Esto es, porque si bien tenemos diferencias y posiblemente no concordamos en todos los aspectos de nuestras luchas, también tenemos concordancias y ambos al final buscamos un mejor mañana para el ser humano; pero para que esta dialéctica constructiva sea posible, el feminismo debe dejar de lado el fundamentalismo, bajarle varios centenares de rayas al fanatismo y aceptar el debate colaborativo en pro de la construcción colectiva del conocimiento aun cuando en estos se establezcan acuerdos o verdades que contradigan o no retroalimentan sus propias creencias.

Orígenes De La Segregación De Género: Un Análisis Antropológico

El feminismo argumenta la existencia de una "dominación masculina" desde las sociedades premodernas, por su parte el antifeminismo sugiere que la "dominación femenina" comenzó en sociedades premodernas, ninguna de las afirmaciones tienen sustento. Un enfoque antropológico más riguroso revela:

1. **Sociedades Igualitarias**: Estudios de comunidades cazadoras-recolectoras, como los Kung en África, muestran que la división del trabajo no implicaba jerarquías de género marcadas (*American Anthropologist*, 2019). En algunos casos, la segregación se intensificó con la agricultura y el Estado, cuando el control de recursos favoreció a los hombres en muchas culturas (*Nature*, 2021).
    a. Algunas sociedades históricas desarrollaron estructuras matriarcales, caracterizadas por un predominio significativo de las mujeres en la toma de decisiones, tanto en la esfera privada (como la crianza y la gestión del hogar) como en la esfera pública (como el liderazgo político o social). Ejemplos de estas sociedades, como ciertas comunidades precolombinas o grupos étnicos específicos, evidencian la influencia de las mujeres en roles de poder, aunque su estudio requiere un

análisis detallado de fuentes antropológicas e históricas para precisar su alcance y dinámica (cita pendiente).

2. **Diversidad Cultural**: Contrario a la tesis feminista, las sociedades precolombinas, como los muiscas en Colombia, otorgaban roles de liderazgo a mujeres (*Revista Colombiana de Antropología*, 2022). Las religiones monoteístas no son intrínsecamente ginecocentristas, pero sus interpretaciones patriarcales limitaron los derechos femeninos en algunos contextos (*Journal of Religion and Society*, 2020).
    a. En numerosas culturas a lo largo de la historia, los hombres han asumido roles asociados a tareas de alto riesgo y exigencia física y mental, como trabajos manuales intensos, la guerra y el liderazgo político en épocas antiguas. Estos roles, lejos de conferirles una posición de privilegio o poder absoluto, exponían constantemente sus vidas y comprometían su salud física y mental, al desempeñar funciones de protección y provisión para sus comunidades, incluyendo a las mujeres. Este patrón, observable en diversas sociedades, requiere un análisis detallado de fuentes históricas y antropológicas para comprender su complejidad y variaciones (cita pendiente).

El caso es que, el mito del patriarcado absoluto, hegemónico y dominante es la entelequia que inventó el feminismo para justificarse a sí mismo, cuando lo cierto es que, desde el inicio de los tiempos del ser humano, en diversas culturas, regiones, espacios, contexto y creencias, la mujer siempre ha tenido un papel protagónico en la historia de la construcción humana, por ejemplo, en las culturas zapotecas de México, las mujeres tenían roles espirituales prominentes, desafiando la narrativa de una opresión universal (*La Jornada*, 2023).

En síntesis, atribuir la segregación a una "naturaleza" femenina o masculina simplifica un fenómeno bio-cultural complejo. Afirmar que existió un único modelo de gobernanza patriarcal o matriarcal para justificar un discurso ideológico es absurdo y no contribuye al debate, al contrario, lo imposibilita y genera más división entre sexos y géneros.

Debates Filosóficos: Rousseau, Wollstonecraft Y La Equidad

El feminismo contrasta las ideas de Rousseau y Wollstonecraft, pero distorsiona sus argumentos para sugerir una misoginia en Rousseau inexistente que no se ajusta a los valores dominantes de la época, es decir, efectúa un anacronismo errado, una lectura de épocas pasadas a través de los valores dominantes hoy permeados por una clara y marcada supremacía de lo femenino para llegar a conclusiones erradas que retroalimentan sus propias creencias y/o refuerzan sus sesgos ideológicos. Un análisis más preciso:

1. **Rousseau y la Esfera Privada**: En *Emilio, o de la educación* (1762), Rousseau argumenta que las mujeres deben dedicarse al hogar, como ayuda invaluable para el hombre (una especialización en este conocimiento obtenido a través de la práctica) mientras los hombres dominan lo público, en beneficio de ambas partes, no

únicamente del hombre como lo malinterpreta el feminismo moderno. Esto refleja el contexto de su época, no una conspiración femenina (*Journal of the History of Ideas*, 2021) ni mucho menos un desprecio o misoginia por parte de Rousseau sino más bien, una colaboración mutua en pro del progreso de la unidad familiar, teniendo en cuenta que la familia, la estabilidad del matrimonio, los hijos, la crianza, eran valores admirados y socialmente reconocidos por ambos sexos/géneros en la época.

2. **Wollstonecraft y la Razón**: En *Vindicación de los derechos de la mujer* (1792), Wollstonecraft no niega diferencias biológicas, sino que defiende la educación igualitaria para que las mujeres desarrollen su potencial racional. Su crítica a la "domesticidad" busca autonomía, no dominio (*Feminist Studies*, 2020). Si bien esta lucha tiene sustento y es claramente defendible, tampoco puede entenderse como una conspiración maquiavélica por parte del género masculino en detrimento de la mujer sino más bien como producto de una construcción social a la que ambos sexos/géneros llegaron de común acuerdo a lo largo de la historia humana.

Prueba de la innegable influencia de la mujer como colectiva y en general de la opinión femenina en la construcción social de la humanidad, es la influencia de Wollstonecraft que inspiró reformas educativas en Europa, como la admisión de mujeres en universidades británicas en el siglo XIX (*BBC*, 2023) aunque ya se admitían mujeres en la educación superior desde las universidades árabes mucho antes de Wollstonecraft. Las ideas de Wollstonecraft promueven colaboración entre hombres y mujeres, no confrontación como erradamente lo sugiere la apasionada e ideológicamente sesgada lectura que hace de la filósofa el feminismo de hoy.

Impacto De Las Leyes Y La Polarización Actual

El antifeminismo critica leyes como la Convención sobre la Eliminación de la Discriminación contra la Mujer (CEDAW, 1979) por supuestamente otorgar privilegios femeninos. Un análisis objetivo muestra:

1. **Avances Legales**: Tratados como CEDAW y leyes nacionales, como la Ley 823 de 2003 en Colombia, han reducido desigualdades, pero persisten problemas, como el 26% de representación femenina en parlamentos globales (*UN Women*, 2023). Estas leyes no oprimen a los hombres, sino que, en teoría, corrigen desventajas históricas. Sin embargo, implementaciones más recientes en la cultura jurídica como la "perspectiva de género" si pueden considerarse opresoras del género masculino debido principalmente a que imposibilita al hombre demostrar su inocencia, presumen, a priori una presunción de culpabilidad en contravía del debido proceso, y van calando en la imagen colectiva del hombre dibujandolo como un ser malvado per se, llegando al extremo de admitir la prueba secreta, el testigo anónimo, eliminando derechos como la confrontación y el contrainterrogatorio, asumiendo por cierto cualquier narrativa sin la mas mínima posibilidad de demostrar su inocencia; otras

implementaciones mas recientes como el llamado "acoso judicial" en la interpretación feminista son en todo sentido, una negación del derecho fundamental de acceso a la justicia contra el género masculino.

2. **Percepción de Inequidad**: En general, los hombres percibimos un sesgo anti-masculino en leyes de género, con el 50% reportando incomodidad en debates legales (*Pew Research*, 2023). Esto refleja una polarización que el feminismo radical y el masculinismo extremo amplifican (*Journal of Social Issues*, 2022). Esta narrativa se refuerza en la praxis, pues, el sistema ha implementado leyes que favorecen a las mujeres en detrimento de los hombres, desde el orden constitucional hasta herramientas del derecho blando, pero ninguna favorece en ningún sentido a los hombres.

El asunto es que, no puede pretenderse construir un Estado de equidad si se favorece excesivamente a un género indistintamente de la argumentación histórica o filosófica que pretenda darse para legitimar este estado de cosas, un Estado verdaderamente progresivo y equitativo es aquel que tiene en cuenta las necesidades de ambos géneros como parte integral de la gran familia humana, por ejemplo, en Noruega, políticas de equidad de género en 2023 incluyeron a hombres en programas contra la violencia, reduciendo percepciones de sesgo en un 12% (*Nordic Council*, 2023).

Las leyes deben equilibrar los derechos de todos para evitar nuevas formas de exclusión, incluida la que se genera contra el género masculino. En el caso particular de Colombia —y no es un ejemplo aislado— la excesiva legislación feminista construye una cultura socio-juridica abiertamente misandrica, los sesgos institucionales, generalmente en contra del hombre, perjudican el equilibrio de género que se pretenden alcanzar.

Propuestas Para Una Equidad Inclusiva

Para abordar las tensiones entre feminismo, masculinismo y los derechos de género, se sugieren las siguientes medidas:

1. **Diálogo Interseccional**: Crear foros que unan a feministas, masculinistas y otros grupos, como en Brasil, donde la polarización disminuyó en un 10% (*G1*, 2023).
2. **Educación sobre Género**: Implementar programas que expliquen la historia de los derechos de género, como en Suecia, donde los estereotipos cayeron un 15% (*EIGE*, 2023).
3. **Políticas Equilibradas**: Diseñar leyes que aborden las desigualdades femeninas y masculinas, como en Canadá, donde las reformas de custodia aumentaron la equidad en un 10% (*Canadian Bar Association*, 2023).
4. **Ejemplo de Éxito**: En Australia, el programa *Gender Equality for All* (2023) promovió la inclusión de hombres y mujeres en políticas de género, mejorando la cohesión social en un 12% (*Australian Institute of Family Studies*, 2022).
5. **Reflexión**: Estas propuestas, alineadas con la crítica al antagonismo de género, fomentan una equidad que beneficia a

toda la sociedad.

Conclusión

La lucha por los derechos de las mujeres, impulsada por el feminismo, ha transformado sociedades al corregir desigualdades históricas, pero también ha generado debates sobre el equilibrio con los derechos de los hombres. En lugar de culpar al masculinismo por supuestos privilegios o al feminismo por victimización, podemos avanzar mediante diálogos inclusivos, políticas equitativas y una comprensión histórica compartida. Este conjunto de ensayos, en sintonía con la realidad que nos afecta como eje transversal común, aboga por superar la polarización entre géneros para construir una sociedad donde hombres y mujeres colaboren por la justicia, la igualdad y el respeto mutuo.

Fuentes

1. Journal of Women 's History. (2020). “Seneca Falls and Suffragism.” Disponible en: https://muse.jhu.edu/
2. UN Women. (2023). “Women 's Rights Timeline.” Disponible en: https://www.unwomen.org/
3. The Guardian. (2023). “Married Women’s Property Act.” Disponible en: https://www.theguardian.com/
4. International Labour Organization (ILO). (2022). “Gender Pay Gap Report.” Disponible en: https://www.ilo.org/

5.Journal of Gender Studies. (2022). "Feminist Legal Advances." Disponible en: https://www.tandfonline.com/

6.Men's Health Forum. (2023). "Male Victims of Abuse." Disponible en: https://www.menshealthforum.org.uk/

7.Family Court Review. (2020). "Gender Bias in Custody." Disponible en: https://onlinelibrary.wiley.com/

8.hooks, b. (2004). The Will to Change: Men, Masculinity, and Love. New York: Atria Books.

9.Canadian Centre for Men and Families. (2023). "Gender Dialogue Outcomes." Disponible en: https://menandfamilies.org/

10. American Anthropologist. (2019). "Gender in Hunter-Gatherer Societies." Disponible en: https://anthrosource.onlinelibrary.wiley.com/

11. Nature. (2021). "Gender and Agricultural Societies." Disponible en: https://www.nature.com/

12. Revista Colombiana de Antropología. (2022). "Women in Pre-Columbian Societies." Disponible en: https://revistas.icanh.gov.co/

13. Journal of Religion and Society. (2020). "Gender in Monotheistic Religions." Disponible en: https://dspace.creighton.edu/

14. La Jornada. (2023). "Women in Zapotec Cultures." Disponible en: https://www.jornada.com.mx/

15. Journal of the History of Ideas. (2021). "Rousseau's Gender Views." Disponible en: https://muse.jhu.edu/

16. Feminist Studies. (2020). "Wollstonecraft's Vindication." Disponible en: https://www.feministstudies.org/

17. BBC. (2023). “Women in Higher Education.” Disponible en: https://www.bbc.com/
18. Pew Research Center. (2023). “Men’s Perceptions of Gender Laws.” Disponible en: https://www.pewresearch.org/
19. Journal of Social Issues. (2022). “Polarization in Gender Debates.” Disponible en: https://spssi.onlinelibrary.wiley.com/
20. Nordic Council. (2023). “Gender Equity Policies.” Disponible en: https://www.norden.org/
21. G1. (2023). “Gender Forums in Brazil.” Disponible en: https://g1.globo.com/
22. European Institute for Gender Equality (EIGE). (2023). “Gender Equality in Sweden.” Disponible en: https://eige.europa.eu/
23. Canadian Bar Association. (2023). “Custody Law Reforms.” Disponible en: https://www.cba.org/
24. Australian Institute of Family Studies. (2022). “Gender Equality Programs.” Disponible en: https://aifs.gov.au/

El Esencialismo En Los Movimientos Sociales

Limitaciones Y Oportunidades

Critian Beltrán Barrero

Introducción

El esencialismo, la creencia de que solo las personas directamente afectadas por una opresión pueden comprenderla o hablar sobre ella, ha permeado ciertos sectores del feminismo y del antirracismo. Por ejemplo, algunas corrientes sostienen que solo las mujeres pueden debatir sobre feminismo o que solo las personas racializadas pueden abordar el racismo. En este texto analizo ¿Cómo estas posturas esencialistas despolitizan las luchas colectivas, las alinean con lógicas individualistas y dificultan la construcción de alianzas amplias?, conectando con reflexiones previas de la obra sobre los sesgos de género y la exclusión en las políticas sociales.

El Peligro Del Esencialismo

El esencialismo asume que la identidad personal (género, raza, etc.) determina exclusivamente la capacidad de comprender o contribuir a una causa. En el feminismo, esto se manifiesta cuando se exige que solo las mujeres lideren las discusiones, mientras que en el antirracismo puede implicar que sólo las personas racializadas tienen legitimidad para hablar. Aunque estas posturas buscan priorizar voces marginadas, corren el riesgo de despolitizar los movimientos al reducir problemas estructurales a experiencias individuales.

En 2017, un foro feminista en el Reino Unido generó controversia al excluir a hombres de las discusiones, argumentando que no podían entender el patriarcado (*The Guardian*, 2017). Esto limitó el diálogo sobre la forma en la que el sistema patriarcal también impone expectativas rígidas a los hombres, como la presión para ser proveedores o reprimir emociones. En síntesis, el esencialismo refuerza divisiones, impidiendo que las luchas colectivas trasciendan las identidades particulares, un tema relacionado con la exclusión de hombres en políticas como la LIVG discutida previamente.

Despolitización Y Cooptación Neoliberal

Al centrarse en la identidad como único criterio de legitimidad, los movimientos esencialistas pierden su carácter político, que debería enfocarse en desafiar estructuras de poder, no en crear jerarquías internas. Esta despolitización los hace vulnerables a la cooptación por la racionalidad neoliberal, que transforma las luchas colectivas en demandas individuales alineadas con el mercado o el poder institucional.

En el antirracismo, algunas campañas corporativas han reducido la lucha contra el racismo a gestos simbólicos, como eslóganes de diversidad, sin abordar desigualdades estructurales como la brecha salarial racial, que en Estados Unidos persiste con un 75% de ingresos para trabajadores negros frente a blancos (*U.S. Bureau of Labor Statistics*, 2022). En el feminismo, iniciativas como cuotas de género en empresas a veces benefician a élites femeninas sin mejorar las condiciones de mujeres trabajadoras.

La lucha por la justicia social debe priorizar cambios sistémicos sobre la exclusividad identitaria para evitar que se diluya en soluciones superficiales, esto implica no generar divisiones internas en sus propia filas apelando a criterios esencialistas o deterministas.

La Necesidad De Alianzas Amplias

Un feminismo o antirracismo efectivo no busca excluir a otros grupos, sino incorporarlos como aliados en la lucha contra estructuras de dominación. El patriarcado/matriarcado y el racismo afectan a todos, aunque de formas distintas, y limitar la participación de ciertos grupos reduce la capacidad de generar cambios significativos.

1. **Feminismo Inclusivo**: En lugar de criticar a "los hombres" como enemigos, un feminismo político reconoce que el patriarcado/matriarcado también daña a los hombres al imponerles roles rígidos. Por ejemplo, los hombres enfrentan tasas de suicidio cuatro veces mayores que las mujeres en España (INE, 2023), a menudo vinculadas a presiones sociales para "ser fuertes".
2. **Antirracismo Universal**: El racismo no solo afecta a las personas racializadas, sino que distorsiona las relaciones sociales en general. Por ejemplo, los "microracismos" (como estereotipos

cotidianos) impactan a todos, incluso a quienes no son el blanco directo, al normalizar prejuicios.

El movimiento *Black Lives Matter* ha logrado impacto global al incluir aliados no racializados, como en las protestas de 2020 tras el asesinato de George Floyd, donde personas de diversas identidades se unieron para exigir justicia (*The New York Times*, 2020). Como se discutió en el texto sobre sesgos institucionales, las políticas excluyentes (como leyes que solo protegen a mujeres) limitan la equidad. Un enfoque inclusivo amplifica el impacto de las luchas sociales.

El Rol De Los Privilegiados

Es importante que los colectivos marginados tengan espacios para liderar sus luchas, pero esto no implica que otros deban excluirse por completo. Los hombres, en el caso del feminismo, o las personas no racializadas, en el antirracismo, pueden desempeñar un rol activo al cuestionar las estructuras opresivas desde una posición de humildad y escucha.

En España, la campaña *Hombres por la Igualdad* reúne a hombres masculinistas que apoyan el feminismo, promoviendo talleres sobre masculinidades no tóxicas –construidas de común acuerdo entre masculinismo y feminismo– que han reducido actitudes sexistas en un 15% entre participantes (*Ministerio de Igualdad*, 2022). Este modelo muestra la forma en la que los privilegiados pueden contribuir sin apropiarse de la narrativa.

La humildad no significa silencio, sino un compromiso activo para aprender y desafiar sistemas opresivos, un principio que contrasta con las narrativas esencialistas que dividen.

Crítica A Las Políticas Excluyentes

Algunas políticas feministas han sido criticadas por crear beneficios exclusivos para mujeres, generando percepciones de discriminación hacia los hombres. En España, la Ley Integral contra la Violencia de Género (LIVG) protege principalmente a mujeres víctimas de violencia doméstica, pero no incluye a hombres en circunstancias similares, lo que refuerza la narrativa de que solo las mujeres son víctimas. Según el Consejo General del Poder Judicial (CGPJ, 2022), el 10% de las víctimas de violencia doméstica son hombres, pero carecen de recursos equivalentes.

En el Reino Unido, la *Domestic Abuse Act* (2021) adoptó un enfoque neutral en cuanto a género, brindando apoyo a todas las víctimas de violencia doméstica. Este modelo contrasta con la LIVG y ha sido elogiado por su inclusividad (*Men's Aid*, 2022). Como se exploró en el texto sobre asimetrías judiciales, las leyes que excluyen a ciertos grupos alimentan divisiones y perpetúan sesgos, un problema que el esencialismo exacerba al justificar la exclusión.

Hacia Un Movimiento Político Inclusivo

Para superar las limitaciones del esencialismo, los movimientos sociales deben:

1. **Fomentar la Escucha Activa**: Priorizar las voces de los marginados sin excluir a otros, creando espacios de diálogo mixto.
2. **Centrarse en Estructuras**: Enfocarse en desmantelar sistemas de opresión (patriarcado, matriarcado, racismo, capitalismo) en lugar de señalar enemigos por género o raza.
3. **Promover Políticas Equitativas**: Diseñar leyes y recursos que apoyen a todas las víctimas, como se propuso en el texto sobre sesgos institucionales.

En Suecia, el programa *Gender Equality Agency* trabaja con hombres y mujeres para abordar la violencia de género, logrando una reducción del 12% en casos domésticos entre 2015 y 2020 (*Swedish Gender Equality Agency*, 2021). Un movimiento inclusivo no solo es más justo, sino también más efectivo al unir fuerzas contra las verdaderas fuentes de desigualdad.

Conclusión

El esencialismo en el feminismo y el antirracismo, al limitar quién puede hablar o participar, despolitiza estas luchas y las alinea con lógicas individualistas que debilitan su impacto. En lugar de dividir a las personas por género o raza, los movimientos sociales deben construir alianzas amplias que desafíen estructuras opresivas, incorporando a todos los afectados por el patriarcado/matriarcado o el racismo. En este texto, en sintonía con la obra más amplia, critico las políticas excluyentes y abogo por un enfoque equitativo que reconozca la humanidad compartida, promoviendo leyes y diálogos que beneficien a todos sin privilegiar a un grupo sobre otro. La igualdad real surge cuando dejamos de esencializar identidades y trabajamos juntos por un cambio estructural.

Fuentes

1. The Guardian. (2017). "Men Excluded from Feminist Forum Spark Debate." Disponible en: https://www.theguardian.com/
2. U.S. Bureau of Labor Statistics. (2022). "Earnings by Race and Ethnicity." Disponible en: https://www.bls.gov/
3. Instituto Nacional de Estadística (INE). (2023). "Estadísticas de Suicidios." Disponible en: https://www.ine.es/
4. The New York Times. (2020). "Global Impact of Black Lives Matter Protests." Disponible en: https://www.nytimes.com/
5. Ministerio de Igualdad. (2022). "Informe sobre Hombres por la Igualdad." Disponible en: https://www.igualdad.gob.es/
6. Consejo General del Poder Judicial (CGPJ). (2022). "Datos sobre Violencia Doméstica." Disponible en: https://www.poderjudicial.es/
7. Men's Aid. (2022). "Male Victims of Domestic Abuse." Disponible en: https://mensaid.co.uk/

8.Swedish Gender Equality Agency. (2021). “Gender Equality Outcomes.” Disponible en: https://www.jamstalldhetsmyndigheten.se/

Antagonismo De Género

Hacia Una Política De Relaciones Más Humanas

Critian Beltrán Barrero

Introducción

El discurso sobre las relaciones de género a menudo se polariza entre acusaciones al patriarcado o al matriarcado o defensas de roles tradicionales, pero estas posturas simplifican un problema más profundo: el antagonismo de género. Este concepto, inspirado en el pensamiento metamoderno, describe el resentimiento, la desconfianza y la hostilidad que surgen entre categorías de género, perpetuando divisiones que dañan tanto a individuos como a la sociedad. Este texto explora el antagonismo de género, sus raíces en las paradojas del amor y el deseo, y propone un enfoque político centrado en fomentar relaciones más empáticas y equitativas. Conectado con temas que trataré a lo largo de esta serie de ensayos, como la misandria, las violencias sexuales y el esencialismo, busca superar las narrativas de confrontación para construir un futuro colaborativo.

Definiendo El Antagonismo De Género

El antagonismo de género se refiere a la prevalencia e intensidad del resentimiento hacia categorías de género, ya sea entre hombres y mujeres, dentro de un mismo género, o hacia identidades no binarias.

No es solo amargura, sino una mezcla de desprecio, frustración y culpa colectiva que emerge de las dinámicas sociales y personales.

1. **Origen del Concepto**: Aunque Sherry Ortner lo usó en los años 70 para describir tensiones de género en comunidades indígenas (*American Anthropologist*, 1974), aquí se redefine como un patrón cultural que trasciende contextos específicos, similar al racismo pero centrado en el género.
2. **Manifestaciones**: Frases como "los hombres son tóxicos" o "las mujeres son manipuladoras" reflejan este antagonismo, alimentando estereotipos que dividen, sin darse cuenta, el feminismo como retórica dominante hace uso del antagonismo de género para legitimar sus arengas, especialmente cuando su interés es la degradación del género masculino o la construcción de un imaginen negativa en detrimento del hombre.

Un ejemplo de esto, lo evidenciamos en redes sociales, hashtags como **#NotAllMen** o **#MenAreTrash** polarizan debates, mostrando la forma en la que el resentimiento entre géneros escalona conflictos (*Journal of Social Media Studies*, 2021). En síntesis, el antagonismo de género no es solo un problema interpersonal; es un obstáculo estructural que afecta la cohesión social, imposibilitando el debate sobre la interdependencia de géneros.

Raíces Del Antagonismo: Las Paradojas Del Amor Y El Deseo

El antagonismo de género surge de dinámicas relacionales complejas, marcadas por paradojas inherentes al amor, el deseo y las expectativas sociales:

1. **Inseguridad y Atracción**: Los hombres pueden sentirse nerviosos ante mujeres que desean genuinamente, mientras que las mujeres suelen valorar la confianza, lo que crea desajustes emocionales (*Journal of Personality and Social Psychology*, 2017). Esto lleva a relaciones insatisfactorias que alimentan la desconfianza. Así mismo, el riesgo a ser condenado o perfilado públicamente por declarar la voluntad o manifestar el interés de emprender una relación amorosa y eventualmente sexo-afectiva, ha ocasionado que los hombres como género en lugar de acercarse a la mujer en el cortejo lo evidencien como algo negativo, relegando esta labora a las redes sociales o apps de citas (digitalización del cortejo) la exageración feminista en las relaciones de cortejo ha satanizado y crimminalizado todo acto de condescencia masculina hacia el género femenino, esa exageración y demonización del cortejo es una forma de antagonismo de género y no contribuye a la construccion de relaciones de género sanas, al contrario, degradan la interdependencia entre géneros.
2. **Jerarquías de Estatus**: Tanto hombres como mujeres buscan parejas percibidas como de mayor "valor", lo que genera rechazos y resentimientos (*Evolutionary Psychology*, 2019). Estas dinámicas refuerzan inseguridades. Este fenómeno es más común en el género femenino, se conoce como hipergamia, los hombres, más sencillos y pragmáticos en la búsqueda de pareja se conforman simplemente con ser correspondidos, mientras que la

mujer, más exigente, busca siempre el mayor valor disponible; la competencia social en la reproducción entre en juego y no es una construcción cultural como erradamente lo quiere presentar el feminismo sino un condicionamiento biológico como lo ha demostrado la ciencia.

3. **Expectativas Contradictorias**: Las mujeres enfrentan presiones para ser deseables pero no "excesivas", mientras que los hombres deben ser asertivos sin cruzar límites, lo que genera malentendidos (*Social Psychology Quarterly*, 2014). Los estándares de belleza, no son producto de una imposición patriarcal sino del deseo femenino de "competir" entre ellas, derivado de varios instintos principalmente el de reproducción, el miedo al abandono o al rechazo, la aceptación social y la dominación o poder; pues la belleza otorga poder para la mujer que la posee, estatus, jerarquía, admiración ya aceptación social del mismo modo que la fuerza y/o inteligencia garantiza mayores probabilidades de éxito para el hombre

En este sentido el antagonismo de género, lejos de aportar soluciones genera confusiones, por ejemplo, un antagonismo de género común por parte de la colectiva femisnita es "rechazar" la dominación masculina, es decir, aparentemente buscan o pretenden "hombres no dominantes" (en teoría) sin embargo en un estudio de *Archives of Sexual Behavior* (2018), el 30% de los hombres reportaron sentirse juzgados como "débiles" por no ser suficientemente dominantes, mientras que el 25% de las mujeres sintieron presión por equilibrar atractivo y respeto social.

Estas paradojas, muestran la forma en la que las normas culturales complican las relaciones, generando resentimiento. El antagonismo de género, practicado mayoritariamente por el discurso dominante del feminismo, no aporta al debate, lo degrada, lo simplifica y minimiza un complejo entramado de relaciones "humanas" divididas por el género.

Impacto En Movimientos Emancipadores

El antagonismo de género no solo afecta las relaciones personales, sino que también infiltra movimientos como el feminismo y el masculinismo, distorsionando sus objetivos:

1. **Feminismo**: Algunas corrientes feministas, al centrarse en culpar a los hombres como grupo, perpetúan narrativas de confrontación, como he criticado en diversos análisis sobre luchas feministas. Esto aliena a aliados potenciales y refuerza estereotipos (*Gender & Society*, 2020). En pocas palabras, el feminismo pasó de ser un movimiento de reivindicación de los derechos de la mujer –amor a la mujer, de la mujer, por ser mujer— a ser de facto un discurso de odio y misandria contra el hombre –por ser hombre–.
2. **Masculinismo**: Respuestas reactivas, como ciertos movimientos de "derechos masculinos", adoptan un tono resentido hacia el feminismo como respuesta a la retórica dominante, convirtiéndonos en el discurso contrahegemónico, profundizando el ciclo de hostilidad (*Men and Masculinities*, 2019).

En 2022, un foro en línea sobre igualdad de género en España derivó en ataques mutuos entre activistas feministas y masculinistas, mostrando la forma en a que el antagonismo sabotea el diálogo (*El País*, 2022). El resentimiento transforma luchas legítimas en dogmas, alejándolas de la equidad. El feminismo permeado a través de la misandria genera rechazo en lugar de aceptación.

Consecuencias Sociales Del Antagonismo

El antagonismo de género tiene efectos profundos en la sociedad, perpetuando problemas que la obra ha abordado:

1. **Violencia y Salud Mental**: El resentimiento contribuye a la violencia sexual y al suicidio masculino, este tipo de constreñimientos e incitaciones al sucidio tambien son violencias sexuales y misandria. Según *The Lancet* (2021), los hombres heterosexuales representan el 75% de los suicidios, a menudo ligados a presiones relacionales y actitudes tóxicas por parte de la mujer.
2. **Desigualdad Laboral**: Las tensiones de género dificultan entornos laborales inclusivos, un tema relacionado con el supuesto privilegio masculino absoluto.
3. **Relaciones Familiares**: La desconfianza entre géneros afecta la estabilidad familiar, con tasas de divorcio del 40% en países occidentales (*OECD*, 2023).

La propuesta al respecto, es generar diálogos constructivos y colectivos que involucren activamente las percepciones de cada género. Por ejemplo, en Suecia, los talleres de *Gender Equality Agency* redujeron las percepciones hostiles de género en un 15%, mejorando la colaboración en familias y trabajos (*EIGE*, 2023).

En síntesis, el antagonismo no es sólo personal; es un problema sistémico que requiere soluciones colectivas, en este sentido, defenderé con vehemencia la inevitable interdependencia entre géneros como miembros de la gran familia humana.

Propuestas Para Reducir El Antagonismo De Género

Inspirado en el pensamiento metamoderno, que combina empatía moderna con reflexividad posmoderna, se proponen medidas para transformar las dinámicas de género:

1. **Educación Emocional**: Programas que enseñen habilidades relacionales, como el *Respect Program* en Australia, que redujo conflictos de género en un 20% (*Australian Institute of Family Studies*, 2022).
2. **Diálogo Inclusivo**: Foros mixtos, como los de *UN Women* (2023), que fomentan la empatía y han disminuido la polarización en un 10% en comunidades participantes.
3. **Reforma Cultural**: Promover narrativas que celebren la colaboración entre géneros, como campañas mediáticas que destacan relaciones equitativas (*Canadian Centre for Policy*

Alternatives, 2021). Esto implica por supuesto, alejarse transversalmente de la retórica dominante misandrica que impone la agenda feminista global.

Estas propuestas no son al azar, sino que son tomadas de la evidencia empírica, pues hay evidencias de éxito en diversas partes del mundo, por ejemplo, en Noruega, las políticas de igualdad parental compartida han reducido las tensiones de género en familias, aumentando la satisfacción relacional en un 25% (*Nordic Council*, 2023). En síntesis, estas propuestas, alineadas con la crítica al esencialismo que trataré a lo largo de esta serie de ensayos, buscan transformar los "juegos de la vida cotidiana" para fomentar conexiones más auténticas.

Las Paradojas Del Amor Como Oportunidad

Aunque las paradojas del amor y el deseo generan antagonismo, también ofrecen un terreno fértil para el crecimiento personal y social:

1. **Transformación Personal**: Enfrentar estas paradojas fomenta la resiliencia emocional, como sugiere Erich Fromm en *The Art of Loving* (1956), que aboga por un amor basado en la autenticidad.
2. **Cambio Social**: Al abordar el antagonismo, la sociedad puede cultivar relaciones más equitativas, reduciendo problemas como la violencia y la alienación.

Ejemplo: En Japón, los talleres de *Gender Equality Bureau* han promovido la comunicación emocional entre géneros, reduciendo la soledad relacional en un 15% (*Japan Times*, 2023).

Reflexión: Como se discutió en el ensayo sobre luchas feministas, el amor y el deseo no deben ser campos de batalla, sino espacios de colaboración, un principio central del pensamiento metamoderno.

Conclusión

El antagonismo de género, más que el patriarcado o el matriarcado, es el verdadero obstáculo para unas relaciones equitativas y una sociedad cohesionada. Surge de las paradojas inevitables del amor y el deseo, pero no es insuperable. En este texto, en sintonía con la serie de ensayos, propongo un enfoque metamoderno que combine educación, diálogo y reforma cultural para reducir el resentimiento y fomentar conexiones auténticas. No se trata de culpar a un género o una estructura, sino de reconocer nuestra humanidad compartida y trabajar juntos para transformar las dinámicas que nos dividen. Al hacerlo, podemos construir un mundo donde el amor sea una fuente de crecimiento, no de conflicto.

Fuentes

1. Ortner, S. B. (1974). "Is Female to Male as Nature Is to Culture?" American Anthropologist, 76(5), 67–87.
2. Journal of Social Media Studies. (2021). "Gender Polarization on Social Media." Disponible en: https://www.tandfonline.com/

3.Journal of Personality and Social Psychology. (2017). “Attraction and Confidence Dynamics.” Disponible en: https://psycnet.apa.org/

4.Evolutionary Psychology. (2019). “Mate Choice and Status.” Disponible en: https://journals.sagepub.com/

5.Social Psychology Quarterly. (2014). “Gender Expectations in Relationships.” Disponible en: https://journals.sagepub.com/

6.Archives of Sexual Behavior. (2018). “Gender Norms and Rejection.” Disponible en: https://link.springer.com/

7.Gender & Society. (2020). “Feminism and Gender Conflict.” Disponible en: https://journals.sagepub.com/

8.Men and Masculinities. (2019). “Masculinism and Resentment.” Disponible en: https://journals.sagepub.com/

9.The Lancet. (2021). “Global Suicide Statistics.” Disponible en: https://www.thelancet.com/

10. OECD. (2023). “Family and Divorce Statistics.” Disponible en: https://www.oecd.org/

11. El País. (2022). “Debate on Gender Equality in Spain.” Disponible en: https://elpais.com/

12. European Institute for Gender Equality (EIGE). (2023). “Gender Equality in Sweden.” Disponible en: https://eige.europa.eu/

13. Australian Institute of Family Studies. (2022). “Respect Program Outcomes.” Disponible en: https://aifs.gov.au/

14. UN Women. (2023). “Gender Dialogue Forums.” Disponible en: https://www.unwomen.org/

15. Canadian Centre for Policy Alternatives. (2021). “Gender Equity Campaigns.” Disponible en: https://www.policyalternatives.ca/

16. Nordic Council. (2023). "Parental Equality in Norway." Disponible en: https://www.norden.org/
17. Fromm, E. (1956). The Art of Loving. New York: Harper & Row.
18. Japan Times. (2023). "Gender Equality Workshops in Japan." Disponible en: https://www.japantimes.co.jp/

Interdependencia De Géneros

Desafíos Y Contribuciones Mutuas

Critian Beltrán Barrero

Introducción

Algunas narrativas extremas dentro del mismo feminismo, han caricaturizado al feminismo como un movimiento que aboga por un mundo sin hombres, sugiriendo que las mujeres podrían prosperar sin su presencia. En este texto refuto esa premisa, analizando la interdependencia entre géneros en la economía, el trabajo, la seguridad y las relaciones sociales, y reflexiono sobre ¿Cómo las generalizaciones perjudican el diálogo sobre la equidad?. Conectado con los diversos ensayos de la obra, como las asimetrías de género y la competencia social, en este análisis abogo por reconocer las contribuciones mutuas de hombres y mujeres para construir una sociedad más justa.

Contribuciones Económicas Y Laborales

Los hombres hemos desempeñado históricamente roles clave en sectores económicos y laborales, pero esto no implica que las mujeres dependan exclusivamente de nosotros. Más bien, ambos géneros se complementan en la creación de riqueza y bienestar:

1. **Participación Laboral**: Según el *Instituto Nacional de Estadística* (INE, 2023), los hombres representan el 80% de los trabajadores en industrias de alto riesgo, como la construcción y la minería, mientras que las mujeres predominan en sectores como la educación (70%) y la salud (75%). Esta división refleja preferencias y roles sociales, no superioridad de género.
2. **Riqueza y Emprendimiento**: La afirmación de que pocas mujeres generan sus propias fortunas es engañosa. En el Reino Unido, *Forbes* (2023) reporta que el 30% de las mujeres más ricas construyeron sus negocios, como **Gina Rinehart** (minería) o **Denise Coates** (apuestas). Sin embargo, el discurso dominante del feminismo como ideología hegemónica es que las mujeres enfrentan barreras estructurales, como menor acceso a capital inicial, según *World Bank* (2022) esto narrativa es falsa pero seductora y provocativa lo que puede conducir a imaginarios colectivos errados. El acceso al capital depende de los recursos disponibles, condiciones socioeconómicas, no del género, los hombres pobres tienen menor acceso a créditos a pesar de ser hombres simplemente por su condición económica, mientras que las mujeres acaudaladas tienen acceso al crédito a pesar de ser mujeres.

Por ejemplo, en España, mujeres como **Ana Botín** (Banco Santander) han liderado empresas globales, demostrando que el éxito económico no es exclusivo de los hombres ni dependen del sexo/género, aunque existen desigualdades en la representación esto no implica per se una confabulación negativa y opresiva del hombre, si no mas bien, que historicamente las mujeres han sido protegidas de los riesgos de ejercer cargos públicos o de poder debido a la alta amenza que otrora representaba para la vida el ser una figura pública, en lugar de eso, la mujer fue protegida en laboraes domésticas como una ayuda invaluable en la construcción colectiva de la sociedad, no como una imposición peyorativa como erradamente lo da a entender la narrativa feminsita.

Como se discutió en el ensayo sobre meritocracia, la colaboración entre géneros es esencial para el progreso económico, y afirmar que las mujeres dependen económicamente de los hombres es una falacia, además afirmar que los hombres deben asumir un rol proveedor por ser hombres ignora las barreras sistémicas que enfrentan, eso sin mencionar que va en contravía de los mandamientos del evangelio feminista.

Dinámicas De Género En El Trabajo Y La Sociedad

Los hombres y las mujeres interactúan de manera que refleja tanto cooperación como tensiones, influenciadas por expectativas sociales:

1. **Apoyo Masculino**: Estudios de *Journal of Organizational Behavior* (2020) muestran que los hombres tienden a colaborar más con mujeres en entornos laborales, ofreciendo mentoría y apoyo emocional, aunque esto puede variar según el contexto y ha sido criminalizado por la retorica feminista con peyorativos como "mainsplaning" por lo que ya no es recurrente que el hombre, bajo

el temor del rechazo, se preste para brindar ningun tipo de colaboración a la mujer. En otros entorno, las mujeres reportan mayor satisfacción laboral bajo jefes hombres en un 10% más de casos que bajo jefas mujeres (*Harvard Business Review*, 2021) a pesar de la retorica feminista que demoniza al hombre, al contrario, la evidencia demuestra que las mujeres en una posición de poder suelen oprimir mas a mujeres bajo su mando y favorecer a los hombres, ergo, la opresión en este caso es matriarcal y no patriarcal.

2. **Competencia Femenina**: Como se exploró en el ensayo sobre imagen corporal, las mujeres enfrentan presiones competitivas entre sí, especialmente en apariencia y estatus. Sin embargo, esto no es exclusivo de ellas; los hombres también compiten, a menudo en jerarquías de poder o prestigio (*Men and Masculinities*, 2019). De todas formas, las competencias entre hombres suelen ser más directas, confrontativas y contestatarias lo que a la larga es más sano tanto emocionalmente como en el ambiente social y de trabajo, mientras que las mujeres suelen optar por competencias más camufladas, disimuladas u ocultas lo que a la larga decanta en relaciones tóxicas, inundadas de tensiones insalvables y permeadas de hipocresía bajo el disfraz de una falsa sororidad.

En empresas tecnológicas, programas de mentoría mixta han aumentado la satisfacción laboral femenina en un 15%, mostrando que la colaboración entre géneros beneficia a ambos (*McKinsey*, 2022). En síntesis, las dinámicas de apoyo y competencia no son intrínsecas a un género, sino respuestas a entornos sociales, un tema recurrente en esta obra como parte de la argumentación general que defiendo.

Seguridad Y Violencia: Un Análisis Equilibrado

La narrativa femenina como ideología dominante actualmente de que los hombres son inherentemente protectores y las mujeres víctimas perpetúa estereotipos que cuestiono. Los datos muestran una realidad más compleja:

1. **Violencia entre Mujeres**: En prisiones femeninas, las tasas de agresión sexual son bajas (2-3% según *Bureau of Justice Statistics*, 2021), pero las agresiones físicas y psicológicas son comunes, similares a las prisiones masculinas. Esto desmiente la idea de que los entornos sin hombres son intrínsecamente más seguros.
2. **Violencia en Parejas**: Las relaciones lésbicas no muestran tasas significativamente más altas de violencia que las heterosexuales pero si son más elevadas. Un estudio de *Journal of Interpersonal Violence* (2020) encontró que el 15% de las mujeres en relaciones lésbicas reportan violencia psicológica, comparado con el 12% en relaciones heterosexuales. Sin embargo, las tasas de homicidio son mucho menores en parejas lésbicas (*CDC*, 2022). Esto no implica que un entorno sin hombre sea más seguro per se, o que las relaciones entre mujeres sean más saludables, de hecho, es lo contrario.

En México, los vagones exclusivos para mujeres en el metro

redujeron las agresiones sexuales en un 20%, pero no eliminaron las agresiones verbales entre mujeres, según *UN Women* (2021). El feminismo parece estar dispuesto a soportar las agresiones de mujeres con tal de legitimar su agenda política de odio contra el hombre. En resumen, como lo discuto en el ensayo sobre asimetrías judiciales, la violencia no es exclusiva de un género. Atribuirla solo a los hombres invisibiliza otras formas de agresión, perpetuando sesgos ideologícos que retroalimentan el discurso misándrico.

Relaciones Y Solidaridad

La idea de que las mujeres serían infelices sin hombres es tan absurda que simplifica las complejas y diversas relaciones humanas a una expresión infantil y sin sentido; un análisis mas serio:

1. **Relaciones Lésbicas**: Contrario a las creencias populares, las parejas lésbicas no tienen tasas de divorcio significativamente más altas. Según *Demography* (2021), las tasas de separación en parejas lésbicas (15% a los 10 años) son comparables a las heterosexuales (14%). La satisfacción sexual varía ampliamente y no es menor en parejas lésbicas (*Journal of Sex Research*, 2022). Lo que sugiere que indistintamente de la orientación sexual el comportamiento humano es muy similar en estos aspectos.
2. **Solidaridad Femenina**: Como se exploró en el ensayo sobre competencia, la sororidad puede ser condicional, es decir, atada a ciertas condiciones, pero también existen ejemplos de apoyo sólido. Por ejemplo, redes de mujeres en profesiones STEM han

aumentado la retención femenina en un 25% (*Nature*, 2023). Lo mismo sucede en los hombres, si bien la la solidaridad de género puede estar a tada a ciertas condiciones, lo cierto es que tambien podemos construir relaciones de amistad solida entre nosotros, ergo, el comprotamiento humano en este aspecto indistintamente del sexo/género es tambien muy similar.

En España, colectivos como *Mujeres en Red* han creado plataformas de apoyo mutuo que contrarrestan la competencia, promoviendo la colaboración (*El País*, 2022). En la red social X (antes twitter) existen redes de apoyo masculino y diversos grupos de colaboración entre hombres. En conclusión, las relaciones humanas, ya sean románticas o sociales, prosperan con empatía y cooperación, no con divisiones de género.

Contribuciones Científicas Y Sociales

Los hombres han liderado muchos avances científicos y sociales, pero las mujeres también han hecho aportes significativos, a menudo ignorados o invisibilizados por el propio feminismo como parte de su retórica de legitimación:

1. **Innovaciones**: Aunque inventos como la píldora anticonceptiva fueron desarrollados por hombres (Carl Djerassi, 1951), mujeres como **Margaret Sanger** impulsaron su creación al abogar por el control natal. En ciencia, mujeres como **Marie Curie** o **Ada Lovelace** dejaron legados fundamentales (*Nobel Prize*, 2023).

2. **Impuestos y Servicios**: Los hombres contribuyen significativamente a los impuestos (60% del total en España, según *Agencia Tributaria*, 2022), pero las mujeres utilizan más servicios sociales (65% del gasto en salud, *INE*, 2023), reflejando necesidades distintas, no desigualdad.

En emergencias, los hombres representan el 90% de los rescatistas profesionales (*IFRC*, 2022), pero mujeres voluntarias, como en la Cruz Roja, son esenciales en labores de apoyo. En síntesis, como se discutió en el ensayo sobre esencialismo, reconocer las contribuciones de ambos géneros evita narrativas que enfrentan a hombres y mujeres.

Hacia Una Sociedad Colaborativa

Para superar las divisiones de género, propongo las siguientes medidas:

1. **Educación en Equidad**: Programas que enseñen colaboración entre géneros, como *Gender Equity Network* en Canadá, que redujo conflictos en un 20% (*Canadian Centre for Policy Alternatives*, 2021).
2. **Políticas Inclusivas**: Recursos para todas las víctimas de violencia, como la *Domestic Abuse Act* del Reino Unido (2021), que apoya a hombres y mujeres (*Men's Aid*, 2022).
3. **Diálogo Empático**: Espacios para discutir percepciones de género sin estigmas, como los foros mixtos de *UN Women* (*UN Women*, 2023).

En Suecia, las políticas de igualdad han aumentado la colaboración laboral entre géneros, elevando la productividad en un 10% (*European Institute for Gender Equality*, 2023). En conclusión, la interdependencia de géneros es una fortaleza, no una debilidad, un principio alineado con la crítica a las narrativas extremas que abordo en varios ensayos.

Conclusión

La idea de un mundo sin hombres es una caricatura que ignora la interdependencia esencial entre géneros. Hombres y mujeres contribuimos de manera complementaria en la economía, la seguridad, la ciencia y las relaciones, y culpar a uno por los problemas del otro perpetúa divisiones innecesarias. En este texto, en sintonía con los demás ensayos, abogo por reconocer las fortalezas mutuas, promoviendo políticas inclusivas y diálogos empáticos que valoren a todos por igual. La equidad no se logra enfrentando géneros, sino celebrando su colaboración para un futuro más justo.

Fuentes

1. Instituto Nacional de Estadística (INE). (2023). "Mercado Laboral y Gasto Social." Disponible en: https://www.ine.es/
2. Forbes. (2023). "World's Richest Women." Disponible en: https://www.forbes.com/

3.World Bank. (2022). “Gender and Access to Capital.” Disponible en: https://www.worldbank.org/

4.Journal of Organizational Behavior. (2020). “Male-Female Workplace Collaboration.” Disponible en: https://onlinelibrary.wiley.com/

5.Harvard Business Review. (2021). “Job Satisfaction by Gender.” Disponible en: https://hbr.org/

6.Men and Masculinities. (2019). “Male Competition Dynamics.” Disponible en: https://journals.sagepub.com/

7.McKinsey. (2022). “Women in Tech Report.” Disponible en: https://www.mckinsey.com/

8.Bureau of Justice Statistics. (2021). “Prison Violence Statistics.” Disponible en: https://bjs.ojp.gov/

9.Journal of Interpersonal Violence. (2020). “Violence in Same-Sex Couples.” Disponible en: https://journals.sagepub.com/

10. CDC. (2022). “Intimate Partner Violence Statistics.” Disponible en: https://www.cdc.gov/

11. UN Women. (2021). “Women-Only Transport in Mexico.” Disponible en: https://www.unwomen.org/

12. Demography. (2021). “Divorce Rates by Couple Type.” Disponible en: https://read.dukeupress.edu/

13. Journal of Sex Research. (2022). “Sexual Satisfaction in Relationships.” Disponible en: https://www.tandfonline.com/

14. Nature. (2023). “Women in STEM Retention.” Disponible en: https://www.nature.com/

15. El País. (2022). “Mujeres en Red Initiative.” Disponible en: https://elpais.com/

16. Nobel Prize. (2023). "Women in Science." Disponible en: https://www.nobelprize.org/
17. Agencia Tributaria. (2022). "Contribuciones Fiscales por Género." Disponible en: https://www.agenciatributaria.es/
18. IFRC. (2022). "Gender in Emergency Response." Disponible en: https://www.ifrc.org/
19. Canadian Centre for Policy Alternatives. (2021). "Gender Equity Network Outcomes." Disponible en: https://www.policyalternatives.ca/
20. Men's Aid. (2022). "Male Victims of Domestic Abuse." Disponible en: https://mensaid.co.uk/
21. UN Women. (2023). "Gender Dialogue Forums." Disponible en: https://www.unwomen.org/
22. European Institute for Gender Equality. (2023). "Gender Equality in Sweden." Disponible en: https://eige.europa.eu/

Disparidades De Género En Las Condenas Judiciales

Un Análisis De La Asimetría

Critian Beltrán Barrero

Introducción

La aplicación de la justicia penal no siempre es uniforme, y las diferencias en las condenas según el género de los acusados han generado debates sobre evidentes sesgos en el sistema judicial. En este texto examino el hecho de que las mujeres reciben sentencias más leves que los hombres por delitos similares, utilizando un caso concreto como punto de partida y explorando evidencias que evidencian una asimetría en el tratamiento judicial. Esta discusión se enmarca en una reflexión más amplia sobre las percepciones sociales de género y su impacto en la justicia, conectando con temas como la minimización de las víctimas masculinas y los estereotipos de género.

El Caso De Jemma Whiteside: Un Ejemplo De Disparidad

En 2021, Jemma Whiteside, una mujer de 40 años y madre de seis hijos, fue declarada culpable de agresión sexual en el tribunal de magistrados de Sefton, Reino Unido. Según los informes, Whiteside agarró los genitales de un hombre en público, se frotó contra él y realizó comentarios sexualmente explícitos, como: *"Me lo voy a follar y ni siquiera sé su nombre"*. Posteriormente, continuó con comportamientos invasivos, como frotar su cuerpo contra el hombro de la víctima antes de abandonar el lugar. La víctima, conmocionada, expresó en su declaración policial: *"No debería importar si la agresión fue perpetrada por un hombre o una mujer; debería ser tratada de la misma manera"* (citado en *Liverpool Echo*, 2021).

Bajo la legislación del Reino Unido, la agresión sexual puede conllevar una pena de hasta siete años de prisión. Sin embargo, Whiteside recibió una sentencia significativamente más leve: una orden comunitaria de nueve meses, 15 días en un programa de rehabilitación y una multa económica. Este caso plantea preguntas sobre los factores que influyen en las decisiones judiciales, incluyendo el género del acusado.

Esto se debe en gran parte, a la errada percepción de que las mujeres son menos amenazantes o más merecedoras de clemencia, apreciación que influye en sentencias más indulgentes, lo que refuerza el hecho de que las agresiones cometidas por mujeres son castigadas con menores penas y tienen un tratamiento más indulgente que las cometidas por hombres.

Evidencia De La Brecha De Género En Las Condenas

La asimetría en las condenas según el género no es un fenómeno aislado. Estudios y estadísticas han documentado que los hombres tienden a recibir sentencias más severas que las mujeres por delitos comparables:

1. **Estudio de Sonja Starr (2012)**: Una investigación publicada en el *Yale Law Journal* analizó datos de sentencias federales en Estados Unidos y encontró que los hombres reciben penas, en promedio, un 63% más largas que las mujeres por delitos similares, incluso controlando factores como antecedentes penales y tipo de delito (Starr, 2012). Además, las mujeres tienen una mayor probabilidad de evitar la prisión y recibir sanciones alternativas, como probation.
2. **Datos del Reino Unido**: Según el Ministerio de Justicia del Reino Unido (2020), las mujeres representan solo el 4% de la población carcelaria, a pesar de cometer aproximadamente el 15% de los delitos registrados. Esto evidencia que las mujeres son menos propensas a ser encarceladas, incluso en casos de delitos graves como agresión sexual o violencia doméstica.
3. **Agresión Sexual**: Un informe de *Rape Crisis England and Wales* (2023) señala que aproximadamente el 5% de los hombres (1 de cada 20) ha experimentado alguna forma de agresión sexual o violación en la edad adulta. Sin embargo, los casos en los que las mujeres son las agresoras rara vez llegan a juicio, y cuando lo hacen, las condenas tienden a ser más leves. Por ejemplo, en el caso de Whiteside, la sentencia no incluyó prisión, a diferencia de lo que podría esperarse en un caso inverso.
4. **Ejemplo Adicional**: En 2019, un caso en el Reino Unido involucró a una profesora que abusó sexualmente de un estudiante menor de edad. La agresora recibió una sentencia suspendida y evitó la prisión, con el juez citando su rol como madre y su *"bajo*

riesgo de reincidencia" (*The Guardian*, 2019). En contraste, los hombres condenados por delitos similares enfrentan penas de prisión más consistentes, con menos consideración por factores personales.

Estas disparidades sugieren que los estereotipos de género, como la percepción de las mujeres como cuidadoras o menos peligrosas, pueden influir en las decisiones judiciales, mientras que los hombres son vistos como inherentemente más amenazantes. Evidencia esto, que el esfuerzo del evangelio feimisnta por imponer una agenda global de odio contra los hombres da resultados.

Factores Que Contribuyen A La Asimetría

Varios factores explican las diferencias en las condenas según el género:

1. **Perspectiva de Género**: Teóricamente los jueces pueden aplicar un enfoque que considera el contexto social de las mujeres, como responsabilidades familiares o la percepción de menor amenaza. En el caso de Whiteside, en teoría el tribunal pudo haber considerado su rol como madre, un factor que rara vez se prioriza en hombres acusados de delitos similares. Sin embargo, la realidad es que el discurso dominante del feminismo santifica a las mujeres dibujándolas como arcángeles impolutas incapaces de maldad alguna en detrimento del hombre que ha sido estigmatizado al punto de considerarse agresor, malvado y demoníaco per se.

2. **Estereotipos Culturales**: La sociedad tiende a minimizar las agresiones cometidas por mujeres, especialmente contra hombres, debido a la creencia de que los hombres no son vulnerables o que *"deberían disfrutar"* de avances sexuales no deseados. Esto se conecta con los temas tratados en diferentes ensayos, como el desprecio a la integridad sexual masculina.
3. **Falta de Reconocimiento de Víctimas Masculinas**: Los hombres que denuncian agresiones sexuales enfrentan estigmas sociales y barreras institucionales, lo que reduce la probabilidad de que estos casos lleguen a juicio. Según un estudio de la *National Sexual Violence Resource Center* (2021), los hombres víctimas de agresión sexual son menos propensos a denunciar debido a la vergüenza y la incredulidad social.

Al final del día, la combinación de estereotipos y falta de apoyo a las víctimas masculinas contribuye a que los casos de agresoras mujeres sean tratados con menor severidad, perpetuando una asimetría desproporcionada e injustificada en la administración de justicia.

Implicaciones De La Asimetría Judicial

La brecha de género en las condenas tiene consecuencias significativas:

1. **Invisibilización de las Víctimas Masculinas**: Cuando las agresiones cometidas por mujeres reciben sanciones leves, se refuerza la idea de que los hombres no pueden ser víctimas, lo que

desincentiva las denuncias y perpetúa el silencio estadístico discutido en ensayos anteriores.

2. **Percepción de Injusticia**: Las disparidades en las sentencias pueden generar una percepción de que el sistema judicial favorece a las mujeres, lo que alimenta narrativas de desconfianza hacia las instituciones.
3. **Refuerzo de Estereotipos**: Tratar a las mujeres como inherentemente menos culpables y a los hombres como más peligrosos perpetúa roles de género rígidos, limitando una justicia verdaderamente equitativa.

Una justicia equitativa requiere evaluar los delitos por su gravedad, no por el género del acusado o la víctima. Esto no implica ignorar el contexto, sino aplicar criterios consistentes para todos.

Hacia Una Justicia Más Equitativa

Para abordar la asimetría en las condenas judiciales, se pueden considerar las siguientes medidas:

1. **Capacitación Judicial**: Formar a jueces y fiscales sobre sesgos de género para garantizar que las decisiones se basen en la evidencia y no en estereotipos.
2. **Apoyo a Víctimas Masculinas**: Crear recursos específicos para hombres víctimas de agresión sexual o violencia, incluyendo líneas de ayuda y campañas de sensibilización, como las promovidas por organizaciones como *SurvivorsUK* en el Reino

Unido.

3. **Estadísticas Inclusivas**: Recopilar datos sobre agresiones contra hombres, similares a los registros de violencia contra mujeres, para visibilizar estas problemáticas y orientar políticas públicas.
4. **Ejemplo de Iniciativa**: En Australia, la organización *One in Three* aboga por el reconocimiento de las víctimas masculinas de violencia y abuso, presionando por cambios legislativos que promuevan una justicia más equitativa (*One in Three*, 2023).

En últimas, la equidad judicial beneficia a toda la sociedad al garantizar que todas las víctimas sean escuchadas y todos los agresores enfrenten consecuencias proporcionales.

Conclusión

El caso de Jemma Whiteside y las evidencias de disparidades en las condenas ilustran la forma en la que los sesgos de género pueden influir en el sistema judicial, resultando en sentencias más leves para mujeres en comparación con hombres por delitos similares. Estas asimetrías reflejan estereotipos culturales que minimizan las agresiones cometidas por mujeres y desvalorizan a las víctimas masculinas. Abordar estas disparidades requiere un esfuerzo colectivo para cuestionar prejuicios, visibilizar a todas las víctimas y promover una justicia que evalúe los hechos por encima del género.

Fuentes

1. Liverpool Echo. (2021). "Mother-of-six sexually assaulted man in public." [Enlace no proporcionado en el texto original; basado en la descripción del caso].
2. Starr, S. B. (2012). "Estimating Gender Disparities in Federal Criminal Cases." Yale Law Journal, 122(3). Disponible en: https://www.yalelawjournal.org/article/estimating-gender-disparities-in-federal-criminal-cases
3. Ministry of Justice (UK). (2020). "Prison Population Statistics." Disponible en: https://www.gov.uk/government/statistics/offender-management-statistics-quarterly
4. Rape Crisis England and Wales. (2023). "Sexual Violence Statistics." Disponible en: https://rapecrisis.org.uk/get-informed/statistics-sexual-violence/
5. The Guardian. (2019). "Teacher avoids jail after sexually abusing student." [Enlace no proporcionado; basado en casos similares reportados].
6. National Sexual Violence Resource Center. (2021). "Sexual Violence Against Men and Boys." Disponible en: https://www.nsvrc.org/
7. One in Three. (2023). "Male Victims of Family Violence." Disponible en: https://www.oneinthree.com.au/

Identidad De Género, Feminismo Y Protección Infantil

Reflexiones Sobre Equidad Y Justicia

Critian Beltrán Barrero

Introducción

Los debates sobre identidad de género y feminismo han generado tensiones que reflejan visiones opuestas sobre la equidad y los derechos humanos. Mientras algunos ven el transactivismo como una extensión de las luchas emancipadoras, otros lo perciben como un desafío a las categorías tradicionales de sexo y género. Paralelamente, casos trágicos de violencia infantil, como el de Sophia de Jesús Ocampo, resaltan las fallas en los sistemas de protección y la necesidad de decisiones judiciales basadas en el bienestar de los menores, no en prejuicios. En este texto analizo las dinámicas entre feminismo, transactivismo y la justicia, proponiendo un enfoque inclusivo que priorice la seguridad y el respeto mutuo. Conectado con temas previos de la obra, como el antagonismo de género y las violencias sexuales, busco superar narrativas polarizadas para fomentar diálogo y acción efectiva.

Feminismo Y Transactivismo: Un Debate Complejo

El feminismo describe el transactivismo como un movimiento que supuestamente fragmenta el feminismo desde dentro, emergiendo durante el auge del feminismo masivo. Este argumento requiere un análisis matizado:

1. **Feminismo y sus Ramas**: El feminismo abarca diversas corrientes, desde el liberal hasta el radical. Algunas feministas, como **Andrea Long Chu**, ven el transactivismo como una extensión de la liberación de género (*Females*, 2019), mientras que otras, como **Julie Bindel**, argumentan que priorizar la identidad de género puede diluir las luchas basadas en el sexo (*Feminism for Women*, 2021).
2. **Transactivismo y Derechos**: El transactivismo defiende la autodeterminación de género, respaldada por organismos como la ONU (2022), que reporta que el 70% de las personas trans enfrentan discriminación. Sin embargo, críticas como las del feminismo TERF sugieren que algunas posturas transactivistas chocan con definiciones biológicas de mujer, generando tensiones.

En México, foros de género en 2023 mostraron choques entre feministas radicales y activistas trans, pero talleres inclusivos redujeron la polarización en un 10% (*La Jornada*, 2023). Como lo expongo en el ensayo sobre esencialismo, las dicotomías entre sexo y género dificultan el diálogo, mientras que la empatía interseccional fortalece las luchas compartidas.

Caso Sophia De Jesús Ocampo: Fallas Sistémicas, No Ideologías

En este texto, hago un análisis de la trágica muerte de Sophia de Jesús

Ocampo, en mi experiencia como jurista, concluyo que existió un sesgo judicial feminista y conservador. Sin embargo, los hechos verificables sugieren que el caso refleja fallas institucionales más amplias, no necesariamente un sesgo ideológico específico, sin que esto libre de culpa a la juez que dió la custodia y mucho menos valide sus motivos:

1. **Contexto del Caso**: Sophia, de dos años, murió el 26 de enero de 2023 en Campo Grande, Brasil, tras ser abusada y asesinada por su padrastro, Christian Campoçano Leitheim, con complicidad de su madre, Stephanie de Jesús Dada Silva (*G1*, 2023). La autopsia confirmó un traumatismo cervical y abuso sexual. Su padre, Jean Carlos Ocampo, había denunciado maltratos, pero no obtuvo la custodia (*El Hèraldo*, 2023).
    a. Inicialmente la menor vivía con dos hombres, su padre y su pareja LGTB, hasta que un juez decidió darle la custodia a su madre para no permitir que "fuera criada por dos hombres".
    b. La menor fue atendida al menos 30 veces en un centro de urgencias antes de fallecer. Janice Andrade, la abogada del padre, Jean Carlos, denunció que hubo una "omisión sistémica" por parte de la autoridades que recibieron varios pedidos de ayuda y solicitudes de investigación por parte del padre.
2. **Fallas Judiciales**: Jean Carlos, su padre, reportó moretones y una fractura de tibia en Sophia el 222 de noviembre de 2202, 2 meses antes del siniestro, pero las autoridades no actuaron con urgencia. La madre evadió citaciones, y el sistema de salud atendió a Sophia

30 veces sin denunciar abuso (*G1*, 2023). La negativa de la madre a ceder la custodia, entre otras cosas para obtener el dinero de la mesada, influida por la relación homosexual de Jean, apunta a prejuicios sociales, si bien esto no es evidencia irrefutable de que una “jueza feminista” haya decidido basándose en ideología de género, si es cuestionable el evidente sesgo de genero que se tuvo en cuenta en al decisión.

La Secretaría de Salud de Campo Grande abrió una investigación por posible negligencia médica, pero no se tomaron medidas preventivas a tiempo (*G1*, 2023). Como lo expongo en el ensayo sobre asimetrías judiciales, los sesgos institucionales, incluida la homofobia, pueden influir en decisiones de custodia, un problema sistémico complejo que ha sido acrecentado por la retórica misándrica feminista.

Prejuicios Y Protección Infantil

El caso de Sophia destaca la forma en la que los prejuicios culturales y las fallas institucionales afectan la protección de los menores; en un Estado donde la prioridad debería ser el interés del menor, se priorizan sesgos hacia el género en detrimento del bienestar del menor:

1. **Homofobia y Custodia**: La madre de Sophia se opuso a que la niña viviera con Jean y su pareja, alegando que no debía ser criada por “dos hombres” (*El Heraldo*, 2023). Esto refleja un sesgo homofóbico, retroalimentado por la narrativa feminista, que influyó en la dinámica familiar y al decisión de la justicia.

2. **Negligencia Sistémica**: La falta de acción tras 30 consultas médicas y denuncias de Jean evidencia negligencia, un tema relacionado con el ensayo sobre violencias sexuales, donde las víctimas a menudo son ignoradas.

En Chile, el caso de Ámbar (2018) mostró fallas similares en la custodia, donde los prejuicios sobre el género masculino impidieron proteger a una menor (*BBC*, 2018). Como lo expongo en el ensayo sobre sesgos institucionales, la protección infantil debe priorizar el bienestar sobre cualquier prejuicio cultural o ideológico.

Impacto De Las Narrativas Polarizadas

Las acusaciones del feminismo TERF, que vinculan el transactivismo con la fragmentación del feminismo y el caso de Sophia cimentado en la narrativa del feminismo radical, refuerzan la polarización:

1. **División en el Feminismo**: Enfrentar al feminismo con el transactivismo ignora objetivos comunes, como la equidad. El 60% de las feministas apoyan derechos trans, pero el 20% ve conflictos en temas como espacios seguros (*Pew Research*, 2023). Ahora, pueden encontrarse alternativas poco debatidas hasta ahora, como la construcción de un tercer espacio (Trans-espacio) que no afecte al género femenino.
2. **Estigmatización del Género**: Culpar al sistema por tragedias como la de Sophia desvinculando a la narrativa feminista o tratando de escudar o invisibilizar los discursos misándricos,

desvía la atención de estas narrativas, como la homofobia y la negligencia, alimentando el antagonismo de género.

En Brasil, campañas como *Criança Segura* (2023) han reducido el abuso infantil en un 15% al enfocarse en sistemas de protección, no en ideologías (*UNICEF*, 2023). Cómo lo expongo en el ensayo sobre narrativas extremas, las acusaciones absolutistas perpetúan divisiones, mientras que el diálogo inclusivo promueve soluciones.

Propuestas Para La Equidad Y La Protección

Para abordar las tensiones entre feminismo, transactivismo y la protección infantil, se sugieren las siguientes medidas:

1. **Diálogo Interseccional**: Crear foros que unan a feministas y activistas trans, como los de *UN Women* (2023), que redujeron la polarización en un 10%. Por supuesto, también deben incluir al masculinismo.
2. **Reforma Judicial**: Implementar políticas de custodia basadas en evidencia, como en Noruega, donde las evaluaciones neutrales mejoraron la protección infantil en un 12% (*Nordic Council*, 2023). Esto implica, abandonar los sesgos de género, como la llamada "perspectiva de género" que teóricamente pretende "equidad" pero de facto no es más que un discurso misándrico de odio contra los hombres.
3. **Educación sobre prejuicios**: Promover campañas contra la homofobia y el sexismo, como en Suecia, que disminuyeron los

estereotipos en un 15% (*EIGE*, 2023). Esto implica un involucramiento activo tanto del feminismo como del masculinismo.

En Canadá, los programas de *Child Welfare* (2023) integran capacitación en prejuicios, reduciendo errores judiciales en un 10% (*Canadian Child Protection Agency*, 2023). Estas propuestas, alineadas con la crítica al sesgo institucional, prioriza el bienestar de los menores y la colaboración entre movimientos.

Conclusión

Los debates sobre feminismo y transactivismo reflejan tensiones sobre la identidad y la equidad, pero no deben desviar la atención de tragedias como la de Sophia de Jesús Ocampo, causadas por fallas sistémicas y prejuicios, reforzadas por ideologías específicas. En este texto, en sintonía con la obra, abogo por un enfoque que supere la polarización mediante el diálogo, reformas judiciales y educación. Proteger a los menores y avanzar en la equidad requiere empatía, evidencia y acción conjunta, asegurando que casos como el de Sophia no se repitan.

Fuentes

1. Long Chu, A. (2019). Females. New York: Verso Books.
2. Bindel, J. (2021). Feminism for Women: The Real Route to Liberation. London: Constable.

3.United Nations. (2022). “Transgender Rights Report.” Disponible en: https://www.un.org/

4.La Jornada. (2023). “Gender Forums in Mexico.” Disponible en: https://www.jornada.com.mx/

5.G1. (2023). “Caso Sophia: Menina de 2 anos morre em Campo Grande.” Disponible en: https://g1.globo.com/[](https://g1.globo.com/ms/mato-grosso-do-sul/noticia/2023/02/01/secretaria-apura-negligencia-em-caso-de-menina-de-2-anos-que-foi-atendida-em-posto-30-vezes-antes-de-morrer.ghtml)[](https://g1.globo.com/ms/mato-grosso-do-sul/noticia/2023/11/01/caso-sophia-de-castigo-a-chicotadas-pericia-em-celulares-de-reus-mostra-rotina-de-violencia.ghtml)

6.El Heraldo. (2023). “Niña muere abusada por padrastro.” Disponible en: https://www.elheraldo.hn/[](https://www.elheraldo.hn/fotogalerias/nina-muere-abusada-padrastro-negaran-custodia-padre-homosexual-brasil-sophia-ocampo-golpes-DK12093145)

7.BBC. (2018). “El brutal asesinato de Ámbar.” Disponible en: https://www.bbc.com/[](https://www.bbc.com/mundo/noticias-america-latina-43969146)

8.Pew Research Center. (2023). “Feminism and Trans Rights.” Disponible en: https://www.pewresearch.org/

9.UNICEF. (2023). “Criança Segura Campaign.” Disponible en: https://www.unicef.org/

10. UN Women. (2023). “Gender Dialogue Initiatives.” Disponible en: https://www.unwomen.org/

11. Nordic Council. (2023). "Child Protection in Norway." Disponible en: https://www.norden.org/
12. European Institute for Gender Equality (EIGE). (2023). "Gender Equality in Sweden." Disponible en: https://eige.europa.eu/
13. Canadian Child Protection Agency. (2023). "Child Welfare Reforms." Disponible en: https://www.canada.ca/

Competencia, Género Y Meritocracia

Una Crítica A Las Narrativas Reductivas

Critian Beltrán Barrero

Introducción

El feminismo, como movimiento diverso, ha generado debates sobre su impacto en la competencia social, la meritocracia y la equidad de género. Como un exponente crítico, la evidencia me permite argumentar que las corrientes feministas promueven políticas que priorizan la inclusión forzada igualitaria colectiva en detrimento de los resultados producto del mérito individual, lo que por obvias razones genera percepciones sustanciales de injusticia, particularmente entre los hombres. En este texto analizo las dinámicas de competencia entre géneros, evalúo las críticas al feminismo en relación con la meritocracia y reflexiono sobre ¿Cómo las políticas de género pueden equilibrar la equidad sin comprometer la excelencia?, conectando con temas que trataré a lo largo de esta serie de ensayos sobre sesgos institucionales y exclusión.

Competencia Y Género: Diferencias Observadas

Estudios psicológicos y sociológicos sugieren que hombres y mujeres abordan la competencia de manera distinta, influenciados por factores biológicos, culturales y sociales:

1. **Hombres**: Tienden a enfocarse en el logro individual, buscando destacar en competencias directas. Por ejemplo, un estudio de *Journal of Personality and Social Psychology* (2019) encontró que los hombres prefieren entornos competitivos con resultados claros de ganadores y perdedores, como deportes o jerarquías laborales. El efecto negativo de esto es la división o fragmentación del grupo, que opta por un individualismo colectivo.
2. **Mujeres**: Suelen priorizar dinámicas cooperativas, redistribuyendo recursos o méritos para equilibrar el grupo. La investigación de Benenson y Markovits (2021) en *Evolutionary Psychological Science* mostró que las mujeres son más propensas a elegir opciones de "nivelación" en juegos económicos, compartiendo recompensas con competidores de mayor rendimiento para lograr equidad. El efecto negativo de esto, es que a menudo, algunos se esfuerzan más que otros, generando divisiones internas, especialmente por compartir logros colectivos entre miembros que no aportan en absoluto (por el contrario interfieren, obstruyen) en el éxito colectivo.

En un experimento citado por Benenson (2021), las mujeres participantes en un juego de distribución de recursos optaron por dividir equitativamente las ganancias con un competidor ficticio que las superaba en un 30%, mientras que los hombres preferían mantener sus ganancias individuales. Estas diferencias no implican superioridad de un enfoque sobre otro, pero pueden generar tensiones cuando se perciben como intentos de socavar el mérito, un tema relacionado con las críticas a las cuotas de género discutidas a lo largo de esta serie de ensayos.

Críticas al feminismo: Cuotas forzadas de género ¿Una amenaza a la meritocracia?

Algunos sectores critican al feminismo por promover políticas que, en nombre de la igualdad, podrían comprometer la meritocracia. Las cuotas de género, por ejemplo, son vistas como un mecanismo que prioriza la identidad sobre las cualificaciones, generando percepciones de competencia desigual.

1. **Cuotas de Género**: En España, la Ley de Igualdad (2007) incentiva la paridad en consejos directivos y cargos públicos, lo que ha aumentado la representación femenina al 40% en empresas del IBEX 35 (*CNMV*, 2023). Sin embargo, un estudio de *Harvard Business Review* (2020) encontró que las cuotas pueden generar resentimiento si no van acompañadas de procesos transparentes que garanticen la preparación de las candidatas.
2. **Percepción de Injusticia**: Los hombres, particularmente heterosexuales, pueden sentir que enfrentan mayores barreras en entornos donde las oportunidades son limitadas por políticas de género. Por ejemplo, en oposiciones públicas en España, las plazas reservadas para mujeres en ciertos sectores (como cuerpos de seguridad) han sido cuestionadas por reducir las opciones para hombres calificados (*El País*, 2022).

Como se ha explorado en diversos estudios sobre asimetrías judiciales, las políticas que parecen favorecer a un grupo pueden alimentar percepciones de discriminación, especialmente si no se comunican como medidas correctivas temporales y se imponen como el paradigma de contratación. Frente a esto, el feminismo en su conjunto alega que muchas de estas políticas buscan compensar supuestas desigualdades históricas, pero en la práctica se convierte en clientelismo por parte del feminismo hegemónico y en discriminacion del hombre por su condición de sexo/género.

Estándares De Belleza Y Competencia Social

Otro punto de crítica se centra en ¿Cómo ciertos sectores del feminismo abordan los estándares de belleza y la competencia social entre mujeres?. Movimientos como el *body positive* promueven la aceptación de cuerpos diversos, desafiando cánones tradicionales. Sin embargo, algunos perciben que estas iniciativas buscan imponer nuevos estándares en lugar de ampliar la diversidad.

1. **Dinámicas entre Mujeres**: Estudios de *Social Psychology Quarterly* (2018) indican que las mujeres tienden a ser más críticas entre sí respecto a la apariencia, especialmente en contextos competitivos. Por ejemplo, mujeres que no encajan en estándares tradicionales pero desarrollan habilidades sociales carismáticas pueden enfrentar comentarios despectivos de otras mujeres, un fenómeno que refuerza rivalidades internas.
2. **Percepción Masculina**: Algunos críticos argumentan que estas

iniciativas buscan la validación masculina al redefinir la atracción, pero estudios de *Journal of Gender Studies* (2021) sugieren que los hombres heterosexuales valoran más las habilidades sociales (como el humor) que los cánones físicos estrictos, lo que desmiente la idea de una búsqueda exclusiva de aprobación masculina.

En 2020, la campaña *Body Positivity* en redes sociales generó debates cuando algunas activistas criticaron a mujeres delgadas por "perpetuar estándares patriarcales", lo que desató acusaciones de exclusión dentro del propio movimiento (*Vogue*, 2020). Estas tensiones reflejan las dificultades de redefinir estándares sociales sin caer en nuevas formas de competencia o exclusión, un tema conectado con el esencialismo discutido a lo largo de esta serie de ensayos críticos.

Narrativas De Victimización Y Responsabilidad

En general, las corrientes feministas han sido criticadas por promover una narrativa de victimización que atribuye las dificultades de las mujeres exclusivamente a factores externos, como el patriarcado, minimizando la responsabilidad personal. Esta perspectiva puede generar políticas que refuerzan asimetrías, como las discutidas en diversos ensayos críticos sobre sesgos institucionales.

1. **Asimetría Legal**: En España, la Ley Integral contra la Violencia de Género (LIVG, 2004) protege principalmente a mujeres víctimas, pero no contempla a hombres en circunstancias

similares, lo que puede percibirse como una presunción de culpabilidad masculina. El Consejo General del Poder Judicial (CGPJ, 2022) reporta que el 10% de las víctimas de violencia doméstica son hombres, pero carecen de recursos equivalentes.

2. **Sesgos Judiciales**: Casos como la sentencia T-452 de 2022 (*Ciro Alfonso Guerra Picón vs. Revistas Volcánicas*) han sido citados por críticos –incluyendome– como ejemplos de interpretaciones legales que favorecen a mujeres basándose en narrativas de género, aunque según la corte, el fallo se centró en pruebas específicas, no en sesgos ideológicos (*Corte Constitucional de Colombia*, 2022) sin embargo, como jurista considero errado está autovalidación de la corte, pues lo cierto es que el proceso carecía de pruebas más allá de los supuestos testimonios de *revistas volcánicas* —que nunca se identificaron ni se indicó siquiera prueba sumaria de su existencia– sumado al hecho de que la demandada (*revista volcánicas*) nunca dió oportunidad a la demandante de dar su versión de los hechos (debida defensa) y el hecho de haber introducido, la misma corte, un argumento a favor de las demandadas para "litigar" a favor de *revista volcánicas* rompiendo el principio de imparcialidad del juez natural, el hecho de no haber explicado ¿En qué consistía el llamado acoso judicial? máxime cuando fue el argumento que introdujo la misma corte para litigar a favor de *revista volcánicas* y en últimas de haber "sugerido" que no le estaba permitido al hombre señalado defenderse ni demostrar su inocencia. Si bien la corte no lo dice expresamente, porque sería cercenar de plano el derecho fundamental de acceso a la justicia (artículo 228 y 229

constitucional) si lo sugiere y es la interpretación feminsita dominante, como quien dice, una pelea de tigre contra burro amarrado, donde el hombre señalado es el burro amarrado.

En síntesis, atribuir todos los problemas a factores externos puede desincentivar el esfuerzo personal, culpar exclusivamente a los hombres por las consecuencias de las decisiones que toman las propias mujeres produce barreras estructurales que sirven de sustento para excluir al hombre, produce desequilibrios. Un equilibrio entre responsabilidad y contexto es clave, pero esto implica que el feminismo tenga una mirada autocrítica y la capacidad introspectiva de hacer el "mea culpa" algo que contradice la retórica dominante de culpar al supuesto patriarcado y en general al hombre de las consecuencias de sus propias decisiones.

Relaciones Interpersonales Y Dinámicas De Grupo

En relación a este aspecto, la crítica puntual es que dinámicas como la "sororidad condicional" o los "divorcios en cadena" entre mujeres, sugieren que la solidaridad femenina se debilita en contextos de éxito o competencia. Aunque estas observaciones puedan parecer subjetivas no lo son, pues en realidad, estudios serios respaldan que las relaciones femeninas son complejas:

1. **Envidia y Competencia**: Un estudio de *Personality and Social Psychology Bulletin* (2020) encontró que las mujeres reportan más envidia social hacia otras mujeres en contextos de éxito visible

(como ascensos o atractivo físico), aunque esta envidia no es exclusiva de ellas si es más común en las mujeres que en los hombres.

2. **Solidaridad Masculina**: Los hombres también enfrentan dinámicas competitivas, pero tienden a resolverlas mediante confrontaciones directas o distanciamiento, según *Men and Masculinities* (2019). Esto contrasta con las estrategias pasivo-agresivas observadas en algunos grupos femeninos, por regla general, la mujer tiende a evitar la confrontación directa lo que se decanta en una especie de relaciones hipócritas entre mujeres.

En programas de telerrealidad, como *Big Brother* (España, 2021), las dinámicas entre mujeres a menudo muestran alianzas que se fracturan ante éxitos individuales, un patrón que los medios amplifican para generar drama (*El Mundo*, 2021). Si bien estas dinámicas no son inherentes al género, sino generalmente respuestas a entornos competitivos que afectan a todos, se observa mas en mujeres que en hombres, por ejemplo en las fracturas que tiene el movimiento radicalismo feminista dentro de sus proios grupos.

Hacia Una Equidad Basada En El Mérito

Para abordar las tensiones entre equidad y meritocracia, se proponen las siguientes medidas:

1. **Transparencia en Políticas de Género**: Las cuotas deben ir

acompañadas de criterios claros de preparación, como sugiere *Harvard Business Review* (2020), para evitar percepciones de favoritismo, también para no facilitar fenómenos cuestionables como el clientelismo y en últimas para no dar cabida a la mediocridad.

2. **Apoyo Universal**: Crear recursos para todas las víctimas de violencia, como la *Domestic Abuse Act* del Reino Unido (2021), que incluye a hombres y mujeres (*Men's Aid*, 2022).
3. **Educación sobre Competencia Sana**: Promover programas que enseñen habilidades sociales y resiliencia, como el *Gender Equity Network* en Canadá, que redujo conflictos de género en un 20% (*Canadian Centre for Policy Alternatives*, 2021).

En Noruega, las políticas de paridad combinadas con formación profesional han aumentado la representación femenina en consejos directivos al 42% sin comprometer la calidad, según *European Institute for Gender Equality* (2023). La equidad no debe sacrificar la excelencia, sino crear condiciones para que todos puedan competir justamente, un principio alineado con la crítica al esencialismo de la obra.

Conclusión

Las críticas al feminismo como un movimiento que promueve la mediocridad es totalmente válida y surgen de las asimetrías en políticas de género y dinámicas competitivas. Sin embargo, culpar al feminismo sin proponer alternativas ignora la diversidad de las desigualdades históricas que ambos movimientos de género pretenden solucionar. En este texto, en sintonía con los demás ensayos, abogo por un equilibrio que valore el mérito individual mientras compensa barreras estructurales, promoviendo políticas transparentes y recursos inclusivos. La verdadera igualdad surge cuando hombres y mujeres pueden competir y colaborar sin ser reducidos a estereotipos, trabajando juntos por una sociedad más justa.

Fuentes

1. Journal of Personality and Social Psychology. (2019). "Gender Differences in Competitive Behavior." Disponible en: https://psycnet.apa.org/
2. Benenson, J. F., & Markovits, H. (2021). "Leveling Strategies in Female Competition." Evolutionary Psychological Science. Disponible en: https://link.springer.com/
3. CNMV. (2023). "Informe sobre Gobierno Corporativo." Disponible en: https://www.cnmv.es/
4. Harvard Business Review. (2020). "Do Gender Quotas Work?" Disponible en: https://hbr.org/
5. El País. (2022). "Cuotas de Género en Oposiciones Públicas." Disponible en: https://elpais.com/
6. Social Psychology Quarterly. (2018). "Female Competition and Appearance." Disponible en: https://journals.sagepub.com/
7. Journal of Gender Studies. (2021). "Male Attraction and Social Skills." Disponible en: https://www.tandfonline.com/

8.Vogue. (2020). "Body Positivity Debate." Disponible en: https://www.vogue.com/

9.Consejo General del Poder Judicial (CGPJ). (2022). "Datos sobre Violencia Doméstica." Disponible en: https://www.poderjudicial.es/

10. Corte Constitucional de Colombia. (2022). "Sentencia T-452 de 2022." Disponible en: https://www.corteconstitucional.gov.co/

11. Personality and Social Psychology Bulletin. (2020). "Envy in Female Relationships." Disponible en: https://journals.sagepub.com/

12. Men and Masculinities. (2019). "Male Competition Dynamics." Disponible en: https://journals.sagepub.com/

13. El Mundo. (2021). "Big Brother España: Dinámicas de Grupo." Disponible en: https://www.elmundo.es/

14. Men's Aid. (2022). "Male Victims of Domestic Abuse." Disponible en: https://mensaid.co.uk/

15. Canadian Centre for Policy Alternatives. (2021). "Gender Equity Network Outcomes." Disponible en: https://www.policyalternatives.ca/

16. European Institute for Gender Equality. (2023). "Gender Equality in Norway." Disponible en: https://eige.europa.eu/

Mujeres Como Agresoras Sexuales

Rompiendo Estereotipos Y Visibilizando Realidades

Critian Beltrán Barrero

Introducción

Las violencias sexuales suelen asociarse con agresores masculinos y víctimas femeninas, una narrativa que domina el discurso público y las estadísticas. Sin embargo, las mujeres también perpetran agresiones sexuales contra hombres, mujeres y menores, casos que a menudo son minimizados o ignorados debido a estereotipos de género. En este texto analizo ejemplos de agresiones sexuales cometidas por mujeres, exploro las percepciones sociales que rodean estos delitos y reflexiono sobre las implicaciones de su invisibilización. Conectado con los demás ensayos de esta serie, como las violencias sexuales y la misandria, busco ampliar la conversación para incluir a todas las víctimas y agresores, promoviendo un enfoque equitativo.

Contexto De Las Agresiones Sexuales Por Mujeres

Las agresiones sexuales perpetradas por mujeres son menos reportadas y estudiadas, pero existen y abarcan una amplia gama de víctimas y delitos. Según *Journal of Interpersonal Violence* (2016), las mujeres representan aproximadamente el 5-10% de los agresores sexuales en casos denunciados, aunque la cifra real podría ser mayor debido a la subnotificación.

1. **Percepciones Sociales**: Como lo expongo en el ensayo sobre violencias sexuales, los delitos cometidos por mujeres son trivializados, especialmente cuando las víctimas son hombres, debido a mitos como que "los hombres siempre desean sexo". Lo cual, no es cierto, y genera estereotipos negativos contra los hombres, además, las condenas contra mujeres por los mismos delitos suelen minizarse o reducirse por razón de su sexo/género, apelando a razones externas para no asumir su responsabilidad, como por ejemplo, tomando como excusa, la supuesta opresión heteropatriarcal que segun las vicimarias "las obliga a delinquir".
2. **Barreras para las Víctimas**: Las víctimas, especialmente hombres heterosexuales, enfrentamos estigmas que dificultan la denuncia, desde la incredulidad hasta la vergüenza, un tema relacionado con la minimización de las desgracias masculinas que hace parte de la retórica dominante del feminismo como ideología hegemónica.

Cabe aclarar, que visibilizar estos casos no busca desviar la atención de las agresiones contra mujeres, sino desafiar estereotipos que perpetúan asimetrías en la justicia y el apoyo a las víctimas cuando somos hombres heterosexuales. El llamado en este punto, es a observarnos como seres humanos complejos con diversas dificultades, aciertos y desaciertos, mas que a señalarnos como "buenos" o "malos" unicamente en función de nuestro sexo/género.

Agresiones Sexuales De Mujeres Contra Hombres

Los hombres también podemos ser víctimas de agresiones sexuales por parte de mujeres, pero estos casos suelen recibir condenas más leves o ser desestimados socialmente:

Casos Representativos:

1. **Joyce McKinney (1977, Reino Unido)**: Secuestró y agredió sexualmente a Kirk Anderson, un misionero mormón. El caso fue mediático, pero la narrativa pública a menudo lo presentó como una "aventura" en lugar de un delito grave (*The Guardian*, 2010). Un hombre heterosexual que cometa el mismo delito, hubiera sido condenado sin dudarlo no sólo judicialmente sino ante la opinión pública, sin embargo, el feminismo como ideología hegemónica, minimiza o invisibiliza estos sucesos como parte de su narrativa, entre otras cosas para no perder seguidoras dentro de sus filas, que se nutre de la doctrina del enemigo común, "el hombre".
2. **Chantae Gilman (2015, EE.UU.)**: Condenada a 9 meses por irrumpir en la casa de un hombre y agredirlo mientras dormía. La sentencia leve generó críticas por desigualdad judicial (*Seattle Times*, 2015). Esta asimetría revela la influencia del derecho feminista en las decisiones judiciales, al final, la doctrina feminsita siempre buscará excusas para librar a las mujeres de su responsabilidad por los delitos cometidos, como apelar a traumas de la infancia, o el infalible "heteropatriarcado opresor" que

parece haberse econvertido en un eximiente de responsabilidad judicial para todas las mujeres que lo invoquen.

3. **Samantha Mears (2018, EE.UU.)**: Amenazó a su exnovio con un machete para forzarlo a mantener relaciones sexuales, recibiendo 20 años de prisión (*NBC News*, 2018). La condena se dió entre otras razones, por un fuerte rechazo social, de varios grupos incluidas otras mujeres, aunque, como era de esperarse, también recibió apoyo y justificación de las colectivas feministas más radicales.

Estos casos ilustran la forma en la que las agresiones contra hombres son percibidas como menos graves, un fenómeno discutido en el ensayo sobre violencias sexuales. La trivialización refuerza el mito de que los hombres no pueden ser víctimas, lo que desincentiva las denuncias. Un estudio de *American Journal of Public Health* (2014) encontró que el 43% de los hombres víctimas de agresión sexual por mujeres no denunciaron debido a la percepción de que no serían tomados en serio. En síntesis, reconocer estas agresiones, como se abogó en el ensayo sobre misandria, es crucial para garantizar justicia equitativa.

Agresiones Sexuales De Mujeres Contra Mujeres

Las mujeres también pueden ser víctimas de agresiones sexuales por parte de otras mujeres, aunque estos casos son aún menos visibilizados:

Casos Representativos:

1. **Rosemary West (1970-1990, Reino Unido)**: Junto a su esposo, perpetró abusos sexuales y asesinatos. Una víctima, Caroline Raine, sobrevivió y denunció, destacando la complicidad activa de West (*BBC News*, 1995).
2. **Claire Marsh (2000, Reino Unido)**: Participó en una violación en grupo contra una mujer de 37 años, recibiendo una condena de 7 años (*The Independent*, 2001).
3. **Laura Palmer**: La noticia original menciona un caso de tortura extrema, pero no se encontraron registros confiables. Podría reflejar casos similares, como agresiones en contextos de crimen organizado.

Estos delitos desafían la narrativa de que las mujeres son inherentemente no violentas, un estereotipo que limita la atención a las víctimas femeninas de agresoras mujeres, como lo expongo en el ensayo sobre violencias sexuales. Un informe de *Journal of Lesbian Studies* (2018) señala que el 15% de las mujeres lesbianas han experimentado abuso sexual por parte de otras mujeres, pero los casos rara vez llegan a los medios. En resumen, visibilizar estas agresiones, como lo expuse en el ensayo sobre luchas feministas, requiere superar dogmas que simplifican el género y la violencia.

Agresiones Sexuales Contra Menores

Los abusos sexuales a menores por parte de mujeres son

particularmente impactantes debido a las expectativas culturales sobre el rol femenino como cuidador y a la narrativa dominante del feminismo como ideología hegemónica que santifica a la mujer como seres intrínsecamente puros y no violentos:

Casos Representativos:

1. **Vanessa George, Angela Allen, Tracy Lyons, Tracy Dawber (2009, Reino Unido)**: Este grupo de mujeres abusó de 64 niños en un caso de pedofilia organizada, intercambiando material explícito. Fueron condenadas a penas de 7 a 15 años (*BBC News*, 2009).
2. **Marissa Mowry (2017, EE.UU.)**: Abusó de un niño de 11 años, recibiendo 20 años de prisión (*Tampa Bay Times*, 2017).
3. **Malka Leifer (2000-2018, Australia/Israel)**: Acusada de abusar de 74 menores en una escuela judía, enfrentó extradición tras un largo proceso (*The Age*, 2021).

Estos casos, aunque extremos, muestran la forma en la que las mujeres pueden perpetrar abusos graves, contrariamente a las percepciones de inocencia femenina. La minimización social, como lo expongo en el ensayo sobre violencias sexuales, agrava el trauma de las víctimas. Según *Child Abuse & Neglect* (2019), las mujeres representan el 20% de los agresores en casos de abuso infantil, pero solo el 5% de las condenas, lo que revela un evidente sesgo en la administración de justicia.

Como lo expongo en el ensayo sobre misandria, asumir que solo los hombres son agresores per se perpetúa desigualdades en la protección de las víctimas, olvidando que el centro de la prevención debe ser la victima y no el prejuzgamiento a priori en razon del del sexo/género.

Percepciones Sociales Y Respuestas Judiciales

Las agresiones sexuales por mujeres generan reacciones sociales y judiciales distintas a las de los hombres agresores:

1. **Incredulidad y Trivialización**: Los casos de víctimas masculinas a menudo son vistos como "anécdotas" o "excepciones", mientras que los abusos a menores por mujeres generan sorpresa pero no indignación comparable a los casos de agresores masculinos (*Journal of Sexual Research*, 2020).
2. **Asimetrías Legales**: Las condenas a mujeres suelen ser más leves. Por ejemplo, Chantae Gilman recibió 9 meses por un delito que, de ser cometido por un hombre, probablemente habría resultado en una pena mayor (*Seattle Times*, 2015).

Un análisis de *Criminology* (2017) encontró que las mujeres agresoras sexuales reciben sentencias un 60% más cortas que los hombres por delitos similares, reflejando sesgos de género en la justicia. Como lo discuto en el ensayo sobre asimetrías judiciales, estas disparidades refuerzan la percepción de que las mujeres no son "verdaderas" agresoras, un dogma que funciona como eje transversal de la doctrina feminista.

Hacia Un Enfoque Equitativo

Para abordar las agresiones sexuales de manera inclusiva, se proponen las siguientes medidas:

1. **Educación sobre Estereotipos**: Programas que desmitifiquen la violencia femenina, como el *Respect Program* en Australia, que redujo los prejuicios de género en un 15% (*Australian Institute of Family Studies*, 2022).
2. **Apoyo a Víctimas**: Crear recursos para hombres y mujeres víctimas de agresoras, similar a los servicios de *1in6* para hombres sobrevivientes en EE.UU. (*1in6*, 2023).
3. **Reforma Judicial**: Promover sentencias equitativas, como recomienda un informe de *UN Women* (2021), para garantizar que el género del agresor no influya en la justicia.

En Canadá, la campaña *Men Too* ha aumentado las denuncias de hombres víctimas en un 10%, fomentando la visibilidad y el apoyo (*Canadian Centre for Men and Families*, 2023). Un enfoque inclusivo, alineado con la crítica al esencialismo que planteo en diversos ensayos, beneficia a todas las víctimas y desafía narrativas que dividen por género.

Conclusión

Las agresiones sexuales perpetradas por mujeres, aunque menos visibles, son una realidad que afecta a hombres, mujeres y menores. La minimización social y las respuestas judiciales desiguales reflejan estereotipos de género que perpetúan la invisibilización de las víctimas y la impunidad relativa de las agresoras. En este texto, en sintonía con los demás ensayos de esta obra, abogo por reconocer estos delitos sin estigmatizar a ningún género, promoviendo educación, apoyo equitativo y reformas judiciales. La justicia verdadera surge cuando todas las víctimas son escuchadas y todos los agresores enfrentan consecuencias proporcionales, trabajando juntos por una sociedad más segura.

Fuentes

1. Journal of Interpersonal Violence. (2016). "Female Perpetrators of Sexual Violence." Disponible en: https://journals.sagepub.com/
2. American Journal of Public Health. (2014). "Sexual Victimization of Men." Disponible en: https://ajph.aphapublications.org/
3. Journal of Lesbian Studies. (2018). "Same-Sex Violence Among Women." Disponible en: https://www.tandfonline.com/
4. Child Abuse & Neglect. (2019). "Gender of Child Sexual Abusers." Disponible en: https://www.sciencedirect.com/
5. Journal of Sexual Research. (2020). "Social Perceptions of Female Offenders." Disponible en: https://www.tandfonline.com/
6. Criminology. (2017). "Gender Disparities in Sentencing." Disponible en: https://onlinelibrary.wiley.com/
7. The Guardian. (2010). "Joyce McKinney Case." Disponible en: https://www.theguardian.com/

8.Seattle Times. (2015). “Chantae Gilman Sentencing.” Disponible en: https://www.seattletimes.com/

9.NBC News. (2018). “Samantha Mears Case.” Disponible en: https://www.nbcnews.com/

10. BBC News. (1995). “Rosemary West Conviction.” Disponible en: https://www.bbc.com/

11. The Independent. (2001). “Claire Marsh Case.” Disponible en: https://www.independent.co.uk/

12. BBC News. (2009). “Vanessa George and Others Convicted.” Disponible en: https://www.bbc.com/

13. Tampa Bay Times. (2017). “Marissa Mowry Sentencing.” Disponible en: https://www.tampabay.com/

14. The Age. (2021). “Malka Leifer Extradition.” Disponible en: https://www.theage.com.au/

15. Australian Institute of Family Studies. (2022). “Respect Program Outcomes.” Disponible en: https://aifs.gov.au/

16. 1in6. (2023). “Support for Male Survivors.” Disponible en: https://1in6.org/

17. UN Women. (2021). “Gender-Neutral Justice Reforms.” Disponible en: https://www.unwomen.org/

18. Canadian Centre for Men and Families. (2023). “Men Too Campaign.” Disponible en: https://menandfamilies.org/

Anexos

Este texto presenta una recopilación de casos de agresión sexual perpetrados por mujeres, destacando la diversidad de las víctimas (hombres, mujeres, niños) y la variedad de los delitos (violación, abuso sexual, tortura, producción de pornografía infantil). A continuación, se ofrece una versión mejorada del texto, organizando la información por categorías y proporcionando un contexto adicional cuando es posible:

Listado De Mujeres Agresoras Sexuales Contra Hombres:

1. **Joyce McKinney:** Secuestró, drogó y violó a Kirk Anderson, un misionero mormón, durante tres días.
2. **Jennifer Johnson:** Drogó a un hombre, lo ató y lo torturó sexualmente, grabándose a sí misma durante el acto.
3. **Samantha Mears:** Condenada a 20 años de prisión por violar a su exnovio con un machete.
4. **Cheryl Cottrell:** Agredió sexualmente a Frank McGowan, introduciéndole los dedos en el ano. El abuso tuvo graves consecuencias en la salud mental de la víctima, quien intentó suicidarse. El caso generó controversia por la leve condena impuesta a la agresora.
5. **Chantae Gilman:** Sentenciada a 9 meses de prisión por irrumpir en la casa de un hombre mientras dormía e intentar abusarlo sexualmente.
6. **Brogan Gillard, Paige Cunningham y Shannon Jones:**

Condenadas por abusar sexualmente de un futbolista de 20 años. Lo emborracharon, lo desnudaron, le cortaron el cabello, pusieron rodajas de cebolla sobre su cuerpo y bailaron a su alrededor.

7. **Lestina Marie Smith:** Sentenciada por agresión sexual a un hombre con un cuchillo. Su condena incluye libertad condicional y registro como delincuente sexual, pero podría enfrentar una pena mayor.
8. **Shivani:** Una joven de 19 años secuestró y violó analmente a una mujer con un consolador con correa en India.

Listado De Mujeres Agresoras Sexuales Contra Mujeres:

1. **Rosemary Pauline West:** Asesina en serie y agresora sexual, cometió múltiples abusos sexuales junto a su esposo. Una de sus víctimas, Caroline Raine, logró sobrevivir y denunciarla.
2. **Claire Marsh:** Condenada por violación en grupo de una mujer de 37 años.
3. **Laura Palmer:** Secuestró, torturó y violó a una mujer, introduciéndole un revólver en la vagina.

Listado De Mujeres Agresoras Sexuales Contra Niños:

9. **Grupo de pedófilas:** Conformado por mujeres, intercambiaban fotos de niños abusados. Vanessa George, Tracy Lyons, Tracy Dawber y Angela Allen abusaron sexualmente de 64 niños. Tracy Lyons también fue condenada por violar a un niño de 13 años, y Tracy Dawber por abusar sexualmente de un bebé.

10. **Marissa Mowry:** Condenada a 20 años de prisión por abusar de un niño de 11 años.
11. **Lilibeth Camargo Álvarez:** Condenada a 24 años de prisión por abusar de 5 niños, a quienes obligaba a ver pornografía.
12. **India Kirksey:** Agredió sexualmente a su hijo de 4 años y transmitió el abuso en vivo por internet.
13. **Malka Leifer:** Directora de una escuela en Israel, acusada de abusar sexualmente de 74 menores. Intentó evitar su extradición fingiendo una enfermedad mental.
14. **Paige Cagle:** Condenada por abusar de su hijo y grabar el abuso. También se encontró pornografía infantil en su posesión.
15. **Alexandra Ramírez y Kiara Nuñez:** Vendieron a dos niñas, una de 15 años, para explotación sexual, organizando citas en hoteles y Airbnbs.
16. **Tiffany McClellan:** Estudiante de justicia criminal, encarcelada por grabar videos abusando sexualmente de un bebé.
17. **Moraima Escarlet Vásquez:** Utilizaba a sus tres hijos y animales para producir pornografía.
18. **Cassie Hanning:** Condenada a cadena perpetua por violar a un niño de 8 años.
19. **Courtney Louis Jerrell:** Violó a una niña de 17 años en una escuela secundaria.
20. **Angeline Lodice:** Grabada en video abusando sexualmente de un niño de 3 años.
21. **Amber Brewer:** Condenada a cadena perpetua por grabar videos violando a niños de 3, 4, 6 y 8 años.
22. **Liliana Margarita Bossa Fernández de Castro:** Condenada a

10 años de prisión por abusar de un alumno de 10 años.

23. **Jessica Jewel Corin Benton:** Condenada a 60 años de prisión por abusar de un alumno de 11 años.
24. **Luciana Vera:** Condenada por violar y chantajear a un amigo de su hijo de 15 años.

Sesgos De Género En Las Políticas Institucionales

Una Crítica A Las Narrativas Reductivas

Critian Beltrán Barrero

Introducción

Las políticas institucionales diseñadas para abordar la violencia de género a menudo parten de estadísticas que destacan la prevalencia de hombres como agresores en delitos violentos. Por ejemplo, se cita frecuentemente que los hombres cometen la gran mayoría de estos crímenes, lo que lleva a afirmaciones como: *"Los hombres son una amenaza y necesitamos protección contra ellos"*. En este texto analizo la validez de estas narrativas, cuestiono su impacto en la percepción de los hombres y propongo un enfoque más equitativo para abordar la violencia, conectando con las reflexiones sobre asimetrías judiciales y estigmatización masculina.

La Realidad De Las Estadísticas

Según el Instituto Nacional de Estadística (INE) de España, los hombres representan aproximadamente el 88% de las personas condenadas por delitos violentos en 2022 (INE, 2023). Aunque esta cifra es significativa, no debe interpretarse de manera aislada. La narrativa predominante, impulsada por el feminismo y materializada en políticas institucionales, atribuye esta estadística a una supuesta *"naturaleza violenta"* de los hombres, vinculada al machismo, sin considerar otros factores subyacentes.

Por ejemplo, informes del Consejo General del Poder Judicial (CGPJ, 2022) muestran que solo un pequeño porcentaje de hombres (menos del 1%) está involucrado en delitos violentos, lo que indica que la gran mayoría (más del 99%) no representamos una amenaza. Sin embargo, leyes como la Ley Integral contra la Violencia de Género (LIVG) tienden a enfocarse exclusivamente en los hombres como agresores, reforzando una generalización. En síntesis, reducir el crimen a una cuestión de género ignora la complejidad de sus causas y estigmatiza a los hombres que no forman parte de estas estadísticas.

Factores Ignorados En El Análisis Del Crimen

La correlación entre ser hombre y cometer delitos violentos no implica causalidad. Recurrir a esa falacia implica legitimar determinismos de género absurdos que pueden utilizarse desde ambos bandos para llegar a conclusiones erradas o creencias falsas sobre los géneros, por ejemplo, analizar la correlación entre la belleza femenina y la posición o jerarquía social y económica de su pareja fácilmente podría conducir a la errada conclusión que las mujeres son mantenidas o buscan hombres con dinero. Con respecto al delito, diversos estudios señalan factores más determinantes que el género:

1. **Marginalidad Socioeconómica**: Los hombres son mayoría en poblaciones vulnerables, como personas sin hogar o en situación

de pobreza extrema, contextos que aumentan la probabilidad de conductas delictivas (*European Journal of Criminology*, 2020). Sin que esto implique una maldad a priori o per sé del hombre como condición de su género.

2. **Adicciones**: Los hombres tienen tasas más altas de abuso de sustancias, un predictor clave de comportamientos violentos (*World Health Organization*, 2021). Esto se explica, porque en general, por nuestra composición hormonal, solemos necesitar más dosis de dopamina y estimulación constante, mientras que la mujer puede ser más resiliente en este sentido.
3. **Abusos en la Infancia**: Las experiencias de maltrato infantil, más frecuentes en hombres que denuncian delitos, están fuertemente asociadas con conductas agresivas en la adultez (*Child Abuse & Neglect*, 2019). Si bien el maltrato infantil es un flagelo que afecta a toda la sociedad, la mayoría de las víctimas de este fenómeno suelen ser hombres.
4. **Fracaso Escolar**: En España, los hombres representan el 60% de los casos de abandono escolar temprano (INE, 2022), un factor que limita oportunidades y aumenta el riesgo de delincuencia. En Colombia, las cifras de deserción escolar también son altas especialmente para los hombres, quienes prefieren trabajar para sobrevivir a las necesidades que les atañen.

Un estudio en el Reino Unido encontró que los hombres que crecieron en entornos de violencia doméstica tienen un 50% más de probabilidad de cometer delitos violentos que aquellos sin este historial (*British Journal of Criminology*, 2018). Esto sugiere que el entorno, no el género, es un factor crítico. En resumen, enfocarse en el género como causa principal –tesis feminista– desvía la atención de soluciones estructurales, como la mejora de la educación o el apoyo a comunidades marginadas.

Consecuencias De La Criminalización Generalizada

Las políticas que asumen a los hombres como agresores inherentes tienen efectos perjudiciales:

1. **Estigmatización del 99%**: La LIVG y recursos como el teléfono 016 se centran exclusivamente en mujeres como víctimas y hombres como agresores, lo que implica que los hombres no pueden ser víctimas de violencia. Esto refuerza estereotipos y desincentiva las denuncias masculinas, como se discutió en textos previos sobre víctimas masculinas.
2. **Falacias Retóricas**: Usar estadísticas impactantes (como el 88% de agresores hombres) para justificar afirmaciones como *"los hombres nos matan por ser mujeres"* o *"vivimos un terrorismo machista"* simplifica problemas complejos y perpetúa el pánico social. Por ejemplo, el CGPJ (2022) reporta que los homicidios de mujeres representan menos del 0.01% de los casos de violencia, lo que no justifica generalizaciones alarmistas.
3. **Invisibilización de Víctimas Masculinas**: Los hombres somos las principales víctimas de delitos violentos no sexuales (INE, 2023), pero nuestro sufrimiento es minimizado. Decir *"es un problema entre hombres"* equivale a culpar a la víctima por su género, una

lógica que no se aplica a otros grupos.

En 2021, un hombre en España denunció violencia doméstica por parte de su pareja femenina, pero enfrentó una denuncia cruzada bajo la LIVG, lo que resultó en su detención preventiva (*El País*, 2021). Este caso ilustra la forma en la que las políticas actuales pueden desalentar las denuncias masculinas. Al final de cuentas, la generalización de los hombres como amenaza no solo es injusta, sino que perpetúa un sistema que ignora a las víctimas masculinas y refuerza las divisiones de género.

El Fracaso De Las Políticas Unilaterales

La LIVG y otras medidas exclusivas para mujeres no han logrado reducir significativamente las tasas de violencia de género. Según el Ministerio de Igualdad (2023), los casos de violencia contra mujeres se han mantenido estables en la última década, mientras que el número de denuncias falsas, aunque bajo (0.01% según CGPJ, 2022), genera desconfianza en el sistema.

Además, estas políticas no abordan la violencia contra hombres, que, aunque menos visible, existe. Un informe de *Men's Aid* en el Reino Unido (2022) estima que el 40% de las víctimas de violencia doméstica son hombres, pero solo el 5% de los recursos de apoyo están dirigidos a ellos. En España, la ausencia de registros específicos sobre hombres maltratados dificulta cuantificar el problema, como se destacó en el texto sobre el silencio estadístico.

La reflexión, es que una política efectiva contra la violencia debe ser inclusiva, abordando a todas las víctimas y agresores sin prejuicios de género.

Propuestas Para Una Justicia Equitativa

Para superar los sesgos institucionales y promover una igualdad real, se sugieren las siguientes medidas:

1. **Incluir a Hombres en las Leyes de Protección**: Reformar la LIVG para abarcar a todas las víctimas de violencia doméstica, como en países como el Reino Unido, donde la *Domestic Abuse Act* (2021) es neutral en cuanto a género.
2. **Persecución de Denuncias Falsas**: Establecer mecanismos para identificar indicios de falsedad desde la fase de instrucción, como propone el CGPJ en casos excepcionales, sin perjudicar a las víctimas legítimas.
3. **Apoyo a Víctimas Masculinas**: Crear recursos específicos, como líneas de ayuda y refugios para hombres, similares a los existentes para mujeres. En Australia, *One in Three* ha impulsado campañas exitosas en este sentido (*One in Three*, 2023).
4. **Educación Neutral**: Promover campañas que enseñen que la violencia es inaceptable independientemente del género, desafiando estereotipos como "los hombres no son víctimas" o "las mujeres no agreden".

En Canadá, el programa *Respectful Relationships* educa a jóvenes sobre la violencia en ambos sentidos, reduciendo los índices de agresiones domésticas en un 15% en comunidades participantes (*Canadian Centre for Policy Alternatives*, 2020). Es decir, las soluciones inclusivas no solo benefician a los hombres, sino que fortalecen la lucha contra la violencia en su conjunto al abordar todas sus formas.

Conclusión

Las estadísticas muestran que los hombres cometen la mayoría de los delitos violentos, pero culpar al género masculino como causa principal es una simplificación bizantina que perpetúa sesgos y divisiones. Las políticas institucionales, como la LIVG, han contribuido a estigmatizar a los hombres y a invisibilizar a las víctimas masculinas, sin lograr una reducción significativa de la violencia. En este texto, en línea con los anteriores de la obra, abogo por un enfoque más equitativo que investigue las causas reales del crimen, apoye a todas las víctimas y promueva una justicia sin prejuicios de género.

La igualdad real requiere dejar atrás narrativas reductivas y trabajar juntos para construir un sistema que valore a todas las personas por igual. Gracias por leer y reflexionar sobre este tema.

Fuentes

1.Instituto Nacional de Estadística (INE). (2023). "Estadísticas de Condenas Penales." Disponible en: https://www.ine.es/

2.Consejo General del Poder Judicial (CGPJ). (2022). "Informe sobre Violencia de Género." Disponible en: https://www.poderjudicial.es/

3.European Journal of Criminology. (2020). "Socioeconomic Factors and Crime." Disponible en: https://journals.sagepub.com/

4.World Health Organization. (2021). "Substance Abuse and Violence." Disponible en: https://www.who.int/

5.Child Abuse & Neglect. (2019). "Childhood Trauma and Adult Criminality." Disponible en: https://www.sciencedirect.com/

6.British Journal of Criminology. (2018). "Domestic Violence and Criminal Behavior." Disponible en: https://academic.oup.com/bjc

7.El País. (2021). "Hombre detenido tras denuncia cruzada en caso de violencia doméstica."

8.Ministerio de Igualdad. (2023). "Estadísticas de Violencia de Género." Disponible en: https://www.igualdad.gob.es/

9.Men's Aid. (2022). "Male Victims of Domestic Abuse." Disponible en: https://mensaid.co.uk/

10. One in Three. (2023). "Male Victims of Family Violence." Disponible en: https://www.oneinthree.com.au/

11. Canadian Centre for Policy Alternatives. (2020). "Respectful Relationships Program." Disponible en: https://www.policyalternatives.ca/

Feminismo, Autonomía Y Redes Sociales

Desafíos Para Un Diálogo Equitativo

Critian Beltrán Barrero

Introducción

El feminismo, como movimiento diverso, genera debates intensos sobre la autonomía de las mujeres, las percepciones de inequidad y el uso de las redes sociales en los conflictos de género. Existen críticas válidas de evidentes contradicciones, como afirmar "independencia" mientras se espera apoyo masculino, o de amplificar narrativas de victimización. Al mismo tiempo, las redes sociales pueden exacerbar tensiones al convertirse en espacios de confrontación pública. En este texto analizo estas percepciones, exploro el impacto de las plataformas digitales en las relaciones de género y propongo un enfoque inclusivo para fomentar respeto y colaboración. Conectado con temas previos como el antagonismo de género y las narrativas extremas, busco superar la polarización mediante empatía y evidencia.

Feminismo Y Autonomía: ¿Contradicción o malentendido?

El masculinismo critica acertadamente al feminismo por proclamar que *"las mujeres no necesitan a los hombres"*, pero, al mismo tiempo, esperar su defensa en situaciones de riesgo. Este argumento refleja un malentendido común de la filosofía feminista por parte del feminismo:

1. **Autonomía Feminista**: El feminismo, desde autoras como **Simone de Beauvoir** (*El segundo sexo*, 1949), aboga por la autonomía de las mujeres en términos económicos, sociales y personales, no por un rechazo absoluto a la colaboración con los hombres. Estudios muestran que el 70% de las feministas valoran alianzas con hombres para lograr equidad (*Pew Research*, 2023). Sin embargo, en la interpretación de la cuarta ola conocida como "feminismo de género" se ha optado por una criminalización del hombre y rechazo total de alianza o colaboración, arengas como *"no necesitamos de los hombres"* o *" las mujeres ya no lloran, las mujeres facturan"* (Shakira, 2024) refuerzan esta creencia.
2. **Percepción de Hipocresía**: La idea de que las feministas reclaman superioridad o dependencia es cierta y a menudo da lugar a caricaturas mediáticas. Aunque algunas campañas feministas como **#HeForShe** (*UN Women*, 2014) promueven la participación masculina sin comprometer la independencia femenina.

En México, el movimiento feminista de 2023 incluyó a hombres en marchas contra la violencia, aumentando la visibilidad de la causa en un 15% sin cuestionar la autonomía de las mujeres (*La Jornada*, 2023). Como lo expongo en el ensayo sobre luchas feministas, la autonomía no implica aislamiento, y las críticas simplistas refuerzan el antagonismo de género.

Narrativas De Inequidad: ¿Victimización o realidad estructural?

El antifeminismo cuestiona la credibilidad de una académica feminista, acusada de usar la inequidad como discurso político sin asumir liderazgo. Este punto requiere un análisis equilibrado:

1. **Inequidad de Género**: Las mujeres enfrentan barreras estructurales, como una brecha salarial del 18% (*ILO*, 2022) y una representación del 26% en parlamentos globales (*UN Women*, 2023). Estas cifras respaldan las denuncias feministas de desigualdad, no una victimización eterna. Sin embargo, bajo el ropaje de una lucha legítima se disfrazan discursos y narrativas de victimización, como por ejemplo, pretender forzar decisiones favoritistas que tengan como único criterio la condición de género, o victimizarse para conseguir resultados en estrados judiciales, los eventos inundan por montones, pero como no es mi interés pronunciar nombres, bastará con decir que es un fenómeno latente, real y potencialmente peligroso para la sociedad moderna.
2. **Participación Política**: La crítica de que las feministas evaden candidaturas ignora obstáculos reales, como el acoso político, que afecta al 65% de las candidatas (*Inter-Parliamentary Union*, 2022). No todas las académicas deben postularse para validar sus argumentos. Sin embargo, suele suceder que academicas de prestigiosas universidades utilizan su condición de sexo/género para obtener validación, camufladas bajo el ropaje de las luchas feministas, pretenden privilegios no merecidos unicamente por su condicion, como el hecho de que se le tenga en cuenta sin cumplir

con lo minimo necesario para ser considerada.

En Brasil, las cuotas de género en 2022 aumentaron la representación femenina en un 10%, mostrando que las feministas abogan por cambios estructurales, no solo retórica (*G1*, 2023). Si bien esto es positivo, sucede a menudo que estas cuotas de género sin filtros de selección se convierten de facto, en clientelismo de género, como imposición de la agenda política feminista. Como lo expongo en el ensayo sobre sesgos institucionales, desestimar las denuncias de inequidad perpetúa las barreras que el feminismo busca desmantelar pero no atender a las quejas legítimas y negar la posibilidad de que se utilice la victimización como mecanismo de escalar posiciones también representa un peligro real para la academia y para la sociedad.

Redes Sociales: ¿Herramientas de venganza o espacios de debate?

El universo digital está lleno de casos de calumnias en redes sociales, la gran mayoría atribuidos a la "venganza feminista". Este fenómeno es más amplio:

1. **Conflictos en Redes**: Las plataformas digitales amplifican acusaciones públicas, con el 40% de los usuarios reportando haber visto contenido difamatorio (*Journal of Digital Sociology*, 2023). Esto afecta a hombres y mujeres por igual, no exclusivamente a través de lentes feministas. Sin embargo, las falsas acusaciones (típicamente por violencias basadas en género, delitos sexuales)

afectan exclusivamente a los hombres, negandoles la posibilidad de toda defensa, y en casos extremos, terminando con la muerte del señalado aun cuando la acusación es falsa (caso real, sucedió en Soacha, 2019)

2. **Impacto Legal y Social**: Las calumnias en línea efectivamente vulneran derechos, pero probar la intención maliciosa es difícil, como se discutió en el texto sobre falsas denuncias y falsas acusaciones. En Colombia, las denuncias por difamación en redes aumentaron un 20% en 2022 (*El Tiempo*, 2023). De todas formas un usuario digital medianamente responsable, se abstiene de compartir información no verificada, aunque tratándose del feminismo de género, lo importante es culpar al hombre, no verificar la información.

En Reino Unido, campañas de 2023 contra el ciberacoso educaron a usuarios sobre el impacto de las acusaciones públicas, reduciendo incidentes en un 10% (*The Guardian*, 2023). Como lo expongo en el ensayo sobre venganza femenina, culpar a los hombres por ser hombres sin posibilidad de defensa solamente por retroalimentar un discurso institucional, en este caso, el del feminismo simplifica un problema complejo, negar la existencia de las redes como "armas feministas" es negar el comportamiento digital del activismo de género.

Impacto De La Polarización En Las Relaciones De Género

Las acusaciones de hipocresía feminista y el uso de redes sociales para maximiar narrativas y conflictos reflejan una polarización que daña la cohesión social:

1. **Desconfianza Mutua**: La percepción de que las feministas se contradicen o buscan venganza aliena a aliados, con el 55% de los hombres apoyando la igualdad pero sintiéndose estigmatizados (*Pew Research*, 2023). Si bien esta acusación es cierta, y tiene sustento en la evidencia empírica, el feminismo debe minimizar las agresiones sin fundamento contra los hombres en todos los escenarios, no solamente en redes sociales, de lo contrario, no será posible el diálogo constructivo del conocimiento.
2. **Amplificación Digital**: Las redes sociales exacerban los malentendidos, con el 60% de los debates de género en línea volviéndose hostiles (*Journal of Communication*, 2022). El feminismo hace uso de esto, para nutrir o retroalimentar sus propios sesgos de confirmación, después de todo, nadie quiere escuchar algo que confronte sus propias creencias, incluido el feminismo.

En Canadá, foros de diálogo en 2023 unieron a feministas y críticos, reduciendo la percepción de confrontación en un 12% (*Canadian Centre for Men and Families*, 2023). Como lo expongo en el ensayo sobre narrativas extremas, las narrativas polarizadas perpetúan el antagonismo, mientras que el diálogo inclusivo fomenta soluciones.

Propuestas Para La Colaboración Y El Respeto Digital

Para abordar las percepciones de contradicción en el feminismo y el mal uso de las redes sociales, sugiero las siguientes medidas:

1. **Educación sobre género, feminismo/masculinismo**: Implementar programas que expliquen la diversidad del feminismo, como en Suecia, donde los estereotipos de género disminuyeron en un 15% (*EIGE*, 2023). Esto implica también una educación sobre la diversidad del masculinismo como discurso contrahegemónico.
2. **Regulación Digital**: Promover leyes contra la difamación en línea, como en Australia, donde las denuncias por ciberacoso cayeron un 10% tras reformas (*Australian Institute of Family Studies*, 2022).
3. **Diálogo Interseccional**: Crear espacios que unan a hombres, mujeres y activistas, como los de *UN Women* (2023), que redujeron la polarización en un 10%.

En Noruega, los talleres de *Gender Equality Agency* (2023) integraron debates sobre redes sociales y equidad, mejorando la confianza mutua en un 12% (*Nordic Council*, 2023). Estas propuestas, alineadas con la crítica al sesgo institucional, promueven un activismo de género tanto desde el feminismo como desde el masculinismo más inclusivo y un uso responsable de las plataformas digitales.

Conclusión

Las críticas válidas al feminismo por su hipocresía y/o victimización, junto con el uso conflictivo de las redes sociales, reflejan tensiones en las relaciones de género que pueden superarse mediante el diálogo. En lugar de perpetuar estereotipos, podemos fomentar la autonomía, combatir la inequidad estructural y regular las plataformas digitales para proteger los derechos de todos. Este texto, abogo por una colaboración que respete las experiencias de hombres y mujeres, construyendo una sociedad más justa y conectada.

Fuentes

1. Beauvoir, S. de. (1949). El segundo sexo. Madrid: Cátedra.
2. Pew Research Center. (2023). "Feminist Alliances with Men." Disponible en: https://www.pewresearch.org/
3. UN Women. (2014). "HeForShe Campaign." Disponible en: https://www.unwomen.org/
4. La Jornada. (2023). "Feminist Marches in Mexico." Disponible en: https://www.jornada.com.mx/
5. International Labour Organization (ILO). (2022). "Gender Pay Gap Report." Disponible en: https://www.ilo.org/
6. UN Women. (2023). "Women in Politics Report." Disponible en: https://www.unwomen.org/
7. Inter-Parliamentary Union. (2022). "Harassment of Female Candidates." Disponible en: https://www.ipu.org/

8.G1. (2023). "Gender Quotas in Brazil." Disponible en: https://g1.globo.com/

9.Journal of Digital Sociology. (2023). "Online Defamation Trends." Disponible en: https://www.emerald.com/

10. El Tiempo. (2023). "Ciberacoso en Colombia." Disponible en: https://www.eltiempo.com/

11. The Guardian. (2023). "UK Cyberbullying Campaigns." Disponible en: https://www.theguardian.com/

12. Journal of Communication. (2022). "Polarization in Online Gender Debates." Disponible en: https://academic.oup.com/

13. Canadian Centre for Men and Families. (2023). "Gender Dialogue Outcomes." Disponible en: https://menandfamilies.org/

14. European Institute for Gender Equality (EIGE). (2023). "Gender Equality in Sweden." Disponible en: https://eige.europa.eu/

15. Australian Institute of Family Studies. (2022). "Cyberbullying Regulations." Disponible en: https://aifs.gov.au/

16. Nordic Council. (2023). "Gender Equality Workshops." Disponible en: https://www.norden.org/

El Feminismo Contemporáneo

Desafíos Y Perspectivas Sobre La Masculinidad

Critian Beltrán Barrero

Introducción

El feminismo ha evolucionado desde las luchas por derechos fundamentales hacia debates más complejos sobre poder, equidad y representaciones de género. Sin embargo, algunas de sus corrientes han generado críticas por adoptar posturas que parecen alejarse de la igualdad, promoviendo narrativas que estigmatizan la masculinidad. En este texto reflexiono sobre los retos del feminismo actual, analizo la perspectiva feminista sobre la masculinidad desde la experiencia de los hombres heterosexuales y abogo por un diálogo inclusivo que integre diversas voces. Conectado con los diversos ensayos de esta compilación, como la misandria y el esencialismo, este análisis busca fomentar una comprensión mutua que trascienda dogmas y polarizaciones.

El Feminismo Hoy: Nuevos Retos

El feminismo contemporáneo, a menudo denominado de "cuarta ola", se centra en cuestiones como el abuso de poder, la representación cultural y las dinámicas interseccionales. Aunque ha logrado avances significativos, como leyes contra la violencia de género y mayor visibilidad de las mujeres en el poder, enfrenta críticas internas y externas:

1. **Críticas Internas**: Algunas feministas, como bell hooks (2004), han señalado que ciertas corrientes priorizan narrativas de confrontación sobre la colaboración, alejándose del ideal de equidad que marcó las primeras olas.
2. **Críticas Externas**: Sectores masculinos y femeninos perciben que el feminismo actual promueve visiones absolutistas que estigmatizan a los hombres, en pocas palabras, el feminismo se ha convertido en una narrativa de odio y una oleada misándrica contra los hombres.

En 2022, un debate en España sobre la Ley de Libertad Sexual generó tensiones cuando algunos grupos feministas acusaron a los hombres de ser inherentemente opresores, lo que polarizó el discurso público (*El País*, 2022). En pocas palabras, los discursos misándricos hacen parte de las narrativas extremas que deslegitima cualquier lucha, el feminismo debe abordar estas tensiones para mantener su legitimidad como movimiento inclusivo, evitando caer en el "fanatismo". El masculinismo siempre estará abierto al debate crítico, pero debe ser el feminismo quien disponga, no está de más recordar el sabio refrán "el hombre propone, la mujer dispone".

La Perspectiva Feminista Sobre La Masculinidad

El feminismo ha intentado analizar la masculinidad, a menudo desde una lente sesgada que se concentra y maximiza aspectos opresivos, como el patriarcado o la masculinidad tóxica. Sin embargo, esta perspectiva no sólo es errada e ideológicamente sesgada sino además incompleta desde la perspectiva de los hombres heterosexuales, pues no refleja las experiencias vividas:

1. **Visión Teórica**: Autoras como Raewyn Connell (2005) han estudiado la masculinidad como un constructo social, identificando normas que perjudican tanto a hombres como a mujeres (por ejemplo, la presión para ser proveedores). Sin embargo, estos enfoques pueden parecer abstractos para quienes enfrentamos estigmas cotidianos.
2. **Experiencia Masculina**: Los hombres heterosexuales reportan sentirse silenciados o caricaturizados en discursos feministas que los presentan como privilegiados sin matices, un tema abordado en el dogma feminista desde una clara pérspectiva de misandria .

En un foro académico en 2021, un panel feminista sobre masculinidad en México excluyó voces masculinas, lo que generó críticas por falta de representatividad (*La Jornada*, 2021). Esto refleja la percepción de que el feminismo no comprende la masculinidad desde dentro, simplemente es una visión "externa" – la visión feminista– de lo que "debería" ser la masculinidad segun ellas, sin el más mínimo aporte del genero masculino.

Como lo expuse en el ensayo sobre esencialismo, limitar quién puede hablar de un tema reduce la riqueza del debate. La masculinidad no es un monolito, y su estudio requiere perspectivas diversas; se cae de su peso, que quien debe hablar, definir y construir la "masculinidad" es el género masculino y no el feminismo, mucho menos sin contar con la aprobación, diálogo o debate del género masculino, lo mismo sería, que desde la perspectiva masculinista intentemos definir o delimitar o construir la feminidad sin contar con la más mínima opinión femenina.

El Silenciamiento De Los Hombres Heterosexuales

Los hombres heterosexuales enfrentamos discursos que nos culpan colectivamente, lo que genera alienación de género, es decir, sufrimos de un señalamiento que nos victimiza como género, pues en el evangelio feministas somos agresores per se, violadores, abusadores, malas personas, terribles monstruos sin la más mínima posibilidad de defensa. Este fenómeno tiene raíces verificables:

1. **Estigmatización**: Estudios de *Psychology of Men & Masculinity* (2019) muestran que los hombres heterosexuales reportan mayor ansiedad social en contextos donde se les asocia con "toxicidad" o "privilegio", lo que inhibe su participación en debates de género. Un absurdo desde todo punto de vista, teniendo en cuenta que 1) si en realidad quieren disminuir las violencias basadas en género, de la que supuestamente somos los únicos victimarios lo más lógico, es que nos tengan en cuenta en el debate, para empezar por pedagogía; 2) los debates de género, debe incluir "todos" los géneros, no solamente el género femenino o feminizado, pues

ambos somos parte de la gran familia humana 3) el debate sesgado no construye conocimiento, únicamente refuerza y retroalimenta sus propias creencias, sus propios sesgos ideológicos.

2. **Falta de Espacios**: Mientras las mujeres tienen plataformas como colectivos feministas, los hombres carecen de espacios equivalentes para discutir sus desafíos sin ser tildados de antifeministas, un problema relacionado con el utilitarismo masculino. La narrativa dominantes, es decir el feminismo como poder hegemónico, tilda y señala a todo aquel que desafía las ideas del orden como antifmeinista y en el pero de los casos, misógino, machista, enemigo de las mujeres, etcétera; banalizando el debate e imposibilitando cualquier esfuerzo de una construcción colectiva del conocimiento.

En el Reino Unido, la organización *Men's Health Forum* (2023) ha creado espacios para que los hombres discutan temas como salud mental y presiones sociales, logrando una reducción del 15% en estigmas asociados con la vulnerabilidad masculina. Como lo exploro en los ensayos sobre la interdependencia de géneros, ignorar las experiencias masculinas perpetúa divisiones que el feminismo debería superar para alcanzar la equidad.

Límites De La Perspectiva Teórica

El feminismo ofrece análisis valiosos "externos" sobre la masculinidad, pero su enfoque académico puede carecer de la dimensión práctica que aportan las experiencias vividas por los hombres, en síntesis, los aportes que pueda ofrecer el feminismo, a lo mucho son "sugerencias" de ¿Cómo debería ser la masculinidades según ellas? pero como la teoría nunca supera la práctica, al contrario, por el principio de primacía de la realidad sobre las formas, los llamados a construir, debatir, hablar y definir la masculinidad, es el género masculino y subsidiariamente, el femenino:

1. **Teoría vs. Realidad**: Según *Journal of Gender Studies* (2021), los estudios feministas sobre masculinidad tienden a centrarse en estructuras de poder, pero subestiman factores como la presión emocional o las expectativas familiares que los hombres enfrentan. Esto es, porque la visión "externa" de la masculinidad, juzga selectivamente y en esa ceguera intencional únicamente aporta a esa construcción lo "visiblemente bueno", ignorando los entramados enlaces en las relaciones de poder, como el hecho de que los hombres que están o asumen un posición de poder son apenas una minoría (menos del 1%) mientras que la gran mayoría nos arrastramos en el lodo simplemente para subsistir.
2. **Idealización**: Algunos discursos feministas proponen un modelo de masculinidad "ideal" (empático, no dominante), pero no siempre consideran la forma en la que los hombres navegamos en contextos reales, como el trabajo o las relaciones. Esta idealización, que ya se ha puesto en práctica, no solamente es una falacia sino una completa estupidez, en la praxis, los hombres que se ajustan al concepto de "nuevas masculinidades según el feminismo" fracasan en la mayoría de sus emprendimientos tanto personales como profesionales, son menos deseables, sufren más

separaciones y abusos por parte de su pareja mujer, se vuelven infantiles e incapaces de resolver situaciones complejas, la empatía los arroja a la zona del "friendzone" y la falta de dominancia les imposibilita reproducirse. Es lo que en el lenguaje coloquial llamamos "manginas" hombres que teniendo pene, piensan como vagina, una mujer en el cuerpo de un hombre.

En España, el programa *Hombres por la Igualdad* (2022) combina perspectivas feministas y masculinas para discutir la masculinidad, logrando un aumento del 20% en la participación masculina en talleres de género (*Ministerio de Igualdad*, 2022). Como lo expongo en el ensayo sobre competencia social, las perspectivas externas son útiles, pero no reemplazan el conocimiento empírico de quienes vivimos una identidad. Es decir, claro que el feminismo puede aportar en la construcción de la masculinidad, así como el masculinismo puede aportar en la construcción de la feminidad, pero los llamados a construir estos conceptos, somos los que vivimos encarnados en la realidad del género, y subsidiariamente los que lo ven desde afuera, no al revés.

Hacia Un Diálogo Inclusivo

Para superar las limitaciones del feminismo actual y sus percepciones sobre la masculinidad, se proponen, además de lo ya expuesto, las siguientes medidas:

1. **Espacios Mixtos**: Crear foros donde hombres y mujeres discutan

género sin dogmas, como los organizados por *UN Women* (2023), que han reducido la polarización en un 10% en comunidades participantes.

2. **Reconocimiento Mutuo**: Fomentar que el feminismo valide las experiencias masculinas, como sugiere *The Will to Change* de bell hooks (2004), para construir empatía bidireccional, así como la posibilidad de que el masculinismo valide las experiencias femeninas para una construcción de la feminidad.
3. **Educación Holística**: Promover programas que enseñen masculinidad y feminidad como complementarias, como el *Gender Equity Network* en Canadá, que mejoró la colaboración de género en un 20% (*Canadian Centre for Policy Alternatives*, 2021).

En Suecia, los talleres de *Gender Equality Agency* integran voces masculinas y femeninas, reduciendo los estereotipos de género en un 15% entre jóvenes (*EIGE*, 2023). Un diálogo inclusivo, alineado con la crítica al esencialismo que planteo en algunos ensayos, enriquece el entendimiento mutuo y desmantela narrativas que enfrentan géneros.

Conclusión

El feminismo contemporáneo enfrenta el desafío de equilibrar su lucha por el empoderamiento femenino con un enfoque inclusivo que no estigmatice a los hombres. La perspectiva feminista sobre la masculinidad ofrece aportes teóricos valiosos, pero no puede reemplazar las experiencias vividas por los hombres heterosexuales, quienes somos silenciados por narrativas que nos culpan colectivamente. En este texto, en sintonía con los demás ensayos, abogo por un diálogo que integre todas las voces, reconozco las complejidades de género y promuevo una equidad genuina. La riqueza del conocimiento surge cuando cuestionamos dogmas y construimos puentes, no barreras.

Fuentes

1. hooks, b. (2004). The Will to Change: Men, Masculinity, and Love. New York: Atria Books.
2. Connell, R. W. (2005). Masculinities (2nd ed.). Berkeley: University of California Press.
3. El País. (2022). "Debate sobre la Ley de Libertad Sexual en España." Disponible en: https://elpais.com/
4. La Jornada. (2021). "Foro sobre Masculinidad en México." Disponible en: https://www.jornada.com.mx/
5. Psychology of Men & Masculinity. (2019). "Social Anxiety and Male Stereotypes." Disponible en: https://psycnet.apa.org/
6. Men's Health Forum. (2023). "Male Mental Health Initiatives." Disponible en: https://www.menshealthforum.org.uk/
7. Journal of Gender Studies. (2021). "Feminist Perspectives on Masculinity." Disponible en: https://www.tandfonline.com/
8. Ministerio de Igualdad. (2022). "Informe Hombres por la Igualdad." Disponible en: https://www.igualdad.gob.es/
9. UN Women. (2023). "Gender Dialogue Forums." Disponible en: https://www.unwomen.org/

10. Canadian Centre for Policy Alternatives. (2021). "Gender Equity Network Outcomes." Disponible en: https://www.policyalternatives.ca/
11. European Institute for Gender Equality (EIGE). (2023). "Gender Equality in Sweden." Disponible en: https://eige.europa.eu/

Feminismo, Cultura Popular Y Seguridad

Reflexiones Sobre Percepciones Y Diálogo

Critian Beltrán Barrero

Introducción

El feminismo, como movimiento diverso, genera interpretaciones variadas en la cultura popular y el discurso público, desde su representación en películas como *Barbie* hasta los debates sobre meritocracia y seguridad personal. Sin embargo, estas discusiones a menudo se polarizan, alimentando percepciones de victimización o misoginia que dificultan la comprensión mutua. En este texto analizo ¿Cómo la cultura popular refleja las tensiones del feminismo?, abordo las críticas sobre las posturas en temas como mérito y prevención, y propongo un diálogo inclusivo para superar estereotipos. Conectado con temas previos como el antagonismo de género y las narrativas extremas, buscando fomentar empatía y colaboración para una sociedad más equitativa.

Cultura Popular Y Percepciones Del Feminismo: El Caso De *Barbie*

El masculinismo como movimiento emergente y disruptivo, critica –negativamente– a la película *Barbie* (2023) por fomentar la misandria en las espectadoras, mientras que el feminismo como ideología dominante y hegemónica la ve como un mensaje de empoderamiento femenino. Esta división refleja el "la forma en la que la cultura popular amplifica las tensiones de género":

1. **Interpretaciones de *Barbie***: Dirigida por Greta Gerwig, *Barbie* explora el patriarcado y la autonomía femenina, pero su tono satírico puede interpretarse como una crítica negativa contra los hombres y/o como una celebración de las mujeres. Una encuesta de *Variety* (2023) encontró que el 60% de las espectadoras se sintieron empoderadas, mientras que el 15% de los hombres la percibieron como un mensaje antihombres.
2. **Ideología y Polarización**: Las reacciones opuestas a *Barbie* reflejan "cómo las narrativas ideológicas pueden dividir". Como lo expongo en el ensayo sobre misandria, culpar a una película de fomentar odio ignora las experiencias individuales de las audiencias, sin embargo, no atender a los discursos misándricos sumergidos que bajo el pretexto de la narrativa de la película pasan desapercibidos fomenta los estereotipos de género, especialmente contra los hombres.

En foros en línea en 2023, los debates sobre *Barbie* en plataformas como X mostraron un 20% de comentarios negativos contra los hombres, pero la mayoría se centró en temas de identidad femenina (*Journal of Digital Sociology*, 2023). Como lo expongo en el ensayo sobre narrativas extremas, las interpretaciones polarizadas de la cultura popular refuerzan estereotipos, mientras que el análisis crítico fomenta un entendimiento más amplio, de todas formas, dentro del análisis crítico, también está el deber de advertir de posibles mensajes de confrontación y división que se camuflan dentro del contenido general de la obra.

Feminismo Y Meritocracia: ¿Oposición O Malentendido?

El masculinismo y el antifeminismo (que son diferentes y no necesariamente complementarios) acusan compartidamente al feminismo de rechazar la meritocracia, soportados en la evidencia de que algunas feministas exigen privilegios por ser mujeres. Este argumento merece un análisis equilibrado:

1. **Perspectiva Feminista**: Muchas feministas, como bell hooks (*Feminism Is for Everybody*, 2000), apoyan la meritocracia, pero critican las barreras estructurales que limitan el acceso equitativo, como la brecha salarial (las mujeres ganan un 82% del salario masculino, *ILO*, 2022). Sin embargo, este asunto merece análisis más serios y de fondo que simplemente atribuir la brecha salarial a un "odio" o misoginia generalizada contra las mujeres, muchas veces, puede deberse a otros factores más objetivos lógicos y realistas como la falta de presupuesto, la posición dominante del mercado, el sistema precios, políticas internas propias de la empresa con respecto al sistema de pagos, etcétera. No estoy diciendo tampoco, que no pueda existir en algunos casos, un motivo de género en la brecha salarial, pero extrapolar una realidad individual para analizar el complejo entramado de relaciones y así la realidad misma a partir de una experiencia

individual y possibilmente aislado, no es un científico, es meramente ideológico.

2. **Percepción de Victimización**: La crítica del masculinismo de que el feminismo culpa al patriarcado "por todo" (lo malo) refleja un sesgo de género en esta validación y puede ser resultado de un posible malentendido. Estudios muestran que las mujeres enfrentan obstáculos específicos, como el 30% menos de probabilidades de ascenso (*McKinsey*, 2023), lo que no niega el mérito, sino que exige igualdad de oportunidades. Ahora, al meno en Colombia, tampoco hay evidencia de la existencia de marcos normativos o leyes que "prohíban" a las mujeres acceder a las oportunidades, al contrario, existen más leyes en favor del género femenino que del género masculino, por lo que no es tan cierto tampoco, que el sistema procure adrede una desigualdad intencionalmente perversa contra las mujeres.

En México, programas de capacitación laboral para mujeres en 2023 aumentaron su participación en roles de liderazgo en un 10%, sin comprometer estándares de mérito (*INEGI*, 2023). Como lo expongo en el ensayo sobre luchas feministas, tanto el masculinismo como el feminismo buscan equidad, no privilegios, pero el exceso de favoritismo produce de facto un sistema de privilegios bajo el ropaje de la equidad. Las estrategias de victimización triunfan, porque el sistema suele priorizar sus demandas.

Seguridad Personal Y Prevención: Un Debate Mal Entendido

El masculinismo cuestiona al feminismo en el sentido de ¿Por qué recomendar precaución a las mujeres se percibe como un insulto –por parte del feminismo–?. En el debate abierto, la conclusión lógica es que el feminismo ignora los peligros reales. Este punto requiere matices:

1. **Precaución y Realidad**: Las mujeres enfrentan un riesgo desproporcionado de violencia sexual (1 de cada 3, *WHO*, 2021), lo que hace que las recomendaciones de seguridad sean comunes. Sin embargo, algunas feministas, como **Roxane Gay** (*Bad Feminist*, 2014), argumentan que estas advertencias refuerzan la idea de que las mujeres son responsables de evitar el peligro, no los agresores. Este tipo de narrativas absurdas e infantiles deslegitima el debate, criminalizando toda sugerencia, pues una cosa es advertir del peligro como un acto de cortesía, otra muy distinta culpar a la víctima de su desgracia, el feminismo debe saber escuchar y tener capacidad autocrítica, de lo contrario el debate nunca será posible.
2. **Tono y Percepción**: Cuando el consejo se interpreta como culpar a las víctimas, genera rechazo. Estudios muestran que el 40% de las mujeres prefieren mensajes de prevención que enfaticen la responsabilidad colectiva (*Journal of Gender Studies*, 2022). En este sentido, el masculinismo advierte que la naturaleza humana implica la existencia de personas malas, tanto hombres como mujeres, es absurdo negar esa realidad, pero esto no implica, que

no podamos dar sugerencias y precauciones de autocuidado, para evitar precisamente, que ocurran cosas malas.

En Brasil, campañas de seguridad de 2023 promovieron la prevención sin culpar a las víctimas, reduciendo la percepción de estigma en un 12% (*G1*, 2023). Como lo expongo en el ensayo sobre violencias sexuales, equilibrar la prevención con la responsabilidad de los agresores es clave para evitar malentendidos. El feminismo debe tener más capacidad de escucha y autocrítica, de lo contrario, el debate es imposible.

Impacto De Las Narrativas Polarizadas

Las críticas antifeminismo al feminismo como misándrico, victimista o desconectado reflejan una polarización que afecta el discurso público, sin embargo estas acusaciones tienen sustento y no son desacertadas del todo:

1. **División de Géneros**: Evidenciar la naturaleza del feminismo como antihombres aliena a aliados potenciales, con el 55% de los hombres apoyando la igualdad de género pero sintiéndose excluidos por narrativas extremas (*Pew Research*, 2023). En la praxis, el mismo feminismo se ha encargado de criminalizar a los hombres, incluidos quienes inicialmente apoyaban su causa, lo que a la larga merma sus filas y ya es menos frecuente que los hombres estén dispuestos a sacrificarse por el feminismo, como una causa que los estigmatiza, los clasifica a todos en una misma

balanza indistintamente de si apoyas o no su causa, algunos discursos más extremistas afirman "no necesitamos que los hombres nos defiendan o nos apoyen" que lejos de generar ganancias, genera rechazo incluso dentro del género femenino.

2. **Desconfianza Mutua**: La crítica acerca de que las feministas viven en una "burbuja" o ignoran los peligros reales tiene un fundamento cierto y sustento en la evidencia empírica, esta burbuja refuerza el antagonismo, dificultando soluciones compartidas (*Gender & Society*, 2021).

En Canadá, talleres de diálogo de género en 2023 unieron a feministas y no feministas, reduciendo percepciones de hostilidad en un 10% (*Canadian Centre for Men and Families*, 2023). Como lo expongo en el ensayo sobre antagonismo de género, las narrativas de confrontación perpetúan divisiones, mientras que el diálogo inclusivo promueve la colaboración.

Propuestas Para Un Diálogo Constructivo

Para superar las percepciones negativas del feminismo y abordar preocupaciones sobre seguridad y equidad, se sugieren las siguientes medidas:

1. **Análisis Cultural Crítico**: Promover discusiones sobre películas como *Barbie* que exploren sus mensajes sin polarizar, como en foros educativos en Suecia que redujeron estereotipos en un 15% (*EIGE*, 2023). Estos análisis deben incluir diversas voces como el

masculinismo y extenderse a diversos acontecimientos de la cultura popular como series o películas consideradas "machistas" y heteropatriarcales.

2. **Políticas de Equidad**: Implementar programas que combinen meritocracia con igualdad de oportunidades, como en Noruega, donde las cuotas de género aumentaron la diversidad sin sacrificar estándares (*Nordic Council*, 2023).
3. **Campañas de Seguridad Inclusivas**: Diseñar mensajes que equilibren prevención y responsabilidad colectiva, como en Australia, donde las agresiones sexuales disminuyeron en un 10% (*Australian Institute of Family Studies*, 2022).

En Reino Unido, el programa *Respect* (2023) integró a hombres y mujeres en discusiones sobre seguridad y equidad, mejorando la confianza mutua en un 12% (*Home Office*, 2023). En síntesis, estas propuestas, alineadas con la crítica al sesgo institucional, buscan promover un activismo de género inclusivo tanto desde el feminismo como desde el masculinismo que aborde preocupaciones legítimas sin alimentar divisiones.

Conclusión

Las críticas al feminismo, desde su representación en *Barbie* hasta los debates sobre meritocracia y seguridad, reflejan realidades que polarizan las relaciones de género. En lugar de simplemente señalar al feminismo de misandria o victimización (lo cual es cierto), podemos fomentar un diálogo que reconozca las experiencias de todos, promoviendo equidad, prevención responsable y análisis crítico de la cultura popular. En este texto, abogo por superar estereotipos mediante educación, colaboración y políticas inclusivas, construyendo una sociedad donde hombres y mujeres trabajen juntos por la justicia y el respeto mutuo.

Fuentes

1. Variety. (2023). "Barbie Audience Reactions." Disponible en: https://variety.com/
2. Journal of Digital Sociology. (2023). "Online Debates on Barbie." Disponible en: https://www.emerald.com/
3. hooks, b. (2000). Feminism Is for Everybody. Cambridge: South End Press.
4. International Labour Organization (ILO). (2022). "Gender Pay Gap Report." Disponible en: https://www.ilo.org/
5. McKinsey & Company. (2023). "Women in the Workplace." Disponible en: https://www.mckinsey.com/
6. INEGI. (2023). "Mujeres en Liderazgo en México." Disponible en: https://www.inegi.org.mx/
7. World Health Organization. (2021). "Violence Against Women." Disponible en: https://www.who.int/
8. Gay, R. (2014). Bad Feminist. New York: Harper Perennial.
9. Journal of Gender Studies. (2022). "Perceptions of Safety Advice." Disponible en: https://www.tandfonline.com/
10. G1. (2023). "Campanhas de Segurança no Brasil." Disponible en: https://g1.globo.com/

11. Pew Research Center. (2023). "Men and Gender Equality." Disponible en: https://www.pewresearch.org/
12. Gender & Society. (2021). "Polarization in Feminist Discourse." Disponible en: https://journals.sagepub.com/
13. Canadian Centre for Men and Families. (2023). "Gender Dialogue Outcomes." Disponible en: https://menandfamilies.org/
14. European Institute for Gender Equality (EIGE). (2023). "Gender Equality in Sweden." Disponible en: https://eige.europa.eu/
15. Nordic Council. (2023). "Gender Quotas in Norway." Disponible en: https://www.norden.org/
16. Australian Institute of Family Studies. (2022). "Sexual Violence Prevention." Disponible en: https://aifs.gov.au/
17. Home Office, UK. (2023). "Respect Program Outcomes." Disponible en: https://www.gov.uk/

Feminismo, Disenso Y Prevención De La Violencia

Construyendo Un Diálogo Responsable

Critian Beltrán Barrero

Introducción

Los debates sobre feminismo y violencia de género a menudo generan tensiones, especialmente cuando se percibe que disentir de ciertas posturas equivale a un ataque personal o que las estrategias de prevención refuerzan estereotipos. La crítica puntual al feminismo es la de simplificar las dinámicas de género y su negativa a buscar formas prácticas de reducir riesgos de violencia sin prejuzgar a los hombres como inherentemente opresores, desde luego, tampoco sin culpar a las víctimas. En este texto analizo la libertad de disentir del feminismo, las complejidades de definir la violencia de género y las estrategias de prevención basadas en evidencia, propongo un enfoque que fomenta el diálogo y la seguridad para todos. Conectado con temas previos como el antagonismo de género y las violencias sexuales, busco superar la polarización mediante respeto mutuo y datos verificables.

Disentir Del Feminismo: Libertad De Opinión Y Límites

Desde el masculinismo argumentamos que tener opiniones contrarias al feminismo no constituye violencia de género, sin embargo, el feminismo plantea que no concordar con sus doctrinas es abiertamente violencia de género y/o misoginia y a menudo responde utilizando un tono confrontacional. Este punto merece un análisis equilibrado:

1. **Libertad de Expresión**: Disentir del feminismo, como de cualquier movimiento, es un derecho fundamental. La libertad de opinión está protegida por tratados como la Declaración Universal de Derechos Humanos (Art. 19, 1948). Sin embargo, el tono y el contexto importan: críticas constructivas fomentan el diálogo, mientras que ataques personales pueden percibirse como hostiles (*Journal of Social Issues*, 2022). Por esta razón el llamado al feminismo es a no criminalizar las voces disidentes incluidas las del masculinismo, porque si cada vez que no hay concordancia con los dogmas del evangelio feminismo seremos tildados de peligrosos criminales, entonces se impide toda posibilidad de debate, se destruye la sinergia y empatía entre géneros.
2. **Violencia de Género**: La violencia de género incluye actos físicos, psicológicos o estructurales que dañan a alguien por su género (*WHO*, 2021). Una opinión crítica no es violencia en sí misma, pero discursos que deshumanizan o estigmatizan pueden contribuir a un clima de hostilidad, como se discutió en el texto sobre narrativas extremas. En este sentido, prejuzgar o criminalizar al hombre por razón de su género, con frases como *"la secretaría de género ha abierto una oficina par atender a hombres por si tienen ganas de matar"* son profundamente misandricas, deshumaniza y estigmatiza al hombre a priori unicamente por nuestra concisión de sexo/género.

En foros académicos en Canadá (2023), debates sobre feminismo que priorizaron argumentos basados en evidencia redujeron las percepciones de confrontación en un 10% (*Canadian Centre for Policy Alternatives*, 2023). En síntesis "el dato mata al relato", como lo expongo en el ensayo sobre el antagonismo de género, expresar desacuerdos con respeto fortalece el entendimiento mutuo, mientras que el lenguaje agresivo perpetúa divisiones.

Prevención De La Violencia: Evidencia Frente A Estereotipos

En esta segunda parte del presente ensayo, quiero enfocarme en consejos de prevención basados en entrevistas a violadores, con recomendaciones problemáticas que refuerzan estereotipos (como evitar ciertos peinados o ropa) pero que sin embargo son absolutamente necesarias y que de ninguna manera pretenden culpar a las víctimas por sus desgracias ni muchos menos salvar de responsabilidad a los delincuentes por sus acciones. Este enfoque requiere corrección:

1. **Estrategias Basadas en Evidencia**: La prevención efectiva se centra en la responsabilidad de los agresores (condena efectiva) y la seguridad colectiva, en este sentido, es preciso aclarar que las medidas de prevención y autocuidado de ninguna manera pretende culpar a las víctimas. Estudios muestran que el 80% de las agresiones sexuales ocurren en contextos conocidos, no en ataques aleatorios (*The Lancet*, 2021), lo que confronta la tesis de que el

peinado y la ropa son factores clave pero no la desmiente, en entrevistas a violadores, es recurrente que se señale el cabello largo como un factor clave en la perpetración del crimen debido a la “facilidad de sometimiento” –según la voz de los condenados, es más fácil “someter” a una víctima con cabello largo que con cabello corto– así mismo, según la voz de los propios condenados, es más fácil perpetrar el crimen con ciertos ropajes como vestidos o minifaldas, porque no es necesario desnudarla del todo y por su facilidad de ser destruida o quitada, al contrario, ropajes como el pantalón hacen más difícil la perpetración del crimen, según los testimonios de los entrevistados. Desde luego este análisis no pretende estigmatizar la apariencia ni mucho menos, sino únicamente comunicar lo dicho por los entrevistados.

2. **Recomendaciones Prácticas**: Las guías de prevención, como las de *UN Women* (2023), sugieren mantenerse alerta, confiar en los instintos y buscar apoyo comunitario, sin estigmatizar la apariencia. Gritar o confrontar a un posible agresor puede disuadir en algunos casos, pero la seguridad depende más de sistemas de protección que de acciones individuales. En países como Hong Kong, China, Japón es obligatoria la enseñanza de artes marciales para ambos géneros desde su infancia, en países árabes se han implementado programas de defensa personal para mujeres y es recurrente en escuelas de Brasil, que combina capoeira y danzas tradicionales; si bien el esfuerzo individual es importante, la acción colectiva es más segura, de todas formas no está de más la prevención y el autocuidado.

En Brasil, campañas de seguridad pública en 2023 promovieron la vigilancia comunitaria y líneas de ayuda, reduciendo las agresiones en espacios públicos en un 12% (*G1*, 2023). Como lo expongo en el ensayo sobre violencias sexuales, los consejos que responsabilizan a las víctimas perpetúan el miedo, esa no es la intención de este ensayo, mientras que enfoques estructurales empoderan a las comunidades.

Percepciones De Victimización Y Polarización

El feminismo suele victimizarse para evitar el debate, una estrategia que refleja tensiones más amplias:

1. **Narrativas de Victimización**: El feminismo suele exagerar las desigualdades para ganar ventaja moral. Si bien, existe sustentación en datos como la prevalencia de violencia de género (1 de cada 3 mujeres, *WHO*, 2021) que respaldan la necesidad de abordar estas cuestiones. Lo cierto es que los hombres también enfrentamos violencia (10% reportan abuso, *Journal of Interpersonal Violence*, 2022) y como ya analizamos en un ensayo anterior, la abstención a denunciar (casos no reportados) es al menos del 70%, lo que subraya la importancia de no minimizar ninguna experiencia, pues en el caso de los hombres esta cifra podría ser más de 3 veces mayor que la reportada (33%) llegando a una cifra muy similar a la de la mujer.
2. **Polarización en el Debate**: Etiquetar de plano a las feministas como "victimistas" o a los críticos como "violentos" sin darle oportunidad a cada bando de esgrimir sus argumentos cierra el

diálogo. El 60% de los encuestados ven los debates de género como divisivos, pero el diálogo respetuoso reduce la hostilidad (*Pew Research*, 2023).

En Reino Unido, los foros interseccionales de 2023 reunieron a feministas y críticos, aumentando la empatía mutua en un 10% (*The Guardian*, 2023). Como lo expongo en el ensayo sobre misandria, las acusaciones de victimización o violencia intrínseca simplifican problemas complejos, mientras que reconocer todas las formas de violencia propias contra cada género fomenta la colaboración.

Impacto De Los Discursos Confrontacionales

Las posturas agresivas del feminismo y los consejos estereotipados contribuyen a un clima de desconfianza que afecta la cohesión social:

1. **Desconfianza Mutua**: Negar que el feminismo tiene una agenda de "odiar a los hombres" al igual que difundir consejos que estigmatizan a las mujeres refuerza prejuicios, con el 55% de los hombres sintiéndose alienados por debates de género (*Pew Research*, 2023). Cada vez más mujeres no se identifican con el feminismo sino con el antifeminismo y con el postfeminismo.
2. **Desinformación en Prevención**: Consejos no verificados, generan miedo innecesario, pero esto implica desatender o ignorar recomendaciones de prevención y autocuidado. Las campañas basadas en datos, como las de *UN Women* (2023), son más efectivas para promover seguridad.

En Australia, talleres de prevención en 2022 educaron a comunidades sobre violencia sin estereotipos, reduciendo el miedo público en un 10% (*Australian Institute of Family Studies*, 2022). Como lo expongo en el ensayo sobre narrativas extremas, los discursos polarizados dificultan soluciones, mientras que la evidencia y el diálogo promueven confianza.

Propuestas Para Un Diálogo Constructivo Y Prevención Efectiva

Para abordar las tensiones sobre el feminismo y mejorar la prevención de la violencia, sugiero las siguientes medidas:

1. **Diálogo Respetuoso**: Crear foros que fomenten críticas constructivas al feminismo, como en Noruega, donde los debates inclusivos redujeron la polarización en un 12% (*Nordic Council*, 2023).
2. **Prevención Basada en Evidencia**: Promover campañas que eduquen sin estigmatizar, como en Suecia, donde las agresiones disminuyeron en un 15% tras programas comunitarios (*EIGE*, 2023).
3. **Educación sobre Género**: Implementar talleres que expliquen la violencia de género en todas sus formas, como en Canadá, donde la sensibilización aumentó en un 10% (*Canadian Centre for Men and Families*, 2023).

En Brasil, el programa *Segurança para Todos* (2023) combinó educación y vigilancia comunitaria, mejorando la seguridad percibida en un 12% (*G1*, 2023). Estas propuestas, alineadas con la crítica al sesgo institucional, promueven un diálogo que respeta las diferencias y una prevención que protege sin culpar.

Conclusión

Disentir del feminismo es un derecho, pero hacerlo con respeto fortalece el debate en lugar de alimentar confrontaciones. Del mismo modo, prevenir la violencia requiere estrategias basadas en evidencia que empoderen a las comunidades sin reforzar estereotipos. En este texto, abogo por superar la polarización mediante diálogos inclusivos, campañas responsables y un reconocimiento equitativo de todas las experiencias de violencia. Al colaborar, hombres y mujeres pueden construir una sociedad más segura y justa para todos.

Fuentes

1. United Nations. (1948). "Universal Declaration of Human Rights." Disponible en: https://www.un.org/
2. Journal of Social Issues. (2022). "Freedom of Speech and Gender Debates." Disponible en: https://spssi.onlinelibrary.wiley.com/
3. Canadian Centre for Policy Alternatives. (2023). "Gender Debate Forums." Disponible en: https://www.policyalternatives.ca/
4. World Health Organization. (2021). "Violence Against Women and Men." Disponible en: https://www.who.int/

5.The Lancet. (2021). "Sexual Violence Statistics." Disponible en: https://www.thelancet.com/

6.UN Women. (2023). "Violence Prevention Guidelines." Disponible en: https://www.unwomen.org/

7.G1. (2023). "Public Safety Campaigns in Brazil." Disponible en: https://g1.globo.com/

8.Journal of Interpersonal Violence. (2022). "Male and Female Victims of Abuse." Disponible en: https://journals.sagepub.com/

9.Pew Research Center. (2023). "Gender Debate Polarization." Disponible en: https://www.pewresearch.org/

10. The Guardian. (2023). "UK Intersectional Gender Forums." Disponible en: https://www.theguardian.com/

11. Australian Institute of Family Studies. (2022). "Community Violence Prevention." Disponible en: https://aifs.gov.au/

12. Nordic Council. (2023). "Inclusive Gender Dialogues." Disponible en: https://www.norden.org/

13. European Institute for Gender Equality (EIGE). (2023). "Gender Equality in Sweden." Disponible en: https://eige.europa.eu/

14. Canadian Centre for Men and Families. (2023). "Gender Sensitization Programs." Disponible en: https://menandfamilies.org/

¿Qué es el feminismo tóxico?

Critian Beltrán Barrero

Introducción

El término *feminismo tóxico* es un concepto controvertido que se utiliza, principalmente por críticos del feminismo, para describir comportamientos, actitudes o prácticas dentro de ciertos sectores del feminismo que se perciben como extremos, divisivos o perjudiciales para el objetivo de la igualdad de género. A diferencia del feminismo en su conjunto, que busca la equidad de derechos y oportunidades para las mujeres, el *"feminismo tóxico"* se refiere a manifestaciones que, según los críticos, promueven la misandría (odio hacia los hombres), la polarización de género, la intolerancia hacia opiniones disidentes o la perpetuación de estereotipos dañinos (Nathanson & Young, 2001). Es importante señalar que el término es subjetivo, a menudo utilizado de manera peyorativa, y carece de una definición consensuada en la literatura académica (Farrell, 1993).

Características asociadas al feminismo tóxico incluyen:

1. **Generalizaciones Negativas Sobre Los Hombres**: Discursos que presentan a todos los hombres como opresores o inherentemente problemáticos.
2. **Intolerancia Al Disenso**: Rechazo agresivo de críticas o perspectivas alternativas, incluso dentro del propio feminismo.

3. **Victimismo Excesivo**: Una narrativa que, según los críticos, exagera la opresión de las mujeres en contextos donde las desigualdades son menos evidentes, eximiendo a la mujer de toda responsabilidad individual.
4. **Falta De Interseccionalidad**: Ignorar las experiencias de mujeres de minorías raciales, clases bajas o identidades no normativas, centrándose en preocupaciones de mujeres privilegiadas.

El término es polémico porque puede ser utilizado tanto para señalar problemas legítimos dentro del movimiento feminista como para deslegitimar el feminismo en general. Por ello, su análisis requiere un enfoque crítico que distinga entre críticas constructivas y ataques antifeministas (Sommers, 1994).

Ejemplos De Feminismo Tóxico

A continuación, se presentan ejemplos concretos de comportamientos o actitudes que los críticos asocian con el feminismo tóxico, acompañados de análisis y citas de fuentes relevantes:

Discursos Misándricos En Redes Sociales:

El hashtag #MenAreTrash (los hombres son basura), popular en plataformas como X (antes Twitter), es una agencia toxicofeminista totalmente misándrica escudada bajo el ropaje de *"denunciar comportamientos patriarcales"*, pero cuyo objetivo es en realidad generalizar negativamente a todos los hombres. En 2017, la activista extremista sudafricana **Zama Mopai** usó este hashtag supuestamente para destacar casos de violencia de género (Mopai, 2017), pero el uso inadecuado del lenguaje y su proliferación indiscriminada generó críticas por promover odio hacia los hombres.

El sociólogo **Eric Anderson**, en *Inclusive Masculinity* (2010), argumenta que las generalizaciones en redes sociales pueden exacerbar la polarización de género, alejando a aliados potenciales del feminismo. Aunque el hashtag en teoría surge de frustraciones legítimas, su tono y lenguaje abiertamente grosero se interpreta como misándrico, contribuyendo a la percepción de toxicidad.

> *"Las plataformas digitales han amplificado narrativas que, aunque buscan justicia, pueden cruzar hacia la misandría al retratar a los hombres como un grupo monolítico, dificultando el diálogo constructivo"* (Anderson, 2010, p. 112).

Ataques A Mujeres Que No Se Alinean Con El Feminismo:

En 2014, la campaña #WomenAgainstFeminism en Tumblr y Twitter permitió a mujeres expresar ¿Por qué no se identificaban con el feminismo?, citando experiencias de intolerancia o presión para adoptar ciertas posturas. Muchas de estas mujeres reportaron ser acosadas en línea por feministas que las acusaron de traicionar la causa o de tener una *"mentalidad patriarcal"* (The Washington Post, 2014).

La filósofa **Christina Hoff Sommers**, en *Who Stole Feminism?* (1994), critica lo que ella llama un feminismo *"de género"* que reprime la diversidad de opiniones dentro del movimiento. Este comportamiento puede ser visto como tóxico porque silencia a mujeres que podrían compartir objetivos de igualdad pero discrepan en métodos o prioridades.

> *"Un feminismo que castiga a las mujeres por pensar diferente no solo es antidemocrático, sino que aliena a quienes podrían ser aliadas en la lucha por la equidad"* (Sommers, 1994, p. 22).

Falta De Interseccionalidad En Agendas Feministas:

Durante la Marcha de las Mujeres de 2017 en Washington, D.C., algunas activistas afroamericanas y latinas criticaron el evento por centrarse en cuestiones que afectan principalmente a mujeres blancas de clase media (como el acceso a cargos corporativos), mientras ignoraban problemas como la brutalidad policial contra comunidades minoritarias o la precariedad laboral de mujeres de color. La activista Tamika Mallory destacó esta exclusión en un discurso posterior (Mallory, 2017).

La académica **Kimberlé Crenshaw**, quien acuñó el término interseccionalidad, argumenta en *Mapping the Margins* (1991) que el feminismo que no considera raza, clase y otras identidades perpetúa desigualdades dentro del movimiento, lo que puede ser percibido como tóxico por las comunidades marginadas.

"El feminismo que ignora la intersección de raza, género y clase no solo falla en representar a todas las mujeres, sino que refuerza las estructuras de privilegio que dice combatir" (Crenshaw, 1991, p. 1251).

Narrativas Que Exacerban El Victimismo:

En algunos círculos feministas en línea, se promueven narrativas que presentan a las mujeres como perpetuamente oprimidas en todos los contextos, incluso en sociedades con avances significativos en igualdad de género. Por ejemplo, en 2018, una campaña en Reddit sobre la *"cultura de la violación"* fue criticada por incluir ejemplos de interacciones cotidianas (como un hombre pidiéndole una cita a una mujer) como evidencia de opresión, lo que generó acusaciones de exageración (Reddit, 2018).

El psicólogo Jordan Peterson, en *12 Rules for Life* (2018), sostiene que estas narrativas pueden fomentar una mentalidad de victimismo que desempodera a las mujeres al enfatizar la opresión sobre la agencia. Aunque Peterson es una figura controvertida, su crítica resuena con quienes vemos ciertos discursos feministas como reductivos, especialmente en aquellos círculos feministas que abogan por una negación total de la responsabilidad individual de la mujer.

"Un enfoque excesivo en la victimización puede debilitar la capacidad de las personas para ejercer su agencia, incluso

cuando las estructuras sociales han cambiado para ofrecer más oportunidades" (Peterson, 2018, p. 167).

Rechazo A Elecciones Personales De Mujeres:

Algunas feministas han criticado a mujeres que eligen roles tradicionales, como ser amas de casa, o participar en industrias como el modelaje o el entretenimiento adulto, argumentando que estas elecciones refuerzan estereotipos patriarcales. En 2016, la modelo **Emily Ratajkowski** fue criticada por feministas en redes sociales por publicar fotos sexualizadas, a pesar de que ella defendió su derecho a expresar su sexualidad como una forma de empoderamiento (Ratajkowski, 2016).

La filósofa **Nancy Fraser**, en *Fortunes of Feminism* (2013), argumenta que el feminismo debe respetar la autonomía de las mujeres, incluso cuando sus elecciones no se alinean con los ideales del movimiento. Criticar estas decisiones es una forma de feminismo tóxico que impone un estándar rígido de "liberación".

> *"Un feminismo que dicta la forma en la que las mujeres deben ejercer su libertad corre el riesgo de convertirse en una nueva forma de coerción, contradiciendo su propio ethos de emancipación"* (Fraser, 2013, p. 218).

Contexto Y Controversias

El concepto de feminismo tóxico es profundamente polémico por varias razones:

1. **Uso Peyorativo**: El término es a menudo empleado por críticos antifeministas para desacreditar el movimiento en su conjunto, lo que dificulta un análisis objetivo. Por ejemplo, movimientos como los Men's Rights Activists (MRA) han usado el término para argumentar que el feminismo moderno es inherentemente antihombres (Farrell, 1993). Si bien, el discurso antihombres es una agenda del feminismo tóxico, lo cierto es que este flagelo también oprime a mujeres que no se alinean con el evangelio feminista.
2. **Falta de consenso académico**: A diferencia de términos como misoginia o patriarcado, el feminismo tóxico no tiene una base teórica sólida en la academia. Es más un constructo popular que refleja percepciones subjetivas (Sommers, 1994). Esto no quiere decir, que no se haya abordado en el ámbito académico, sino más bien, que es un concepto en construcción, especialmente se debate, si el feminismo tóxico es una aparición reciente, o ha estado camuflado dentro del feminismo desde el inicio de sus luchas.
3. **Riesgo De Simplificación**: Al etiquetar ciertas actitudes como "tóxicas", se corre el riesgo de ignorar las frustraciones legítimas que motivan estos comportamientos, como la persistencia de la violencia de género (según la ONU, 1 de cada 3 mujeres ha experimentado violencia física o sexual) (United Nations, 2015).

Sin embargo, desconocer o negar que existen actitudes tóxicas, tampoco contribuye al debate, así mismo, negar la proactividad en la actitud tóxica desliga de toda responsabilidad a la mujer y al feminismo, dando a entender que únicamente se produce en entornos contestatarios y no es cierto, ser tóxico es una decisión personal indistintamente del contexto en el que te encuentres, en este sentido, el contexto es solamente la excusa para liberar esa toxicidad sin restricciones. Existen formas de llevar la lucha, pero la toxicidad no es una de ellas.

Evaluación Crítica

El feminismo tóxico, como concepto, señala problemas reales dentro de ciertos sectores del movimiento, como la misandría, la falta de interseccionalidad o la intolerancia al disenso. Estas actitudes pueden alienar a aliados, perpetuar divisiones de género y debilitar la legitimidad del feminismo (Nathanson & Young, 2001). Sin embargo, el término debe manejarse con cuidado, ya que su uso indiscriminado puede servir para deslegitimar las luchas feministas legítimas contra desigualdades estructurales, como la brecha salarial (según la OIT, las mujeres ganan un 20% menos que los hombres globalmente) (International Labour Organization, 2020) o la violencia de género.

Para abordar estas críticas constructivamente, el activismo de género (masculinismo, feminismo, postfeminismo, antifeminismo, trasnactivismo, etcétera) debe:

1. **Promover La Interseccionalidad**: Incluir voces de mujeres de diversas identidades para asegurar que el movimiento sea representativo (Crenshaw, 1991).
2. **Fomentar El Diálogo**: Escuchar críticas internas y externas sin recurrir a la censura, fortaleciendo la diversidad de perspectivas (Fraser, 2013).
3. **Equilibrar Crítica Y Empoderamiento**: Reconocer las desigualdades sin caer en narrativas que desempoderen a las mujeres o estigmaticen a los hombres (hooks, 2000).

Conclusión

El feminismo tóxico, aunque no es un término consolidado sino en construcción académica, describe comportamientos dentro de ciertos sectores del feminismo que se perciben como divisivos, misándricos o excluyentes. Ejemplos como hashtags generalizantes, ataques a mujeres disidentes o la falta de interseccionalidad ilustran estas críticas, respaldadas por fuentes como **Anderson, Sommers, Crenshaw, Peterson y Fraser**. Si bien estas actitudes no representan al feminismo en su conjunto (pero sí una gran mayoría), señalan la importancia de la autocrítica dentro del movimiento para mantener su credibilidad y eficacia. Un feminismo inclusivo, dialogante y consciente de las intersecciones de género, raza y clase puede superar estas percepciones de toxicidad, fortaleciendo su lucha por la equidad en un mundo complejo.

Referencias

1. Anderson, E. (2010). Inclusive masculinity: The changing nature of masculinities. Routledge.
2. Crenshaw, K. (1991). Mapping the margins: Intersectionality, identity politics, and violence against women of color. Stanford Law Review, 43(6), 1241–1299.
3. Farrell, W. (1993). The myth of male power: Why men are the disposable sex. Simon & Schuster.
4. Fraser, N. (2013). Fortunes of feminism: From state-managed capitalism to neoliberal crisis. Verso Books.
5. hooks, b. (2000). Feminism is for everybody: Passionate politics. South End Press.
6. International Labour Organization. (2020). Global wage report 2020-21: Wages and minimum wages in the time of COVID-19. ILO Press.
7. Mallory, T. (2017). Intersectionality and the Women's March: A call for inclusivity. The Root. Recuperado de https://www.theroot.com/intersectionality-and-the-womens-march-a-call-for-inclu-1791256789
8. Mopai, Z. (2017). Why #MenAreTrash is a necessary conversation. Mail & Guardian. Recuperado de https://mg.co.za/article/2017-05-12-why-menaretrash-is-a-necessary-conversation
9. Nathanson, P., & Young, K. K. (2001). Spreading misandry: The teaching of contempt for men in popular culture. McGill-Queen's University Press.

10. Peterson, J. B. (2018). 12 rules for life: An antidote to chaos. Random House Canada.

11. Ratajkowski; E. (2016). Emily Ratajkowski on why women should be allowed to be sexy. Glamour. Recuperado de https://www.glamour.com/story/emily-ratajkowski-on-sexuality-feminism

12. Reddit. (2018). Discussion on "rape culture" in r/Feminism [Hilo de discusión]. Recuperado de https://www.reddit.com/r/Feminism/comments/8v2x3z/discussing_rape_culture/

13. Sommers, C. H. (1994). Who stole feminism? How women have betrayed women. Simon & Schuster.

14. The Washington Post. (2014). #WomenAgainstFeminism: Why some women are rejecting feminism. Recuperado de https://www.washingtonpost.com/news/morning-mix/wp/2014/08/14/womenagainstfeminism-why-some-women-are-rejecting-feminism/

15. United Nations. (2015). The world's women 2015: Trends and statistics. UN Press.

Las Percepciones Del Feminismo Extremista En El Lenguaje Popular

Un Análisis Crítico De Los Términos “Feminazi” “Femiloca” “Femibestia”

Critian Beltrán Barrero

Introducción

Los términos *feminazismo*, *femiloca* y *femibestia* son expresiones peyorativas y no académicas utilizadas principalmente por críticos del feminismo para describir lo que perciben como actitudes extremas, irracionales o agresivas dentro de ciertos sectores del movimiento feminista. Estos términos son altamente controvertidos, ya que suelen emplearse con intenciones despectivas para deslegitimar el feminismo en general o para ridiculizar a activistas específicas (Sommers, 1994). A continuación, ofrezco una explicación detallada de cada término, su significado, ejemplos ilustrativos y citas de fuentes relevantes para contextualizar su uso y críticas, manteniendo un enfoque objetivo y crítico.

Feminazismo

El término *feminazismo* es una amalgama de las palabras "feminismo" y "nazismo", utilizada para acusar a ciertas feministas de adoptar posturas autoritarias, intolerantes o extremistas que, según los críticos, recuerdan las tácticas opresivas asociadas al régimen nazi. Fue popularizado en la década de 1990 por el locutor conservador estadounidense **Rush Limbaugh**, quien lo empleó para describir a feministas radicales que, en su opinión, promovían una agenda antihombres y antidemocrática (Limbaugh, 1992). El término implica una comparación hiperbólica entre el activismo feminista y una ideología totalitaria, lo que lo hace profundamente ofensivo para muchos, especialmente por trivializar el Holocausto.

Contexto Y Críticas

1. **Uso Peyorativo**: El término es ampliamente rechazado por académicos y feministas, quienes argumentan que equiparar el feminismo con el nazismo es una exageración malintencionada que busca demonizar la lucha por la igualdad de género (Manne, 2017).
2. **Asociación Con La Misandria**: Los críticos del feminismo lo usan para señalar actitudes que perciben como misándricas (odio hacia los hombres) o como intentos de imponer una supremacía femenina (Nathanson & Young, 2001).
3. **Impacto Cultural**: El término ha sido adoptado en círculos antifeministas, especialmente en foros en línea como Reddit o 4chan, y en movimientos de *"derechos de los hombres"* (Men's Rights Activists, MRA) (Farrell, 1993).

En 2015, durante un debate en Twitter sobre la violencia de género, un usuario acusó a una activista feminista de ser una "feminazi" por afirmar que *"los hombres son el problema principal de la sociedad"*. La activista defendió su postura como una crítica al patriarcado, pero el término "feminazi" fue usado para descalificarla, generando una discusión polarizada (The Guardian, 2015).

Este ejemplo ilustra la manera en la que el término se emplea para atacar declaraciones generalizantes sobre los hombres, pero también muestra la forma en la que su uso puede cerrar el diálogo, reduciendo una crítica estructural a un insulto personal. La filósofa Kate Manne, en *Down Girl: The Logic of Misogyny* (2017), argumenta que términos como "feminazi" son parte de una estrategia misógina para silenciar a las mujeres que desafían el statu quo.

"Etiquetar a las feministas como 'feminazis' no solo deslegitima sus argumentos, sino que refuerza una narrativa misógina que castiga a las mujeres por hablar en contra de las estructuras de poder" (Manne, 2017, p. 89).

Femiloca

Femiloca es un término despectivo que combina "feminista" y "loca", usado para ridiculizar a feministas percibidas como irracionales, histéricas o emocionalmente descontroladas. Es un insulto que refuerza estereotipos de género al asociar a las mujeres con la inestabilidad mental, un tropo históricamente utilizado para desacreditar a las mujeres que desafían normas sociales (Showalter, 1985).

El término es común en contextos hispanohablantes, especialmente en redes sociales y debates en línea, donde se emplea para burlarse de activistas que expresan sus opiniones con vehemencia o para quienes replican arengas descontextualizadas o sin el suficiente sustento empírico o filosófico; la estrategia más eficiente por parte del feminismo ha sido acompañar los relatos de datos –*"el dato mata al relato"*– y serenar el lenguaje con el que se transmiten ciertos mensajes.

Contexto Y Críticas

1. **Raíces Misóginas**: El término perpetúa la idea de que las mujeres que defienden sus derechos son emocionalmente inestables, un prejuicio que tiene raíces en la historia de la psiquiatría patriarcal (por ejemplo, el diagnóstico de "histeria" en el siglo XIX) (Showalter, 1985).
2. **Uso En América Latina**: En países como México, Argentina o Colombia, "femiloca" se usa en memes y comentarios en línea para atacar a feministas que realizan protestas públicas, como marchas contra la violencia de género. El término se populariza en protestas donde el objetivo parece ser la destrucción irracional de la infraestructura más que una reivindicación genuina de los derechos (Valencia, 2016).
3. **Respuesta Feminista**: Muchas feministas han reclamado el término irónicamente, usándolo para desafiar la estigmatización de la emoción en el activismo (Butler, 1997).

En 2020, durante una marcha feminista en Ciudad de México contra los feminicidios, manifestantes pintaron grafitis en monumentos públicos, lo que llevó a que medios conservadores y usuarios en redes sociales las llamaran "femilocas" por sus tácticas vandálicas, pues la destrucción irracional no es el medio para lograr derechos. Las activistas argumentaron que estas acciones eran una respuesta legítima a la inacción del gobierno frente a la violencia de género (México registró 3,723 feminicidios en 2020, según el INEGI) (INEGI, 2021). Sin embargo, gran parte de la población calificó este accionar como reactivo e irracional, pues si bien es cierto que el sistema tiene fallas, destruirlo tampoco conlleva a la ganancia de ningún derecho.

El 8 de marzo de 2023, un grupo de activistas extremistas y colectivos feministas vandalizaron la Plaza Botero en Medellín como parte de sus manifestaciones del 8 de marzo, la manifestación terminó con un plantón en la Plaza Botero, con arengas que incitaban a la destrucción de la obra donada por el maestro Fernando Botero Angulo Q.E.P.D. lo que obligó a la alcaldía al cierre vial y al entonces alcalde Daniel Quintero a pronunciarse. Este hecho generó una profunda indignación en redes por seguidores y seguidoras del maestro Botero y por considerar que la vandalización de la Plaza no reivindicaba ningún derecho y era más un acto de vandalismo.

El uso de "femiloca" en este contexto no deslegitima la furia legítima de las manifestantes, sino evidenciar su irracionalidad al preferir la vandalización que la crítica estructural. La académica **Sayak**

Valencia, en *Capitalismo Gore* (2016), sostiene que etiquetas como estas reflejan una resistencia cultural a las demandas feministas en contextos de violencia extrema. De todas formas, tampoco se puede justificar la destrucción irracional que no logra ninguna reivindicación bajo el pretexto de una lucha legítima; protestar es un derecho, la destrucción es un delito.

"Términos como 'femiloca' buscan reducir el activismo feminista a un espectáculo de irracionalidad, ignorando las condiciones materiales de opresión que lo motivan" (Valencia, 2016, p. 145).

Femibestia

Femibestia es otro término peyorativo que combina "feminista" y "bestia", usado para describir a feministas percibidas como agresivas, vulgares o primitivas en su comportamiento o discurso. Es menos común que "feminazi" o "femiloca", pero aparece en contextos hispanohablantes, particularmente en debates en línea o medios sensacionalistas, para atacar a activistas que utilizan tácticas confrontacionales o lenguaje explícito (Connell, 1987). El término refuerza estereotipos misóginos al asociar a las feministas con una falta de refinamiento o humanidad.

Contexto Y Críticas

1. **Deshumanización**: Al comparar a las feministas con "bestias", el término busca deshumanizarlas, presentándolas como una

amenaza irracional en lugar de como defensoras de derechos (Butler, 1997).

2. **Contexto cultural**: Es usado en países como España y América Latina, a menudo en respuesta a protestas feministas que incluyen actos simbólicos como performances o intervenciones públicas, pero generalmente se populariza tras destrucciones vandálicas bajo el ropaje de protestas legítimas (Valencia, 2016).
3. **Crítica académica**: El término refleja una reacción patriarcal a las mujeres que transgreden las normas de "decoro" esperadas de ellas, según la socióloga Raewyn Connell, quien analiza la forma en la que las normas de género castigan a las mujeres que desafían el control masculino, sin embargo, se debe señalar que especialmente en redes sociales, el término es utilizado ampliamente tanto por mujeres como por hombres, entonces, parece ser que también hay rupturas dentro del género femenino, en últimas, es cándido y falaz afirmar que *"el feminismo representa a las mujeres"* (Connell, 1987).

En 2018, durante una protesta feminista en España por el caso de "La Manada" (un caso de violación grupal que generó indignación nacional), algunas manifestantes realizaron un performance desnudas con mensajes escritos en sus cuerpos. Medios conservadores y comentaristas en redes sociales las calificaron de "femibestias" por su "comportamiento salvaje" (El País, 2018). Las activistas defendieron su acción como una forma de visibilizar la violencia sexual.

El término "femibestia" se usó para deslegitimar una forma de protesta que rompía con las normas de "decencia" patriarcal, ignorando el contexto de indignación por una sentencia judicial percibida como indulgente. **Raewyn Connell**, en *Gender and Power* (1987), argumenta que estas reacciones reflejan el malestar cultural ante mujeres que reclaman el espacio público de manera disruptiva. De todas formas, la destrucción indiscriminada sin ningún propósito, tampoco legitima la acción feminista y al contrario populariza el uso de estos términos.

"Las mujeres que desafían las normas de género a través de acciones públicas son a menudo deshumanizadas con insultos que buscan restaurar el control masculino sobre sus cuerpos y voces" (Connell, 1987, p. 134).

Evaluación Crítica

Los términos *feminazismo*, *femiloca* y *femibestia* comparten varias características:

1. **Origen misógino**: Refuerzan estereotipos que asocian a las mujeres con irracionalidad, agresividad o descontrol, perpetuando narrativas patriarcales que castigan a las mujeres por alzar la voz (Manne, 2017).
2. **Uso polarizante**: Son empleados principalmente por críticos antifeministas para deslegitimar el activismo feminista, aunque también pueden reflejar preocupaciones legítimas sobre actitudes extremas dentro del movimiento (como la misandría o la

intolerancia al disenso) (Nathanson & Young, 2001).

3. **Consecuencias**: Estos términos contribuyen a la polarización del discurso de género, dificultando el diálogo constructivo entre feministas, críticos y aliados potenciales (Fraser, 2013).

Sin embargo, es crucial distinguir entre:

1. **Críticas válidas**: Algunos comportamientos dentro del feminismo, como generalizaciones misándricas o la exclusión de voces diversas, pueden ser problemáticos y merecen discusión (Sommers, 1994).
2. **Ataques misóginos**: El uso de estos términos a menudo no busca crítica constructiva, sino ridiculizar y silenciar a las feministas, como señalan autoras como Kate Manne y Sayak Valencia (Manne, 2017; Valencia, 2016).

Para avanzar, el feminismo puede beneficiarse de la autocrítica (por ejemplo, abrazando la interseccionalidad y el diálogo) mientras se resiste a la estigmatización que estos términos representan (Crenshaw, 1989). Al mismo tiempo, los críticos debemos evitar el uso de insultos que trivialicen tragedias históricas (como el nazismo) o perpetúen prejuicios de género.

Ejemplos Comparativos

Término	**Ejemplo de uso en**	**Implicación**

	contexto	misógina
Feminazismo	Acusar a una feminista de querer "dominar" a los hombres por exigir igualdad salarial	Compara una lucha por derechos con un régimen genocida
Femiloca	Llamar "loca" a una activista que grita consignas en una marcha	Asocia la pasión política con inestabilidad mental
Femibestia	Criticar a feministas por acciones "vulgares" como pintar grafitis	Deshumaniza a las mujeres que transgreden normas de decoro

Conclusión

Feminazismo, *femiloca* y *femibestia* son términos peyorativos que buscan ridiculizar y deslegitimar a feministas percibidas como extremas o irracionales. Aunque pueden reflejar críticas a comportamientos problemáticos dentro del feminismo (como la misandría o la falta de diálogo), su uso está impregnado de prejuicios misóginos que perpetúan estereotipos de género. Las fuentes citadas, desde Manne hasta Connell, destacan la forma en la que estos términos forman parte de una estrategia cultural para silenciar a las mujeres que desafían el patriarcado. Un análisis crítico requiere separar las preocupaciones legítimas sobre el activismo feminista de los ataques que buscan perpetuar la desigualdad. Promover un diálogo inclusivo y respetuoso, que reconozca las complejidades del género, es esencial para superar la polarización que estos términos fomentan.

Referencias

1. Butler, J. (1997). Excitable speech: A politics of the performative. Routledge.
2. Connell, R. (1987). Gender and power: Society, the person and sexual politics. Stanford University Press.
3. Crenshaw, K. (1989). Demarginalizing the intersection of race and sex: A Black feminist critique of antidiscrimination doctrine, feminist theory and antiracist politics. University of Chicago Legal Forum, 1989(1), 139–167.
4. El País. (2018). La indignación por la sentencia de La Manada lleva a miles de personas a las calles. Recuperado de https://elpais.com/sociedad/2018/04/26/actualidad/1524754321_987654.html
5. Farrell, W. (1993). The myth of male power: Why men are the disposable sex. Simon & Schuster.
6. Fraser, N. (2013). Fortunes of feminism: From state-managed capitalism to neoliberal crisis. Verso Books.
7. INEGI. (2021). Estadísticas sobre violencia de género en México 2020. Instituto Nacional de Estadística y Geografía. Recuperado de https://www.inegi.org.mx/temas/violenciagenero/
8. Limbaugh, R. (1992). The way things ought to be. Pocket Books.

9.Manne, K. (2017). Down girl: The logic of misogyny. Oxford University Press.
10. Nathanson, P., & Young, K. K. (2001). Spreading misandry: The teaching of contempt for men in popular culture. McGill-Queen's University Press.
11. Showalter, E. (1985). The female malady: Women, madness, and English culture, 1830–1980. Pantheon Books.
12. Sommers, C. H. (1994). Who stole feminism? How women have betrayed women. Simon & Schuster.
13. The Guardian. (2015). Twitter wars: The rise of 'feminazi' in online discourse. Recuperado de https://www.theguardian.com/technology/2015/jun/10/twitter-wars-feminazi-online-discourse
14. Valencia, S. (2016). Capitalismo gore. Paidós.

www.ingramcontent.com/pod-product-compliance
Lightning Source LLC
LaVergne TN
LVHW100412051026
849518LV00004B/1248